国家社会科学基金资助项目（04XJY041）

陕西省科学技术厅资助出版

21世纪
科技与社会发展丛书
（第二辑）
丛书主编　徐冠华

入世后中国保险业竞争力评价与对策

薛伟贤　/著

科学出版社
北京

内 容 简 介

入世后，处于初级阶段的我国保险业面临全面对外开放。本书从WTO保险相关规则、国际保险业发展态势及竞争力分析和我国保险业发展历程、现状及存在问题三个方面解析我国保险业的国际国内环境，依据波特“钻石模型”分析保险业竞争力影响因素，构建保险业竞争力评价指标体系并对我国保险业竞争力进行评价，在此基础上研究入世后中国保险业发展战略和竞争力提升对策。

本书可供高等院校经济管理专业师生、金融保险业研究人员与从业人员以及政府经济管理部门与监管机构工作人员参考使用。

图书在版编目(CIP)数据

入世后中国保险业竞争力评价与对策／薛伟贤著．—北京：科学出版社，2009

（21世纪科技与社会发展丛书）

ISBN 978-7-03-024994-4

Ⅰ．入…　Ⅱ．薛…　Ⅲ．保险业－研究－中国　Ⅳ．F842

中国版本图书馆CIP数据核字（2009）第117223号

丛书策划：胡升华　侯俊琳

责任编辑：侯俊琳　汪旭婷　苏雪莲／责任校对：宋玲玲

责任印制：赵德静／封面设计：黄华斌

编辑部电话：010-64035853

E-mail：houjunlin@mail.sciencep.com

科学出版社 出版

北京东黄城根北街16号

邮政编码：100717

http://www.sciencep.com

中国科学院印刷厂 印刷

科学出版社发行　各地新华书店经销

*

2009年9月第　一　版　开本：B5（720×1000）

2009年9月第一次印刷　印张：15 1/4

印数：1—2 500　　字数：283 000

定价：48.00元

（如有印装质量问题，我社负责调换）

“21世纪科技与社会发展丛书”第二辑

编委会

总　　序

进入21世纪，经济全球化的浪潮风起云涌，世界科技进步突飞猛进，国际政治、军事形势变幻莫测，文化间的冲突与交融日渐凸显，生态、环境危机更加严峻，所有这些构成了新世纪最鲜明的时代特征。在这种形势下，一个国家和地区的经济社会发展问题也随之超越了地域、时间、领域的局限，国际的、国内的、当前的、未来的、经济的、科技的、环境的等各类相关因素之间的冲突与吸纳、融合与排斥、重叠与挤压，构成了一幅错综复杂的图景。软科学为从根本上解决经济社会发展问题提供了良方。

软科学一词最早源于英国出版的《科学的科学》一书。日本则是最早使用“软科学”名称的国家。尽管目前国内外专家学者对软科学有着不同的称谓，但其基本指向都是通过综合性的知识体系、思维工具和分析方法，研究人类面临的复杂经济社会系统，为各种类型及各个层次的决策提供科学依据。它注重从政治、经济、科技、文化、环境等各个社会环节的内在联系中发现客观规律，寻求解决问题的途径和方案。世界各国，特别是西方发达国家，都高度重视软科学研究和决策咨询。软科学的广泛应用，在相当程度上改善和提升了发达国家的战略决策水平、公共管理水平，促进了其经济社会的发展。

在我国，自十一届三中全会以来，面对改革开放的新形势和新科技革命的机遇与挑战，党中央大力号召全党和全国人民解放思想、实事求是，提倡尊重知识、尊重人才，积极推进决策民主化、科学化。1986年，国家科委在北京召开全国软科学研究工作座谈会，时任国务院副总理的万里代表党中央、国务院到会讲话，第一次把软科学研究提到为我国政治体制改革服务的高度。1988年、1990年，党中央、国务院进一步发出“大力发展软科学”、“加强软科学研究”的号召。此后，我国软科学研究工作体系逐步完善，理论和方法不断创新，软科学事业有了蓬勃发展。2003～2005年的国家中长期科学和技术发展规划战略研究，是新世纪我国规模最大的一次软科学研究，也是最为成功的软科学研究之一，集中体现了党中央、国务院坚持决策科学化、民主化的执政理念。规划领导小组组长温家宝总理反复强调，必须坚持科学化、民主化的原则，最广泛地听取和吸收科学家的意见和建议。在国务院领导下，科技部会同有关部门实现跨部门、跨行业、跨学科联合研究，广泛吸纳各方意见和建议，提出我国中长期科技发展总体思路、目标、任务和重点领域，为规划未来15年科技发展蓝图做出了突出贡献。

在党的正确方针政策指引下，我国地方软科学管理和研究机构如雨后春笋般大量涌现。大多数省、自治区、直辖市政府，已将机关职能部门的政策研究室等机构扩展成独立的软科学研究机构，使地方政府所属的软科学研究机构达到一定程度的专业化和规模化，并从组织上确立了软科学研究在地方政府管理、决策程序和体制中的地位。与此同时，大批咨询机构相继成立，由自然科学和社会科学工作者及管理工作者等组成的省市科技顾问团，成为地方政府的最高咨询机构。以科技专业学会为基础组成的咨询机构也非常活跃，它们不仅承担国家、部门和地区重大决策问题研究，还面向企业提供工程咨询、技术咨询、管理咨询、市场预测及各种培训等。这些研究机构的迅速壮大，为我国地方软科学事业的发展铺设了道路。

软科学研究成果是具有潜在经济社会效益的宝贵财富。希望“21世纪科技与社会发展丛书”的出版发行，能够带动软科学的深入研究，为新世纪我国经济社会的发展做出积极贡献。

徐冠华

2009年2月21日

第二辑序

近年来，软科学作为一门立足实践、面向决策的新兴学科，在科学技术飞速发展和经济全球化的今天，越来越受到社会各界的广泛关注，已经成为中国公共管理学科乃至整个社会科学研究领域一个极为重要且富有活力的部分。当前，面对国际政治经济形势的急剧变化和复杂局面，我国各级政府将面临诸多改革与发展的种种问题，需要分析研究、需要正确决策，这就需要软科学研究的有力支撑。

陕西科教实力位居全国前列，拥有丰富的知识和科技资源。利用好这一知识资源优势发展陕西经济，构建和谐社会，并将一个经济欠发达的省份建设成西部强省，一直是历届陕西省委、省政府关注的重要工作。在全省上下深入学习科学发展观之际，面对当前国际金融危机，如何更好地集成科技资源，提升创新能力，通过建立产、学、研、用合作互动机制，促进结构调整和产业升级，推动经济社会发展，是全省科技工作者需要为之努力奋斗的目标。软科学研究者更是要发挥科学决策的参谋助手作用，为实现科技强省献计献策。

陕西省的软科学研究工作始于 1990 年，在国内第一批建立了软科学研究计划管理体系，成立了陕西省软科学研究机构。多年来，通过理论与实践的结合，政府决策和专家学者咨询的融合，陕西省软科学研究以加快陕西改革与发展为导向，从全省经济社会发展的重大问题出发，组织、引导专家学者综合运用自然科学、社会科学和工程技术等多门类、多学科知识，开展战略研究、规划研究、政策研究、科学决策研究、重大项目可行性论证等，取得了一批高水平的研究成果，为各级政府和管理部门提供了决策支撑和参考。

为了更好地展示这些研究成果，近年来，陕西省科技厅先后编辑出版了《陕西软科学研究 2006》、《陕西软科学研究 2008》，受到了省内广大软科学研究工作者的广泛关注和一致好评。为了进一步扩大我省软科学研究成果的交流，促进应用，自2009年起连续三年，陕西省科技厅将资助出版“21世纪科技与社会发展丛书”。该丛书第二辑汇集了我省近一年来优秀软科学成果专著10部，对于该丛书的出版，我感到非常高兴，相信丛书的出版发行，对于扩大软科学研究成果的影响，凝聚软科学研究人才，多出有价值、高质量的软科学研究成果，有效发挥软科学研究在区域科技、经济、社会发展中的咨询和参谋作用，不断提升我省软科学研究水平具有重要意义。

感谢各位专家学者对丛书的贡献，感谢科学出版社的大力支持。衷心希望陕西涌现出更多的在全国有影响的软科学研究专家和研究成果。祝愿丛书得到更为广泛的关注，越办越好。

2009年5月25日

前　言

保险作为一种市场化的风险转移机制、社会互助机制和社会管理机制，可以为构建社会主义和谐社会发挥独特作用。2001 年 12 月 11 日我国正式成为世界贸易组织（WTO）的成员国，在入世后中国的金融开放顺序上，保险业排在第一位，这无疑直接将尚显幼稚的国内保险业推上了最先面对国际竞争的舞台。根据入世承诺，我国保险业 2004 年 12 月 11 日对外开放“前过渡期”结束，2006 年底全面开放。对保险业而言，这是一把“双刃剑”，既带来了无限机遇，又面临诸多威胁。因此，如何评价我国保险业的竞争能力，并引导我国保险业抓住机会、迅速提高竞争力成为一个现实的课题，不仅对我国保险业的发展具有重要意义，而且也对深化金融体制改革具有全局意义。

改革开放 30 年来，中国保险业已成为国家金融体系的重要组成部分，作为社会经济发展的稳定器和推进器，在国民经济和社会发展中发挥着越来越重要的作用。特别是在经济生活日益国际化和国际竞争日益激烈的今天，保险业的竞争力水平对国家经济建设和对外经济合作的发展比以往任何时期都显得重要。目前，美国次贷危机所带来的影响仍在不断蔓延，全球众多金融机构受到不同程度的冲击，中国的保险企业能否独善其身？尽管由于我国保险业尚未放开对于投资海外金融衍生品的限制而没有直接受到大的影响，但保险业作为完整金融链条中不可或缺的组成部分，一定是金融飓风冲击的对象。与此同时，保险的投资业务还不能故步自封，我国保险业投资渠道开放的步伐仍在继续。可以说，在现实的情况下，着眼未来，研究我国保险业竞争力至关重要。本书汲取国内外产业竞争力理论的精髓，运用经济学、金融学、管理学、统计学等相关知识，从 WTO 保险相关规则、国际保险业发展态势及竞争力分析和我国保险业发展历程、现状及存在问题三个方面解析了我国保险业所处的国际、国内环境，依据波特“钻石模型”分析保险业竞争力的影响因素，构建保险业竞争力评价指标体系，并对我国保险业竞争力进行评价，在此基础上研究入世后中国保险业发展战略和竞争力提升对策。这些研究将有助于解决我国保险业及保险企业面对入世后如何应对更加激烈的市场竞争的困惑，提高保险业的市场效率，填补对保险业国际竞争力测度的空白，并为政府制定保险相关政策、实施有效监管提供有益的参考。具体研究内容包括：

（1）归纳和分析了保险服务贸易的相关规则，明确我国保险业在加入 WTO 后必须遵循的规则。在 WTO 协定中，与保险服务贸易有关的规则分布在《服务贸易总协定》、《金融服务附件》、《关于金融服务承诺的谅解书》、《全球金融服务贸易协议》等多个文件中，这些多边性的国际协议构成了一个全球性的由一般规则、具体承诺和例外规则三部分有机构成的保险服务贸易规则群。这些相关规则尽管在最惠国待遇原则、国民待遇原则、市场准入制度、鼓励发展中国家更多参与、透明度原则和审慎例外原则等方面需要进一步完善，但其实施将对各国保险业的发展产生重大的影响。

（2）分析了国际保险业的发展态势及竞争力状况，认清我国保险业所处的产业环境。在经济全球化、人口老龄化、电子信息技术网络化以及自然和人为灾害频发的环境下，国际保险业表现出发展迅速、寿险与非寿险保费收入交替增长、新兴国家与发达国家保险业地位相对变化、经营理念由产品导向向客户导向转变、新型风险不断出现使可保风险范围增大等发展特点，并呈现出保险业经营国际化、保险企业竞争创新化、保险业与资本市场的联系日益密切、保险业与其他金融服务业的融合加速、保险监管的国际化及监管宽松化等发展趋势。在分析了美国、日本、英国与瑞士等工业化国家和东南亚及印度等新兴国家和地区的保险业竞争力状况的基础上，从保险业功能实现和保险服务贸易角度，对保险业竞争力进行了国际比较，发现我国保险业功能实现与发达国家还存在很大的差距，贸易竞争力指数较低，而显示性比较优势指数并不是很小。

（3）回顾我国保险业的发展历史、分析现状并发现存在的问题，利于我们总结经验教训、展望未来。我国保险业恢复 20 多年来，保险业务发展迅速，保险市场主体不断增加，保险法律体系趋于完善，保险市场不断开放，并且在入世后严格按照减让承诺表的规定开放保险市场。不论是保险业的总体实力、结构调整、资金运用、中介机构，还是保险业监管和保险市场对外开放情况，都有了很大的发展和改善；但我国保险业的发展起步晚、时间短，尚处于发展的初级阶段，因而还存在需求不足、供给水平低下、资金运用能力不够、中介不完善、监管制度不健全等问题，这些问题还有待改进。

（4）修正波特的“钻石模型”，剖析入世后我国保险业竞争力的影响因素。在对国内外产业的国际竞争力充分认识的基础上，修正了波特的“钻石模型”，形成了入世后我国保险业竞争力影响因素分析模型。主要运用线性回归方法对影响保险业竞争力的因素进行实证研究，认为保险业需求因素有经济发展水平、产业结构、所有制结构、经济增长方式、经济运行效率、社会收入结构、社会支出结构、人口结构和居民金融资产；保险业供给因素有市场经济水平、保险业资本资产规模、人力资源因素、技术因素和市场能力；保险业相关和支持性产业因素有银行业、风险评估业、金融投资业的发展水平等。

（5）构建保险业竞争力评价指标体系，评价入世后我国保险业的竞争力。在对影响因素进行分析的基础上，建立了我国保险业竞争力评价指标体系，包括3个层次、5大类，共26个指标。考虑产业自身的特点和数据的可获取性，选择模糊综合评判法评价保险业竞争力和用熵值法确定权重。评价结果表明，入世后我国保险业的竞争力在逐年提高，但总的来说，目前我国保险业的竞争力还比较弱；而且除了保险需求能力较强外，我国保险业的供给能力、相关和支持性产业能力、保险企业战略结构和同业竞争水平以及政府作用能力都较弱，需要全方位的发展改进才能提高我国保险业的整体实力。

（6）提出入世后我国保险业发展的战略与对策，提升我国保险业竞争力。运用灰色GM（1，1）模型对我国保险业发展规模进行预测，认为在未来10年中我国保险业仍将保持稳定的增长速度。根据预测结果和进一步发展的思路制定发展战略目标，争取到2010年基本建成一个业务规模较大、市场体系完善、服务领域广泛、经营诚信规范、偿付能力充足、综合竞争力较强，发展速度、质量和效益相统一，充满生机和活力的现代保险业；争取到2015年达到中等发达国家水平。针对以上战略目标，我国保险业必须实施监管战略、市场战略、人才战略、国际化战略、一体化战略和创新战略，从而不断提高自身的竞争能力。面对中国保险市场对外开放的步伐不断加快、竞争更加激烈的现状，从完善保险法律和监管制度、拓宽保险资金运用渠道、改善保险公司经营机制、提高从业人员素质、完善中介市场和推进混业经营等方面提出进一步提升我国保险业竞争力的对策。

本书是作者在承担并完成的国家社会科学基金西部项目“入世后提高中国保险业竞争力研究”（项目编号：04XJY041）研究报告的基础上，加以整理、修改而成的。需要说明的是，西安理工大学管理学院教师杨沁、王昕、张博、陈爱娟和研究生孟娟、王强、张飞燕、董维维，同济大学经济与管理学院教师叶欣博士，山西师范大学经济管理学院教授郭根龙博士等参与了课题的研究工作。其中，杨沁完成“保险服务贸易相关规则”部分初稿，王昕完成“国际保险业发展态势及竞争力分析”部分初稿，张博完成“我国保险业竞争力影响因素分析”部分初稿，孟娟完成“入世后我国保险业竞争力评价”部分初稿。他们的工作对于本书的形成有很大的帮助。当然，书中存在的不足由作者负责。另外，本书在写作过程中，杨沁、研究生张韫和陈小辉在资料收集、数据核对与图表制作方面做了大量工作。本书付梓之际，请允许作者对国家社会科学基金的资助，对国家社会科学基金鉴定专家的意见，对课题组工作人员、历届研究生的辛勤劳动，对西安理工大学工商管理学院以及兄弟院校该领域各位老师这些年来给予我的支持和帮助，一并表示衷心的感谢！

感谢陕西省软科学研究成果出版基金的资助！感谢科学出版社给予的帮助与支持！

由于本书是一部关于保险业竞争力的理论及实证的探索性著作，囿于作者的学识水平和时间所限，不足之处在所难免，希望同行不吝赐教。中国保险业已经进入全面开放发展的新时期，正确预测保险服务贸易相关规则未来走势、抵御全面开放可能引致的风险、鼓励中资保险公司走出去、正确引导外资进入经营区域等诸多问题，尚待课题组及其他保险理论与实践工作者在今后工作中深入研究。希望借本书的出版，能搭建一个平台，以利于对此领域感兴趣的有关同仁进行深入探讨，促进相关研究的进一步开展，以期对我国的保险业作一点绵薄的贡献。

薛伟贤

2009年2月于阿姆斯特丹

目　录

第一章 绪 论

第一节 问题的提出

1949年新中国成立后，我国建立了第一家国营保险公司——中国人民保险公司。由于受极“左”思潮影响，国内的保险业停办了20多年，直到1980年才重新恢复保险业务。改革开放30年来，中国保险业以年均35%的速度发展，业已成为金融体系的重要组成部分，在国民经济和社会发展中发挥着越来越重要的作用。但中国保险业起步较晚，仍处于发展的初级阶段。

2001年12月11日我国正式成为世界贸易组织（WTO）的成员国，在入世后中国的金融开放顺序上，保险业排在第一位，无疑直接将尚显幼稚的国内保险业推上了最先面对国际竞争的舞台。2004年12月11日，中国正式加入WTO三周年，从这一天起中国保险业对外开放“前过渡期”结束，标志着中国保险业的对外开放又向前迈进了一步。

从2004年保费收入的世界排名来看，美国在全世界排名第一，占世界市场份额的33.84%，而中国占世界市场份额的1.61%，排名第11位，如表1-1所示。

表1-1 2004年世界主要国家保费收入状况

国家	全部业务				非寿险业务				寿险业务			
	保费收入/百万美元	世界份额/%	实际增长/%	排名	保费收入/百万美元	世界份额/%	实际增长/%	排名	保费收入/百万美元	世界份额/%	实际增长/%	排名
美国	1 097 836	33.84	1.1	1	603 018	43.22	2	1	49 418	26.77	0.1	5
日本	492 425	15.18	-0.9	2	105 587	7.57	-0.5	3	386 839	20.93	-1	2
英国	294 831	9.09	2.1	3	105 241	7.54	-0.5	2	189 591	10.26	3.6	3
法国	194 624	6	7.6	4	65 811	4.72	2.1	4	128 813	6.97	10.6	4
德国	190 797	5.88	0.6	5	106 261	7.62	1.5	5	84 535	4.57	-0.6	5
意大利	128 811	3.97	2.3	6	46 728	3.35	2.5	6	82 083	4.44	2.3	6
加拿大	69 741	2.15	6.5	7	40 232	2.88	2.3	7	29 509	1.6	12.7	11
韩国	68 623	2.12	3.1	8	19 944	1.43	2.3	11	48 680	2.63	3.4	7

续表

国家	全部业务				非寿险业务				寿险业务			
	保费收入/百万美元	世界份额/%	实际增长/%	排名	保费收入/百万美元	世界份额/%	实际增长/%	排名	保费收入/百万美元	世界份额/%	实际增长/%	排名
荷兰	58 577	1.81	16.5	9	27 064	1.94	8.7	8	31 512	1.7	24.2	10
西班牙	55 903	1.72	4.6	10	32 311	2.32	5.5	9	23 592	1.28	3.4	16
中国	52 171	1.61	7.1	11	16 765	1.2	17	13	35 407	1.92	2.9	8
世界	3 243 906	100	2.3	–	1 395 218	100	2.3	–	1 848 688	100	2.3	–

资料来源：王大林. 2005. 2004 年世界保险市场概述及数据统计. 保险研究，(8)：93 ~ 95

显然，世界保费收入主要集中在发达国家，中国保险业务的总体规模仍然较小。但是，我国保险业发展速度较快，2004 年保险全部业务的实际增长率为 7.1%，大于世界平均增长率，也大于保费收入前十名的国家。

同时，我国的保险密度、保险深度增长速度也较快，但与发达国家相比仍存在较大的差距，表 1-2 列出了 2004 年保险密度和保险深度排名前十位的国家情况。中国的保险密度排名 72，仅为 40.2 美元/人，约是世界平均水平的 1/13，而排名世界第一的瑞士其保险密度是中国的 142.20 倍；中国的保险深度为 3.26%，排名 42，是世界平均水平的 2/5，不到保险深度排名第一的南非的 1/4。

表 1-2　2004 年保险密度和保险深度世界排名

国家/地区	保险密度/(美元/人)	名次	国家/地区	保险深度/%	名次
瑞士	5 716.4	1	南非	14.38	1
英国	4 508.4	2	中国台湾	14.13	2
爱尔兰	4 091.2	3	英国	12.6	3
日本	3 874.8	4	瑞士	11.75	4
美国	3 755.1	5	日本	10.51	5
丹麦	3 620.4	6	荷兰	10.1	6
荷兰	3 599.6	7	比利时	9.62	7
比利时	3 275.6	8	韩国	9.52	8
法国	3 207.9	9	法国	9.52	9
芬兰	3 134.1	10	美国	9.36	10
中国	40.2	72	中国	3.26	42
世界平均	511.5	–	世界平均	7.99	–

资料来源：王大林. 2005. 2004 年世界保险市场概述及数据统计. 保险研究，(8)：93 ~ 95

由此可见，我国的保费收入以及保险密度和保险深度都远远落后于世界先进国家，特别是保险密度和保险深度还远远低于世界平均水平。这一方面说明我国的保险产业还比较落后，另一方面说明我国的保险市场仍具有广阔的市场空间。随着保费收入的快速增长和居民保险意识的不断增强，我国的保险密度和保险深度必然会有很大的提高。

保险业是中国金融行业中开放最早、开放力度最大、开放过渡期最短的行业，入世对保险业而言是一把“双刃剑”，既带来了无限机遇，又面临诸多挑战。

一、入世后我国保险业面临的发展机遇

入世后，开放的市场环境给中国保险业带来的发展机遇，可以概括为以下几个方面。

（一）加快保险业市场化的进程和速度

加入 WTO，促进中国保险市场主体多元化，外资的大举涉入将使中国保险市场的结构发生深刻变化，市场份额将由数家垄断走向多元化、平均化，中国保险市场由寡头垄断竞争变为多元充分竞争，习惯于市场运作的外资保险公司将推动整个中国保险业的市场化进程。

随着中国经济融入世界经济运行模式，市场导向将替代政府导向。根据 WTO 原则，加入 WTO 将要求我国各种政策、法律法规按 WTO 的国际惯例运转，促进企业深化改革，转变政府职能，健全市场体系，强调企业的自主经营和依靠市场配置资源，提高市场化程度。

（二）推动服务和技术创新，促进保险服务体系的建立

中国加入 WTO 后，外资保险公司大量涌入，这些保险公司的服务内容多元化，使保险法律服务、中介、监管等不断完善，并通过保险市场的发展进一步带动了相关产业的发展。而外资保险公司服务形式的多样化、产品组合、先进的承保理赔技巧、优质的售后服务，将给市场竞争的定义注入新的内容。

市场竞争的背后是产品和服务的竞争，未来保险公司的竞争力主要体现在服务上，即服务能否满足客户需要。优质的服务又体现为一系列标准化、规范化的产品，这些产品不是独立分割的，而是捆绑在一起，一体化的。外资保险公司的进入，将会丰富中国保险市场的产品种类，促使中资保险公司在尚未开发的服务领域开垦拓荒。如在责任险、信用险、医疗险、高新技术风险保障等领域的扩展，引导和促进我国保险消费和服务的多样化。

（三）促进我国保险业与国际保险业的全面整合

加入 WTO 后，一方面，按照对等的原则，中资保险公司可以较容易地得到

签约国的市场准入资格；另一方面，国内监管机构也会放松中资保险公司在海外设立分支机构和开展海外业务的限制。这样，目前阻碍中国国有保险公司跨国经营的两大制度障碍均将得到较容易的跨越，更便于我国保险公司现有的海外机构向其他国家和地区渗透。

更为重要的是，我国保险机构、保险业务、保险市场、保险产品、资产和收益及法规和监管将全面与国际惯例趋于接轨。由于外资保险公司进入国际金融市场的历史悠久，已形成完善的国际化经营网络，并一度掀起国际化的金融兼并浪潮，这必将促使中国保险业人才、技术、资本、销售网络、服务等资源与国际保险业进行全方位整合，形成“我中有你，你中有我”的全球化、一体化格局，使中国保险市场竞争呈现出国际市场竞争国内化、国内市场竞争国际化的必然趋势。

二、入世后我国保险业面临的严峻挑战

入世后，由于我国保险业的发展尚处于初级阶段，市场不够成熟，面对国际保险企业全面竞争的态势，留给我们补课的时间已不多，挑战也无疑是严峻的。

（一）保险市场竞争升级

在我国，保险公司由改革开放之初的1家发展到2006年的98家。保险市场已初步形成以国有保险公司为主体，中、外资保险公司并存，多家保险公司竞争发展的新格局。加入WTO以后，随着外资保险公司强势兵团争相进入，中国保险市场不仅市场主体大大增加，而且竞争的水准越来越具有国际性。外资保险公司由于经济实力雄厚、管理水平较高、经营品种丰富，无疑对保户和保费的争夺更趋激烈。尤其在中国保险市场不成熟的状态下进入，外资保险公司的市场份额不仅会逐步提高，而且可能提高得很快。与此同时，竞争的升级会导致保险利润逐步摊薄，国内经营水平不高的保险公司会面临经营困难，国内保险业将面临巨大的压力和冲击。

（二）国外保险公司在管理理念、技术和手段等方面处于领先地位

20世纪90年代以来，由于电子通信技术、计算机技术和Internet技术等为代表的高新技术飞速发展而兴起的“新经济”对我们现有的生产方式、生活方式和思维方式，包括教育、管理及领导决策都将产生重大影响。在保险公司管理方面，高新技术的进步也带来了很大的变化。计算机网络为保险公司在全球范围内进行经营和协作提供了非常便利的条件。1994年，伦敦保险市场开始应用电

子分保系统（ESP），大大提高了保险交易的运转速度。慕尼黑再保险公司率先建立的计算机增值服务网（PINET），促进了全球再保险交易的自动化。在内部管理方面，国外知名保险公司都已经实现内部管理的计算机化和内部联系的网络化。从公司内部各个部门文档和数据的处理到各个部门之间的信息传递，从企业决策到承保、理赔等各个环节，从保险营销到资金运用中的自动化处理，国外保险公司正在充分享受着应用新技术带来的方便、高效。特别是借助高新技术手段，许多以前无法实现的管理目标现在都可以成为现实。国外保险公司已经开始对公司价值链进行重新分解，减少中间环节，制造比较优势，建立核心竞争力。在市场营销中，国外保险公司已经开始通过数据采集、统计和分析，挖掘客户的潜在消费需求，进行个性化行销。国外保险公司现代化的管理理念、先进的管理技术和手段，令国内的保险公司相形见绌。

（三）我国保险商品与服务水平上的弱势暴露

我国保险业在发展过程中陆续推出不少保险商品，保险的服务领域不断扩大，但无论财险还是寿险，保险险种仍然偏少，险种老化、门类不全、更新缓慢、缺乏精算等问题更是突出。外资保险公司拥有长期的市场化运营经验，保险商品设计人才济济，产品创新机制较为健全，对市场需求变化反应灵敏，其背后有大多具有综合性的跨国金融服务集团作为后盾，在满足客户多元化金融服务需求方面优势明显。由于技术和效率的原因，外资保险公司在服务的周到性和便利性方面也更胜一筹。产品是争夺市场的最直接武器，如果国内保险业在短期内不能迅速提高保险商品设计能力，不能适时推出更多、更新的符合社会需求的保险商品，在下一步的竞争将会更加被动。

（四）中资保险公司面临着优秀专业人才流转的压力

由于中资保险公司尤其是国有独资保险公司受体制等方面的制约，经营机制不够灵活，员工福利待遇不具有竞争力，而外资保险公司高薪聘用、委以重任和良好的培训机制以及先进的人才管理方式，将对中资保险企业优秀专业人员的稳定性构成严重威胁。从已进入中国保险市场的外资保险公司来看，除少数专业人员如核保、精算等人员外，一般都要采取本土化策略。实际上，外资保险公司对一些中高级管理人才和资深职员的争夺早已拉开帷幕。人才的流动对人力资源的合理配置和市场发育多有益处，但对本来就人才匮乏的中资保险公司将造成很大影响。如果中资保险公司在这场竞争中不能尽快地完善人才培养、使用和激励机制，优秀专业人才的外流将会直接削弱中资保险公司的市场竞争力。

（五）国外更加灵活、现代化的金融体制使其能更多地满足客户的需求

随着新经济和新技术的发展，金融产品的兼容性越来越强。2000 年，欧洲 500 家大银行中有 46% 的银行拥有专门从事保险业务的附属机构，美国有 4088 家银行从事保险业务，法国、西班牙、瑞典等国家银行保险的保费收入占寿险业务的 60%、财险业务的 10%。就我国现有的保险产品来说，不仅可以通过银行代销，而且出现了银行卡式保单。分红保单等投资连结产品的出现，相当于开放式投资基金，证券化色彩愈益明显。而我国金融产品的管理和审批还是分别由中国人民银行、中国证券监督管理委员会（以下简称中国证监会）、中国保险监督管理委员会（以下简称中国保监会）分别进行，实施分业监管，这无形中给金融创新带来了障碍。1999 年 10 月美国《金融服务现代化法案》出台，引发了美国原有的不同类型金融机构的合并与重组的浪潮。如花旗集团（Citigroup）成为美国最大的金融集团，其成员包括花旗银行、旅行者保险，以及所罗门兄弟证券公司，形成了资源共享、相互支持、交叉销售的内部关系。由此降低了金融产品的销售成本，增加了利润。中国台湾地区最大的金融集团——富邦集团营业收入的 15% 来自于交叉销售，每一个富邦客户平均购买 2.5 种富邦金融产品。这实际上是一种金融体制上的改变。金融管理制度的优劣，检验标准应该是看它能否推动金融产品的创新，促使金融企业向社会提供更广泛、更丰富的金融产品，繁荣金融市场，支持国民经济的健康、快速发展。

尽管如此，中国保险市场的竞争是不可避免的。竞争并不可怕，然而中国保险市场的不成熟在于竞争不够充分，甚至形成历史性的自然垄断，给合理竞争带来障碍。从一定意义上讲，只有竞争才能打破垄断，只有竞争才能给中国保险市场带来生机和活力。

第二节　保险业竞争力理论与评价方法

随着经济全球化的盛行，越来越多的国家已经认识到一个国家在国际上的地位将取决于其经济实力，而经济实力这个抽象概念的背后，在于该国具体的产业结构水平。因而近年来国际竞争力，特别是产业国际竞争力，已成为国内外理论界的研究热点。国际上对于保险业竞争力的研究主要是从影响保险业竞争力的不同要素出发，从不同角度阐述如何提高保险业竞争力，研究方法多是运用模型及数据进行实证研究。针对入世后中国保险业竞争力的提高问题，国外学者主要集中于入世后我国保险业在对外开放格局下的市场效率和市场竞争水平研究，一般认为我国保险业目前投资渠道的人为限制导致了资金运作低效，从而使竞争力水平在相对封闭的格局下要弱于发达国家。但随着中国经济的长期发展趋势和保险市场总量的快速扩张，可以在放松管制的前提下通过资源的流动增加保险业整体竞争力。国内学者借鉴国际竞争力的一般研究，结合中国保险业本身的特点和发展规律，主要从保险业竞争力的内涵、影响保险业竞争力的因素及中外保险业竞争力的优劣比较等方面进行了一些探讨，但是这些研究仍处于起步阶段。

一、保险业竞争力理论

国内外没有专门对保险业竞争力的理论进行研究，保险业竞争力的研究是在产业竞争力理论研究基础上展开的。

（一）产业竞争力的含义

竞争力研究可分为企业竞争力、产业竞争力和国家竞争力三个层次。国家竞争力强调国家在不出现国际收支平衡困难的情况下，实现诸如收入和就业增长等中心经济政策目标的能力；企业竞争力侧重企业内部存在的一组独特的、难以模仿的、有价值的核心技术和技能；产业竞争力则侧重于对产业资源利用效率的综合考察，是指某国或某一地区的某个特定产业相对于他国或地区同一产业在生产效率、满足市场需求、持续获利等方面所体现的竞争能力。

产业竞争力研究起步较晚，无论是理论研究还是实践应用，都需要大量的补充和完善，学术界对产业竞争力概念的界定还处于不断争论当中（李创，2006）。从目前出版的文献看，关于产业竞争力的内涵，大致有以下几种观点，如表1-3所示。

表1-3 产业竞争力的含义

学 说	文 献	观 点
国家环境说	波特（Porter，1990）	并没有直接地给“产业竞争力”下一个简单明了的定义，但他从产业和企业的角度研究国家竞争力问题，认为国家竞争力取决于产业和企业的竞争优势，而产业和企业的竞争优势又取决于“国家环境”
生产力＋市场力说	金碚（1997）	产业竞争力是在国际自由贸易条件下或在排除了贸易壁垒因素的假设条件下，一国特定产业以其相对于他国的高生产力，向国际市场提供符合消费者或购买者需求的更多产品，并持续地获得盈利的能力
比较优势和竞争优势说	裴长洪（1998）	产业竞争力是指属地产业的比较优势和它的一般市场绝对竞争优势的总和

续表

学　说	文　献	观　点
效率能力创新说	张超（2002）	产业竞争力是指属于不同国家的同类产业之间效率、生产能力和创新能力的比较，以及在国际自由贸易条件下各国同类产业最终在产品市场上的竞争能力
综合生产能力说	盛世豪（2004）	产业竞争力是指某一产业在区域之间的竞争中，在合理、公正的市场条件下，能够提供有效产品和服务的能力，是产业的供给能力、价格能力和投资盈利能力的综合

综上所述，竞争力是个比较的概念，产业竞争力的内涵涉及两个基本问题：一是比较的依据或内容；二是比较的范围。具体来说：

（1）产业竞争力比较的内容是产业竞争优势，而产业竞争优势最终体现于产品、企业及产业的市场实现能力，因此产业竞争力的实质是产业的比较生产力。所谓比较生产力，是指企业或产业能够以比其他竞争对手更有效的方式持续生产出消费者愿意接受的产品，并由此而获得满意的经济收益的综合能力。

（2）产业竞争力隐含着区域的概念，产业竞争力比较的范围是国家或地区。因此，产业竞争力研究也应将区域经济的影响因素，如产业集聚、产业转移、区位优势等纳入分析范围。

因此，保险业竞争力的含义应当是：各国保险业及其企业相互比较的生产力，是一个国家保险业综合能力的体现，也就是在市场经济条件下，能够在国际市场上提供优质低价的保险服务产品，同时又能改善本国人民生活福利的能力；或者说是在市场经济条件下相对于国际保险市场上竞争对手（外资保险公司）所表现出的生产能力和持续发展能力的总和。

（二）产业竞争力分析模型

产业竞争力分析模型是指导产业竞争力研究的基本理论和分析框架。目前常见的大致有以下几个模型。

1. 用“钻石模型”解释的产业竞争力

早在20世纪90年代初，著名产业竞争力研究专家、美国哈佛大学工商管理学院波特教授（Porter，1990）经过对10个国家的100多个产业的国际竞争力进行研究后，以产业结构“五力竞争”模型为基础，逐步形成了适应经济全球化环境的产业国际竞争力分析框架和方法，即所谓的波特“钻石模型”理论。“钻石模型”从行业的角度出发，考虑一国的经济、社会、政治等环境如何影响这个行业的国际竞争力。模型包括需求状况，要素条件，相关和支持产业状况，企业经营战略、结构与同业竞争，机遇，以及政府行为这六个因素，其中前四项为决定因素，后两项为辅助因素，各要素之间彼此互动，如图 1-1 所示。

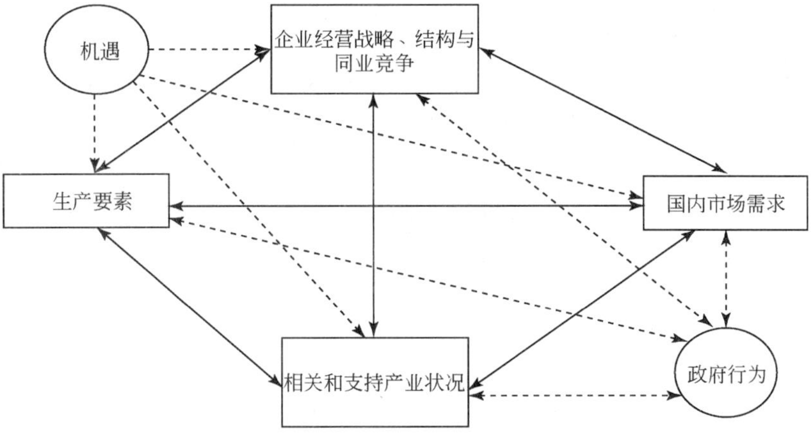

图 1-1　“钻石模型”

（1）国内市场需求。国内市场需求是决定一国产业竞争力强弱的重要因素。很多产业的产品市场是细分的，而占据国内细分市场足够大的份额，是国内市场孕育国际竞争优势产业的基本前提。另外，产品的国内市场需求是否具有全球性、超前性和挑剔性特征，对于产品能否走出国门、形成国际竞争优势具有十分重要的影响。国内市场需求对某一产业的产品具有全球性、超前性，说明本国企业所进行的产品生产和服务已经走在了其他国家的前面；国内消费者对产品的挑剔可以迫使厂商不断改进产品质量、提高产品性能，使之更加适应市场的需要。

（2）生产要素。波特教授认为，在传统的国际贸易理论中所提到的生产要素禀赋的确能对一国企业拥有竞争优势起到一定的作用，但这种作用是有限的。通过对较为先进的经济体的研究，他认为对竞争优势的形成更为重要的是一国的要素创造能力。要素大致分为人力资源、自然资源、知识、资本、基础设施五大类，并可进一步分为基础要素和高级要素两大类。基础要素指自然资源、气候、地理位置、不熟练劳动力以及借贷资本等。高级要素指现代数字数据信息工程、高素质的人才和各类高级研究机构。除了采掘业和以农业为基础的一些产业以及技术要求不高的某些产业之外，基础要素对产业竞争优势的作用变得越来越小，或者其所产生的竞争优势是难以长期持续的。而高级要素对竞争优势的作用越来越大，但这样的要素比较稀缺，因为创造高级要素需要大量的人力、物力和财力的持续投资。

（3）相关和支持性产业。相关产业在国际竞争优势方面具有相互“提携”的效应。具有国际竞争优势的上游产业能对下游产业的国际竞争力产生提携作用，下游产业在来源上具备及早反应、快速、高效、低成本等优势，上游产业在国际市场上的品牌、质量、市场占有率等方面都会对下游产品的国际竞争力产生积极影响。与此类似，具有国际竞争优势的下游产业也能对上游产业的国际竞争力产生提携作用。

（4）企业经营战略、结构与同业竞争。从企业的战略来看，公司目标是其核心内容，公司目标要受到所有权结构、公司管理特征等多种因素的影响，一个国家市场化程度越高，公司的所有权结构和治理结构就越简单明了、经济合理，公司目标就越容易实现，企业战略也就越有效。企业组织结构受文化影响较大，一些国家的文化注重个人的创新精神，而另一些国家的文化则鼓励人际合作，这样，不同国家不同的企业组织结构就产生了不同的生产效率，从而形成了产业竞争力的国际差异。另外，产业内的有效竞争是不断提升产业国际竞争力的条件之一，接近垄断或完全竞争的市场结构对产业竞争优势的形成不利。

（5）机遇。机遇是指那些超出企业控制范围的突发事件，如技术的重大创新、石油危机、战争以及世界金融市场出现的重大变动等。机遇可以打破现存的竞争环境、竞争秩序，创造出“竞争断层”。

（6）政府行为。政府对产业竞争优势的影响既可以是正面的，也可以是负面的，并通过对四个主要因素施加影响而实现对产业竞争力的影响。

波特“钻石模型”构筑了全新的竞争力研究体系，提出的竞争优势理论包含了比较优势原理，并大大超出了后者的解释范围，对产业竞争力的形成机制作了较为合理的解释。这种解释是最基本的、定性的，为产业竞争力研究提供了一个比较完整的分析框架，为产业竞争力的进一步研究和定量模型的设计提供了坚实的基础。但波特的理论是以美国经济为蓝本而设计的，在解释美国、日本、德国和英国等工业发达国家的产业竞争力来源时，具有很强的说服力，而对于处在其他发展阶段的国家，该理论的实用性会打折扣，尚存在改进的余地。于是，在波特“钻石模型”的基础上，Rugman（1991）等以加拿大为研究对象，设计出适合分析加拿大的“双重钻石模型”；Moon 等（1998）认为 Rugman 的模型只适用于对加拿大的分析，他们又进一步将“双重钻石模型”拓展为适用所有小国经济分析的“一般化的双重钻石模型”；Cho（1994）以韩国为例构建了“九要素模型”，使其在欠发达国家和发展中国家更具有说服力。采用钻石体系分析中国经济，应在完全理解波特“钻石模型”及其改进理论的基础上，结合中国实际情况，作出科学的取舍判断。

2. 以资产、环境和过程解释的产业竞争力

早在 1980 年，世界经济论坛（WEF）就开始讨论国际竞争力问题，经过数年努力，到 1986 年，终于形成了一个相对完整的国际竞争力的研究体系。从 1989 年起，WEF 与瑞士洛桑国际管理开发学院（IMD）携手合作进行此项研究。

WEF 和 IMD 的研究对象"国际竞争力"是指国家竞争力，认为国际竞争力是竞争力资产与竞争力过程的统一（IMD，2002）。用公式表示就是

国际竞争力 = 竞争力资产 × 竞争力过程

所谓资产是指固有的（如自然资源）或创造的（如基础设施）资源；所谓过程是指将资产转化为经济结果（如通过制造），然后通过国际化（在国际市场衡量的结果）产生国际竞争力。

由于国家竞争力与产业竞争力性质同源、形成机制类似，大多数学者认为，WEF 和 IMD 有关国际竞争力的理论对产业竞争力的理论研究具有较大的借鉴价值。

中国学者朱春奎等（2003）将 WEF 和 IMD 提出的国际竞争力公式改造为评价产业竞争力的分析模型：

产业竞争力 = 竞争力资产 × 竞争力环境 × 竞争力过程

其中，竞争力过程是将竞争力资产和竞争力环境转化为竞争力的过程，包括企业的业务过程和管理过程；竞争力环境是指影响产业竞争力的外部因素；而竞争力资产指产业固有的，包括企业内部经营要素、生产线、设备及其他基础设施等，或由产业创造的，如品牌价值、市场信誉、企业文化等。

基于上述理解，朱春奎等将产业竞争力重新解释为：①产业竞争力是竞争力资产、竞争力环境和竞争力过程的整合统一体，资产、环境和过程三者缺一不可。②产业竞争力的形成是一个动态过程，产业竞争力的提高需要不断优化企业的业务活动过程和管理过程。③产业竞争力资产包括硬资产和软资产。单纯依赖硬资产的国家、地区或企业可能富有，但却不具有竞争力；硬资产匮乏的国家、地区或企业，可以通过强化软资产，凭借高效的转换过程而变得极有竞争力。④竞争力环境的建立和优化是维系产业竞争力不可忽视的重要一面，特别是对发展中国家或地区而言。⑤在竞争力资产和竞争力环境一定的条件下，通过高效的竞争力过程创造新资产是提升产业竞争力的核心。成功的关键在于通过持续的技术创新和制度创新，建立核心能力和持续竞争优势。⑥产业竞争是可变的，也是可以长期维持的。通过竞争力资产、竞争力环境和竞争力过程的组合，某国或某地区的特定产业可以从竞争优势转变为竞争劣势，也可以从竞争劣势转变为竞争优势，甚至可能长期保持竞争优势。

国际竞争力改进理论的提出，使 WEF 和 IMD 模型的应用范围从国家竞争力扩展到产业竞争力，并使分析模型动态化，从而进一步增强了模型的说服力。

3. 以指标体系解释的产业竞争力

中国学者金碚（1997）在以定量分析为主要研究工具完成中国工业国际竞争力研究的基础上，独辟蹊径，用定量分析中使用的具有数量表征特性的竞争力指

标体系来解释产业竞争力。竞争力指标体系包括两类指标：一类是分析性指标，又包括直接因素指标和间接因素指标，这类指标是反映竞争力形成原因的指标；另一类是显示性指标，是反映竞争力结果的指标。间接因素指标→直接因素指标→显示性指标的逻辑顺序，勾画出产业竞争力的形成机制，即竞争潜力→竞争实力→竞争力的实现，如图1-2所示。

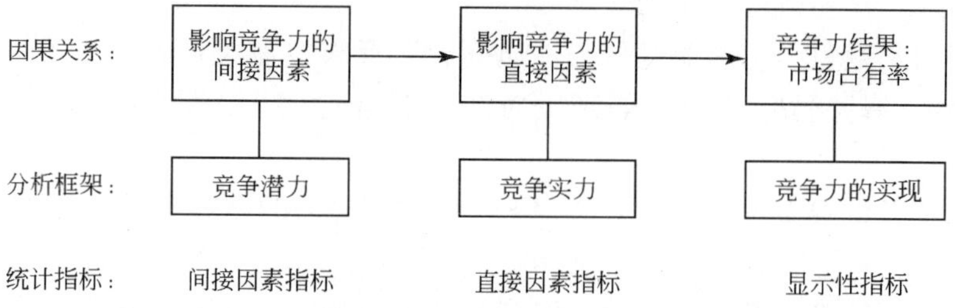

图1-2 竞争力分析框架

金碚指出，影响竞争力的因素十分复杂，几乎涉及经济、社会领域的各个重要方面，而且各种因素相互影响、相互渗透、密切交织。这使得竞争力成为一个综合性极强的理论问题，因此要完全准确地把握各种因素之间的因果关系，绝不是容易的事。但是，运用经济学和统计学的方法，仍可以有效地剖析和分解各种因素，研究各因素之间的相关性和因果关系，并将它们进行量化比较，从而发现决定和影响各产业竞争力的优势或劣势的因素及其相互关系。

以上三种关于产业竞争力形成机制的理论，各有其特点："钻石模型"理论强调产业竞争力形成原因在于四个主要因素的整体作用力，指出各因素相互之间的作用力是非常重要的方面。这种分析方法既具体又简练，是产业竞争力定性分析的有力工具。但由于其用于分析的各竞争力影响因素的数量表征特性不明显，不便于经济统计，该理论存在不适于产业竞争力计量分析的缺点。国际竞争力理论突破仅用少数指标或因素来分析产业竞争力的局限，分析视野大大拓宽，其观点也比较具有说服力，但同时存在内容过于抽象的缺点。从定量分析所采用的竞争力指标体系的角度来解释的竞争力形成机制，虽然在说服力方面可能不及前两种理论，但却把产业竞争力定性分析和定量分析有效地结合在一起，使理论更具有实用性。

二、保险业竞争力评价方法

通常产业竞争力评价所使用的方法，包括指标综合评价法、竞争结果评价法、影响因素剖析法、全要素生产率法和标杆法。

指标综合评价法是对竞争结果以及影响竞争力的多种因素进行综合考虑，以建立系统科学的国际竞争力指标（包括硬指标和软指标）体系为基础的综合分析和评价方法，是综合研究一国产业总体的国际竞争力的一种评价方法。该方法通常通过构建竞争力指数来进行竞争力排名，以 WEF 和 IMD 的评价方法为典型代表（WEF，1996）。

竞争结果评价法主要是从竞争结果表现角度来评价产业竞争力，主要分析指标都是竞争力的显性指标，如市场占有率、净进口等，最典型的是市场占有率法和进出口贸易数据测量法，包括贸易竞争力指数法、显示性比较优势指数法和显示性竞争优势指数法。该类方法从竞争结果出发进行评价，能够对产业竞争力状况有一个全面的了解。但其不足之处在于对产业竞争影响因素归因的欠缺（金碚，1997）。

影响因素剖析法主要从产业竞争力的影响因素角度来分析，通过对影响因素的剖析来对产业竞争力的评价进行定位，并为产业竞争力的提升提供依据。最有代表性的是波特关于影响产业国际竞争力的"钻石模型"和价值链分析方法。影响因素剖析法通过寻找导致产业国际竞争的实际结果以及未来趋势的原因，进而揭示和论证各产业国际竞争力的因果关系，具有十分显著的成果（朱小娟，2004）。

全要素生产率法主要是从技术进步对产出增长贡献的角度来分析生产率的变化，从而对产业竞争力进行评价，该类方法随着科技进步不断加速和技术对产出作用的不断加强而得到越来越多的运用。在生产单位的投入产出核算中，产出增长与投入要素增长的差额代表了在产出增长中扣除全部投入要素的增长因素后，由于机器设备的改良、工艺方法的革新、新技术的使用和扩散、劳动者技能和知识水平的提高、生产组织管理的提高等因素引起的产出的增长，也就是通常所说的技术进步因素引起的产出的增长，即全要素生产率（龚奇峰，彭炜，2001）。

标杆法主要通过对研究对象及其比较基础之间进行横向或纵向的比较，确定出同类对象中最优秀者作为标杆，并通过找出研究对象与标杆之间的差距来剖析竞争力差距。该类方法和竞争力的内涵具有天然的一致性，也为竞争力的提升指出了较为确切的方向，因此在产业竞争力评价中也获得了较为广泛的使用（张金昌，2001）。

然而从国内外的研究现状来看，对保险业竞争力的评价采用的主要是影响因素剖析法，个别学者采用了竞争结果评价法和指标综合评价法，而全要素生产率法和标杆法基本没有涉及。

（一）影响因素剖析法

根据目前的研究结果看，国内外学者主要从经济因素、社会因素和制度因素三个角度来分析保险业竞争力影响因素，也有学者综合考虑了这些影响因素。

1. 经济因素

（1）经济发展水平。很多研究发现保险需求与经济发展水平成正比，原因主要是经济发展水平的提高使消费者有能力消费，保障需求增大，经济不确定性增大，实现的保险功能和作用增多。如 Hussels、Ward 和 Zurbruegg（2005）选取 GDP 和储蓄分析经济合作与发展组织（OECD）九个成员国保险业与宏观经济因素之间的因果关系和协整关系。栾存存（2004）对我国经济发展水平与保险业增长之间关系进行了因果分析，并建立了保费收入与国民可支配收入和金融机构存款余额的长期均衡模型，但仅考虑了国民可支配收入、金融机构存款余额和通货膨胀因素，忽略了其他比较重要的影响因素（如居民收入差距、保险费率等）。

（2）金融发展水平。Carson 和 Hoyt（1992）通过回归分析揭示了货币政策和金融市场财富效应对人寿保险需求的正面影响。李朝鲜和梁燕（2001）选取国民收入、储蓄利率、通货膨胀和资本市场投资作为解释变量对保险需求进行了分析，得出保险业需求与国民收入高度正相关，对利率敏感，但对通货膨胀和资本市场收益不敏感的结论。

2. 社会因素

（1）人口素质。如 Lila 和 Dale（1990）在对墨西哥和美国的人寿保险需求的比较研究中表明，所研究人口的教育水平与人寿保险需求呈显著的正相关关系。Tabataa 和 Ohkusa（2000）、Cummins 和 Mahul（2004）从消费心理、消费行为角度对居民个体人寿保险需求进行了剖析，前者的研究成果解释了人寿保险需求与居民支出之间存在的替代效应和诱致效应，后者的研究揭示了保险金额赔付上限变动导致保险需求变动的作用机制。孙建华和姜树念（2004）认为人才资源是生产要素中最活跃、最具能动性的因素，保险业只有努力建设一支规模宏大、结构合理、素质较高的人才队伍，充分发挥各类人才的积极性、主动性和创造性，开创人才辈出、人尽其才的局面，才能从根本上提升保险业的竞争力。

（2）居民收入。Levin（1995）从居民群体收入特征出发，分析收入和收入预期因素对人寿保险需求的影响，得出两者与人寿保险需求正相关的结论。Matteo 和 Emery（2002）基于生命周期和居民财富水平，研究了居民人寿保险消费与自保的替代关系，认为随着居民财富的增加，人寿保险需求下降，随着年龄的增加人寿保险需求上升，同时发现城镇人口相对于农村人口的增加、家庭对主要成员收入依赖的增强对人寿保险业需求产生促进作用。Zietz（2003）的研究基于环境因素分析，将个人财富特征进行系统性分析，从而揭示了居民财富与人寿保险需求的正相关关系，得出了与 Matteo 和 Emery 不同的结论。粟芳（2004）通过对不同收入水平国家进行分类，研究了收入分配的不公平性与保险市场发展之间的关系，认为收入差距通过影响收入水平进而影响保险需求，而收入差距与收入水平之间存在着显著的负相关关系，收入水平与保险需求之间存在着显著的正相关关系。

(3) 科技水平。李晓林和唐慧蓉（2004）认为，保险信息化是信息技术在保险领域中广泛应用而引起的一场保险业革命，它将促使保险机构更加贴近市场和客户，提供个性化、差异化的服务，提升保险业竞争力。

3. 制度因素

张芳洁（2004）利用1980～2002年的时间序列数据，对影响我国保险业发展环境的经济因素——经济发展水平、市场化程度、国家税收水平、产业结构变动、储蓄存款增长、固定资产投资增长额、通货膨胀等因素进行实证分析。王祺、陈梅和张立华（2003）从经济发展水平、金融深化度、市场开放程度、货币政策、财政政策及社会环境等方面研究影响我国保险业发展的宏观因素，通过实证分析保险业发展与国民经济整体的关系。傅晓霞（2002）认为，客户经理制是保险企业在开拓业务经营中建立的以客户为中心，融产品营销、信息传递和客户管理于一体，为客户提供全方位保险服务的新型体制，发展客户经理制能够推动保险业竞争力的提高。

4. 综合分析

除上述分别从经济因素、社会因素和制度因素进行分析以外，也有学者综合考虑各方面因素进行分析。

裴光（2002）的著作《中国保险业竞争力研究》是较早系统地研究我国保险业的学术论著。该书在中国保险业尚未全面开放的大背景下，以经济竞争理论联系我国保险业现状和面临的问题，从保险业竞争环境、保险混合经营、保险市场国际化、产权激励、保险风险证券化、保险业务创新、保险监管创新等方面对保险业务进行了全面介绍，并提出了提升我国保险业竞争力的意见和建议。该书的着眼点和重点是中国保险产业的国际竞争力的比较，对区域竞争力的比较有一定的借鉴作用。

吕宙（2003）从保险业务、保险市场主体、保险市场体系、保险公司运营机制、保险经营管理水平、保险监管、保险技术水平、保险产业政策等角度，通过国内外的比较来分析我国保险业竞争力的现状，得出结论是：我国保险业得到了快速发展，在国民经济中的地位与作用有所提高，但与发达国家相比尚有较大差距。

孙祁祥和孙金勇（1997）从经济环境因素和社会环境因素两方面考虑，对保险需求因素进行了一些定性分析，认为保险的需求与一国经济发展水平、对外开放程度、政府的经济政策以及人口家庭、社区的变迁等因素的变化息息相关。

崔晓华（2005）从目前我国保险业所面临的竞争格局的角度，分析寡头垄断市场的市场绩效、保险企业的规模经济分析、保险市场竞争主体增加、非保险行业资本的涌入这四个因素对保险业竞争力的影响。

黄佐研和吴凤平（2003）应用多元线性回归模型进行总保费规模预测，同时认为产业结构、居民可支配收入、城镇人口数量和保险市场对外开放程度是影响人寿保险业发展的主要因素。

谢家平和施宇箭（2004）从系统理论出发，应用生产力经济学原理，提出影响保险业竞争力的高端要素是资金运作、人才配置、技术应用和监管方式，低端要素是产品结构、市场结构、空间结构和关联结构，而优化保险系统要素组合结构的合理性是提高保险业核心竞争力的关键。

张洪（2002）从保险市场的机构数量、保险业的市场占有率、保险业的总体规模、保险业市场监管、保险企业的资本实力、保险企业的资金运用能力、保险企业的经营能力这七个方面考虑，通过同其他国家的数据比较来分析我国的保险业竞争力。

封进（2000）从资产规模、资金运用能力、偿付能力、险种结构、服务水平、税收待遇等方面定性分析了中国保险业竞争力的不足以及如何提升竞争力。

通过上面的文献综述可以看出，国内外学者分别从经济、社会、制度和综合的角度剖析了保险业竞争力的影响因素，这对我们的研究起到了借鉴作用。

（二）竞争结果评价法

竞争结果评价法在现有的保险业竞争力研究中运用较少，且多在国外运用，国内在这方面的研究基本没有。

Chidambaran、Pugel 和 Saunders（1997）采用产业组织研究方法，以经济损失率作为测评数据，对美国 1984 ~ 1993 年财产保险业 18 个行业的经济绩效进行了实证分析，发现行业集中度和客户直接联系的保险公司占行业的份额是两个重要的决定因素，得出结果与行业的竞争力相符的结论。

Cummins、Tennyson 和 Weiss（1998）运用数据包络分析（data envelopment analysis，DEA）法，对美国 1988 ~ 1995 年人寿保险业成本收益率进行了实证研究，得出市场并购在增大保险公司的规模、增加市场集中度的同时，能够显著地提升保险业的绩效水平和竞争能力的结论。

Hardwick 和 Dou（1998）从成本效率出发，通过价格竞争力和产品差异性分析比较优势，再结合市场化和分配，建立保险业国际竞争力评价模型，通过显示性比较优势来评价欧洲的保险业竞争力并排序。

Ennsfellner、Lewis 和 Anderson（2004）利用贝叶斯随机边界（Bayesian stochastic frontier）方法，分析了奥地利 1994～1999 年保险市场数据，认为放松管制的过程增加了该国保险公司的产出水平和效率，对整体市场竞争力的提升具有积极意义，该结论对于即将融入欧盟的中欧和东欧国家具有一定的借鉴意义。

（三）指标综合评价法

在运用指标综合评价法进行评价的过程中，大多数学者都对评价对象系统建立广义目标函数，并将各个评价指标综合成一个能从整体上衡量评价对象系统的综合指数。而要把众多指标综合到一起，就必须考虑指标的自身特征、指标间的逻辑关系、指标的权值和指标的量化处理等问题；否则，就无法进行综合，也就失去了综合评价的合理性和真正价值。为此，在保险业竞争力评价过程中使用指标综合评价法的学者较少，从目前的情况来看，主要有以下学者作了这方面的研究。

石新武（2004）将保险业竞争力分为环境竞争力、潜在竞争力和现实竞争力，并从市场占有能力、规模实力、偿付能力、运营能力、盈利能力、信用级别六个角度选取指标，制定了现实竞争力评价指标体系，分别对我国的寿险业现实竞争力和非寿险业现实竞争力作出了评价，但未能作出关于中国保险业总体竞争力的判断。

范钛、陈小凡和姚洪心（2003）认为面对新的竞争环境，我国产险企业必须对自身的核心竞争力进行系统性的定位和培育，以形成重要的无形资源和长期竞争优势。首先，从战略能力的角度对我国产险业核心竞争力进行初步定位；随后，采用多指标评价体系，对我国产险业的核心竞争力进行综合评价。

第三节　本书的写作思路及研究方法

一、写作思路

入世以后，我国的保险业要在更加开放的环境中与国外保险业展开竞争，如何在更加复杂的环境中获得生存和发展，是摆在我们面前的新的课题。因此有必要对我国保险业的竞争力水平进行一个总体评价。

保险业竞争力属于产业竞争力的范畴，因此，要进行保险业竞争力的研究，需要对产业竞争力概念有一个较明确的理解。从目前文献来看，学者都没有对产业竞争力给出一个严格的学术定义。但各种隐含的定义是：①以国际贸易理论为背景的学者认为，产业国际竞争力是指产业的出口或进口替代能力；②以微观经济或公司管理为背景的学者认为，产业国际竞争力是特定产业内所有企业的国际竞争力之合；③以宏观经济研究为背景的学者认为，产业国际竞争力是由各种宏观经济因素所决定的特定产业在国际上的地位。

而本书认为从竞争力目标看，产业国际竞争力更加接近于国家竞争力，国家竞争力的最终目标是实现经济增长和公民生活水平的不断提高，而企业竞争力的目标是实现本企业利润的最大化，一个产业虽是诸多同类企业的集合，但产业竞争力的目标绝不是“产业利润的最大化”，它的竞争力目标更具有宏观经济特征；从竞争力来源看，产业国际竞争力比较接近于企业竞争力，因为国家之间的要素禀赋条件分布的不均匀，造成一些国家在这些产业具有国际竞争力，而另一些国家则在另一些产业具有国际竞争力；从产业整体来看，政府政策和干预对产业整体国际竞争力的影响比企业更加显著。

基于这种理解，本书从竞争力目标和来源这两个角度分析产业整体，认为研究保险业竞争力需要站在国家的高度，同时也要考虑企业的竞争力。

根据这一研究视角，本书在界定保险业竞争力的内涵及进行影响因素分析的基础上，建立保险业国际竞争力评价指标体系，从动态的角度测度中国保险业的国际竞争力，解决“应该是什么”的问题。在此基础上，探讨我国保险业国际竞争力低下的主要原因，据此提出提升中国保险业国际竞争力的策略，解决“现在怎么办”的问题。具体写作思路是：

首先，通过对保险服务贸易相关规则及发展趋势的研究，以认清入世后我国保险业所必须遵循的规则，揭示入世后中国保险业在开放条件下成长的制度约束。

其次，通过研究国际保险业的发展态势和竞争力，了解我国保险业所面临的产业环境，揭示入世后中国保险业在国际分工格局中的地位和动态演变趋势。

再次，通过对我国保险业发展的历程回顾和现状分析，明确入世后我国保险市场的开放竞争格局，系统地探讨我国保险业在发展过程中存在的各种问题，揭示改革开放以来特别是入世后中国保险业发展的内在机制。

然后，深入进行理论研究和充分利用所占有的国内外保险业相关资料，分析我国保险业的竞争力影响因素，在此基础上设计出保险业国际竞争力评价体系，对中国保险业竞争力加以测评，深刻认识我国保险产业发展的国际竞争差距和竞争态势，探寻中国保险业竞争力低下的主要原因。并以我国西部地区为特例，分析西部保险业的比较优势，研究如何基于比较优势培育西部保险业竞争力，进一步认识入世后凝聚中国保险行业竞争力的系统工程中有关薄弱环节的发展问题。

最后，基于对我国保险业竞争力的评价结果，提出中国保险业发展的战略目标和战略选择，研究入世后提高中国保险业竞争力的对策。

本书展开研究的逻辑框架如图 1-3 所示。

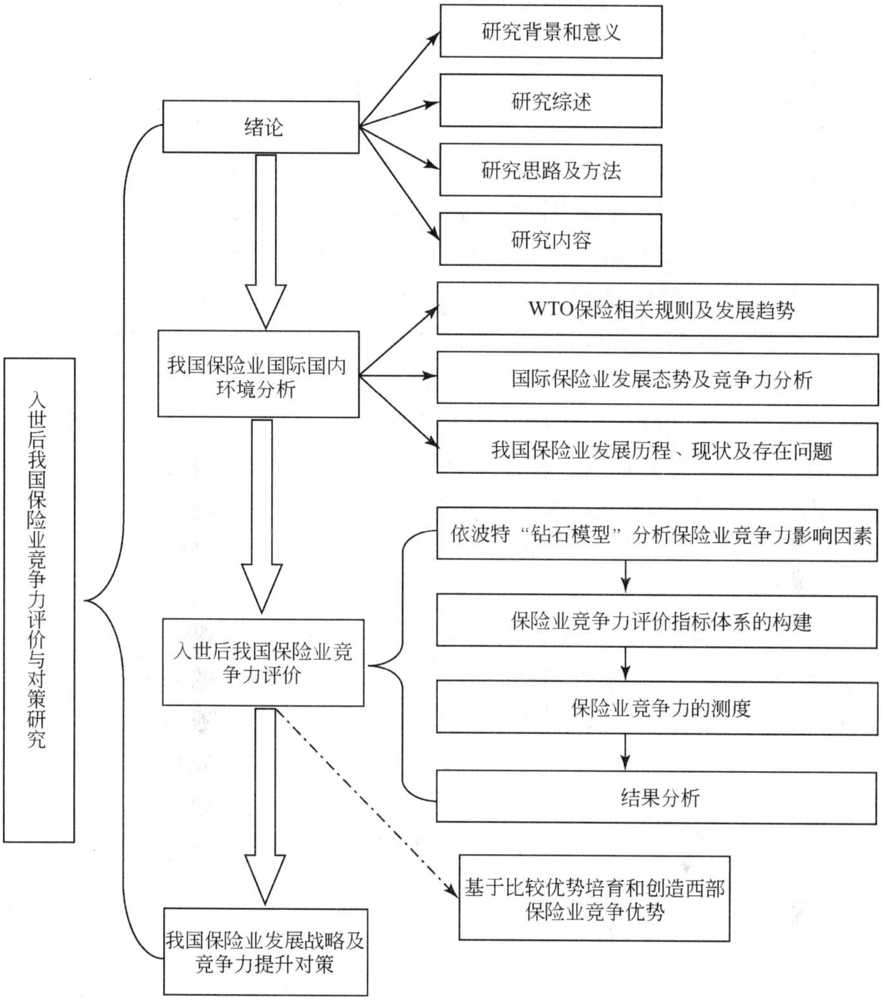

图 1-3 本书研究的逻辑框架图

二、研究方法

研究方法在一定意义上是由所研究问题的特点决定的，其选择关键要看是否有利于研究问题的解决，当然对特定问题也可以采取不同的研究方法。根据本书研究的特点，主要采取以下研究方法：

（1）运用比较研究以及归纳、演绎的方法。本书在对产业竞争力理论、模型以及已有的研究成果进行了系统梳理与对比分析的基础上，依据波特“钻石模型”，结合中国保险业的特点，构建了开放状态下中国保险业竞争力影响因素分析模型。在保险业竞争力研究过程中，本书采取比较分析法，以国际对比为基础分析入世后我国保险业的国际竞争力。

(2) 实证分析与规范分析相结合，注重实证分析。在对保险业竞争力影响因素的研究方面，先根据波特“钻石模型”作保险业竞争力影响因素的规范研究，并对每个影响因素的相关性进行实证分析。在影响因素剖析法的基础上建立多指标评价体系，并运用模糊综合评判法对保险业竞争力进行综合评价。本书所提出的对策建议正是从对保险业竞争力作实证分析的结论中得到的。

(3) 定量分析与定性分析相结合，注重定量分析。对保险业竞争力的评价是在对国内外保险业的发展现状、影响保险业竞争力的各因素有了充分了解的基础上，运用模糊综合评判法核算出我国保险业竞争力的水平；在定性地分析了未来保险业发展趋势的基础上，运用灰色 GM（1，1）模型定量预测未来的发展趋势，最后给出相应的提升保险业竞争力的对策与建议。

(4) 国内与国外相结合。本书主要探讨在开放的市场经济条件下，如何提升我国保险业的竞争力，而保险业在西方市场经济发达国家已发展了很长时间，这些国家在保险业竞争和发展中有许多比较成熟的经验，因此在研究中借鉴了西方保险理论与实践的经验，并努力将其与我国实际情况相结合。

(5) 综合分析与个案分析相结合。在对国际保险业发展态势及竞争力进行分析方面，不仅分析了国际保险业整体的发展环境和发展态势，还选取典型的国家，分别对工业化国家和新兴国家的保险业竞争力进行分析。

第四节　本书内容及主要贡献

本书从 WTO 保险相关规则、国际保险业发展态势及竞争力分析和我国保险业发展历程、现状及存在问题三个方面解析我国保险业所处的国际国内环境，依据波特“钻石模型”分析保险业竞争力影响因素，构建保险业竞争力评价指标体系，对我国保险业竞争力进行评价，在此基础上研究入世后中国保险业发展战略和竞争力提升对策。主要内容如下：

第一章：绪论。提出课题的研究背景，对国内外在该领域的研究进行综述，并阐述本书的写作思路、内容及研究方法。

第二章：保险服务贸易相关规则。在对保险服务贸易相关规则进行论述的基础上，对这些规则进行解析，明确了我国保险业在加入 WTO 后所必须遵循的规则。

第三章：国际保险业发展态势及竞争力分析。分析国际保险业发展环境、现状及趋势，选取典型国家和地区，分别对工业化国家和新兴国家的保险业竞争力进行分析，选取一些有代表性的指标分析国际保险业竞争力，说明国际保险业的发展状况，认清我国保险业所处的产业环境。

第四章：我国保险业发展历程、现状及存在问题。从保险业务发展、保险市场主体变化、保险法律体系完善及保险市场开放四个方面，回顾中国保险业的发展历程，从入世时保险业作出的具体承诺和入世对我国保险业产生的经济效应来研究我国保险业的开放态势，并分析应对保险市场的全面开放尚需解决的问题。

第五章：我国保险业竞争力影响因素分析。以波特的“钻石模型”为理论依据，从保险业需求因素，供给因素，保险业相关和支持性产业因素，保险企业战略、结构与同业竞争因素，政府作用因素以及机遇因素等六个方面，对保险业竞争力影响因素作实证分析。

第六章：入世后我国保险业竞争力评价。在前面对保险业竞争力影响因素进行分析的基础上，根据保险业竞争力评价指标体系设计思路和指标选取原则，构建了保险业竞争力评价指标体系，并运用模糊综合评判法对我国保险业竞争力作出评价，为入世后中国保险业在开放条件下有关政策的制定提供科学的决策依据。

第七章：入世后我国保险业发展战略与对策。运用灰色 GM（1，1）模型对我国保险业未来 10 年的发展规模作出预测，明确我国保险业进一步发展的思路，并制定战略目标；依据战略目标，选择入世后我国保险业的发展战略，提出入世后提升我国保险业竞争力的对策。

本书研究的难点有：

（1）保险服务贸易相关规则研究。保险服务贸易相关规则正处于逐步完善、逐步发展的过程中，规则的发展涉及全球化发展中国家利益的冲突与矛盾，它必然是一场经济实力的政治较量，如何从政治经济学角度去剖析、预测其规则的未来走势并深入分析变化中的规则对我国保险业的影响，中国保险业未来开放的前景与趋势又将如何，是本书研究的重点与难点，而多哈回合谈判的破裂，使得该领域的研究更为困难。

（2）保险业竞争力评价指标体系中指标的选取。因为产业竞争力的测度必须针对竞争能力，所有指标的设定应围绕这个中心；产业竞争力是相对而言的，是通过比较得出来的，任何一个时间点上的孤立测度数值或评估判定都是无实际意义的；产业竞争力不仅要求从不同的角度去观察，而且要有关联性，能够综合地反映出产业竞争力的某一方面，指标间有一定的联系。因此，评价指标的选取也是本书研究的难点之一。

（3）缺乏足够的数据库支持系统。对保险业竞争力进行评价时，需要把我国保险业放到国际上去比较，但由于各国的国情和统计方式的不同，特别是国际上统计数据的滞后性以及数据库的缺乏等问题，增加了数据获取的难度。

（4）综合评价方法的选取。评价方法的选择影响到评价过程的可行性和评价结果的正确性。需要对各种综合评价方法作深入了解，选择可行的、能得到最佳效果的综合评价方法。

本书的主要贡献和创新点如下：

（1）分析了保险服务贸易相关规则的缺陷和不足。从保险服务贸易相关规则自身的缺陷和规则在具体实施中的不足两个维度，深入探讨了保险服务贸易相关规则的局限性。

（2）从保险功能实现的角度比较国际保险业竞争力。保障、资金融通、社会管理是保险业的三大功能，国际上有些国家将保险业功能发挥得淋漓尽致，而也有国家保险业还不够成熟，保险业功能还发挥得不够。从保险功能实现的角度来比较国际保险业竞争力，就是从保险业的本质出发，全面地分析国际保险业的竞争力。

（3）建立了描述入世后我国保险业竞争力影响因素的模型。在对国内外产业的国际竞争力进行充分分析的基础上，认为波特“钻石模型”提出了一个全面的、系统的产业国际竞争力分析框架，并在实际的经济分析中，已越来越多地被学者们作为“经济分析范式”，运用于不同产业的国际竞争力分析。鉴于此，本书以波特“钻石模型”为参照系，结合我国保险业的特点，对该模型进行了修正，形成了我国入世后保险业竞争力影响因素分析模型。

（4）构建了保险业竞争力评价指标体系。在对影响因素进行分析的基础上，从指标体系设计的思路和原则出发，建立了我国保险业竞争力评价指标体系，该指标体系包括3个层次、5大类，共计26个指标，为入世后提高我国保险产业竞争力提供一个现实的、可操作的计量分析体系。

（5）测度了我国保险业的竞争力水平。考虑到评价方法的特性，再结合产业自身的特点和数据的可获取性，选择模糊综合评判法来分析保险业竞争力，其中使用熵值法来确定权重。根据统计数据的情况和保险业开放的情况，选取了2001～2007年的数据进行了计算和分析。

（6）预测了未来10年保险业的发展规模。目前国内对保险规模的预测大多停留在描述性阶段，通常仅根据个别指标进行简单的推算，其预测带有很大的片面性；大多数学者利用回归模型作预测，但是这一模型存在一定的缺陷。而灰色理论主张用单因素模型GM（1，1）作预测，它能根据情况进行不同长度的预测，适用性更强。为此，运用灰色GM（1，1）模型对未来10年保险业的发展规模进行了预测，并据此制定了发展战略目标。

（7）提出了我国保险业的发展战略和对策。通过全面分析我国保险业竞争力状况以及未来的发展趋势，考虑如何解决目前存在的问题，发挥自身的优势，有针对性地提出我国保险业的发展战略和提高国际竞争力的具体措施。

第二章　保险服务贸易相关规则

随着全球金融服务贸易协议的达成，各成员国承诺有计划地开放本国保险市场，全球95%以上的保险服务贸易被纳入WTO的管辖之中，保险服务贸易的自由化方向已成为不争的事实。WTO框架下的保险相关规则作为一套完整的、有一定强制性的国际服务贸易规则，揭示了保险服务贸易自由化的基本原则与方向，并为实现这一领域的完全自由化作出了重要的制度安排，加速了全球保险服务贸易自由化的发展。因此，研究保险服务贸易相关规则，不仅可以使我们加深对保险服务贸易自由化的内在特征的理解，而且对中国保险业采取怎样的应对策略来减少实现自由化的成本与风险产生重要影响。

第一节　保险服务贸易相关规则的内容与解析

保险服务贸易是金融服务贸易的重要组成部分，根据世界贸易组织统计和信息系统局（SISD）1995年7月发布的《国际服务贸易分类表》的界定，保险及与保险相关的服务被纳入金融服务的范畴，这意味着在对保险服务贸易没有特别规定的情况下，保险及与保险有关的服务均应适用《服务贸易总协定》及其相关协议关于金融服务贸易的一般规则。

一、保险服务贸易相关规则的法律体系

WTO协定中，与保险服务贸易有关的规则分布在《服务贸易总协定》、《金融服务附件》、《关于金融服务承诺的谅解》、《全球金融服务贸易协议》等多个文件中，这些多边性的国际协议构成了第一个全球性的保险服务贸易规则群。这些贸易规则纷繁复杂，既有体现原则性规定的《服务贸易总协定》，也有直接规范保险服务贸易的各个金融服务协定、附件、部长会议决定、谅解以及直接体现各成员方保险服务部门开放程度的具体承诺减让表。因此，有必要从整体上对这些规则进行把握，明确这些规则所组成的总体框架。总体来说，WTO保险相关规则体系由以下四类法律文件构成。

（一）《服务贸易总协定》及其附件

《服务贸易总协定》（*General Agreement on Trade in Services*，GATS）是关于服

务贸易的一般性框架协议，它由序言、正文、附件以及各成员方的市场准入承诺表和最惠国待遇原则的例外清单等四部分组成。

序言阐明了其目标与宗旨，即“建立一项包括服务贸易的各项原则和规则的多边贸易框架，借以在透明和逐步自由化的条件下扩大服务贸易，促进全球经济增长和发展中国家经济的发展”，并“通过逐轮回合的多边贸易谈判，尽早在更高水平上实现服务贸易的自由化”。正文部分共分为6部分29条，分别就服务贸易的含义和GATS的适用范围、成员方的一般责任和纪律、特定义务的承担、服务贸易自由化的进程安排、承担特定义务计划表的制定和修改以及服务贸易的争端解决等问题作出规定，确立了“最惠国待遇”、“透明度”、“逐步自由化”等各成员国必须遵守的一般原则与义务以及有关“市场准入”、“国民待遇”、“发展中国家特殊待遇”等各成员国作出具体承诺的法律依据。

GATS共有8个附件，与保险服务贸易密切相关的有4个。

1.《关于金融服务的附件》

这是4个附件中最关键的一个法律文件。该附件共5条，第1条就金融服务贸易的范围作出了界定，规定了跨境交付（cross-border supply）、境外消费（consumption abroad）、商业存在（commercial presence）、自然人流动（movement of personnel）四种金融服务提供方式。第2～4条确定了金融服务自由化过程中最重要的例外原则——审慎例外（prudential carve-out）原则，对这一原则的分析将在下文“例外规则的分析”部分详细展开。第5条进一步明确规定了直接保险（包括共同保险）、再保险和转分保（reinsurance and retrocession）、保险中介（insurance intermediation）及辅助性保险服务（services auxiliary to insurance）四种保险服务活动。GATS金融服务附录的上述界定涵盖了现实经济领域几乎所有的营利性保险业务，至于非营利性及带有国家强制性的保险业务，如养老保险、医疗保险等社会保险业务，则不在GATS的规范范围内。

2.《关于金融服务的第二附件》

《关于金融服务的第二附件》的主要内容是决定在乌拉圭回合以后，延长包括保险在内的金融服务部门的谈判期间。

3.《关于第2条豁免的附件》

《关于第2条豁免的附件》主要规定了各国提出“最惠国待遇豁免”的相关程序和条件，在后面分析“最惠国待遇原则”过程中还将详细阐明。

4.《关于本协定项下提供服务的自然人流动的附件》

一成员的服务提供者通过在任何其他成员领土内的自然人存在提供服务，这被称为“自然人流动”（movement of personal）。由于在界定“自然人存在”的范围上，发达国家与发展中国家之间存在着严重分歧，因此，WTO 以该附件的方式进行了特别规定。

（二）《服务贸易总协定第五议定书》

GATS 达成后，各成员国对金融服务问题又进行了多轮谈判。至 1997 年 12 月 12 日，终于达成了《服务贸易总协定第五议定书》（*Fifth Protocol to the General Agreement on Trade in Services*），又称《金融服务贸易协定》（*Finance Services Agreement*，FSA）。实际上，《服务贸易总协定第五议定书》本身的内容非常简单，一共只有 5 条，其最有价值的部分是作为该协定书附件的 56 份新的减让表和 16 份豁免清单。

《GATS 第五议定书》其本身内容主要是对金融（不含保险）、保险业市场准入的规定，即参加方必须为外国的金融、保险机构在本国设立经营机构及进行营业活动提供必要的便利。具体包括：①商业存在权。各成员方应允许其他成员方金融服务提供者在本国境内建立金融服务机构并按竞争原则运行。②国民待遇。这部分规定基本与《关于金融服务承诺的谅解》相同，据此，外国公司应享有同本国公司同等的进入市场的权利。③取消对跨国服务贸易的限制，即各成员方应允许非居民金融服务提供者根据国民待遇原则提供所有的金融服务。④股权限额。允许外国资本在本国投资项目中所占的比例超过 50%。⑤承诺增加建立外国金融和保险机构的许可证，确保外国金融及保险服务机构可以平等地参与当地金融及保险服务，取消外国金融及保险机构工作人员在国籍及公民身份等方面的限制。

（三）各成员方具体承诺减让表、最惠国待遇豁免清单、加入议定书及工作组报告书

《GATS 第五议定书》还附有 56 个成员方（代表 70 个国家）的金融服务具体承诺表和 16 份免除最惠国义务清单，这些承诺表和清单构成了议定书的实质内容。这一部分规则决定了各国保险市场的开放程度，直接体现了保险服务自由化的程度，是整个保险服务贸易规则体系的核心。各个成员方在 GATS 设定的框架下，提出各自保险市场开放的具体承诺和最惠国待遇豁免的清单。同时，各成员方的加入议定书和工作组报告书中也存在着大量的与保险贸易有关的规则，而且这些议定书和工作组报告书本身也是 WTO 协定的组成部分。

（四）其他对保险贸易规则有影响的法律文件

严格来讲，以下的三部分文件都不属于 WTO 协定中的保险服务贸易规则的

法律体系，但是它们对于这一体系的构建发挥了巨大的作用。

1.《关于金融服务承诺的谅解》

《关于金融服务承诺的谅解》(*Understanding on Commitments in Financial Services*) 主要是期待各国依照此谅解书规定的替代方式提出金融服务承诺，鼓励各国在金融服务自由化方面达到比 GATS 更高的水平。在市场准入方面，把维持现状、不增加新的限制列为最低标准，列出了 8 条较 GATS 自由化程度更高的“允许或确保市场准入”的规定，对“国民待遇”作出了比 GATS，第 17 条更为严格的规定，大大提高了国民待遇和最惠国待遇的适用范围。

《关于金融服务承诺的谅解》并非 GATS 的 8 个附件之一，而是独立于 GATS，被列入乌拉圭回合多边贸易谈判的最后文件中，由参加保险服务贸易谈判的各方自愿选择遵守。最终仅有包含经济合作与发展组织国家在内的 30 个国家遵守，而并未被全部 WTO 成员一揽子接受（Stichele，2004）。但显然，该文件在一定程度上为 WTO 成员在保险服务领域的进一步开放提供了范式。

2.《服务贸易总协定第二议定书》

该议定书于 1995 年 7 月达成，共有 43 个 WTO 成员方改善了其在金融服务领域的承诺，或者取消、减少了其在金融服务领域的最惠国待遇的豁免。但是，美国、哥伦比亚和毛里求斯三国仍然坚持不对其承诺作任何的改善，而采取以“互惠”原则为前提的广泛的最惠国待遇的豁免。由此，部分 WTO 成员方只能达成一个“临时性”的金融服务协定，称之为《服务贸易总协定第二议定书》(*Second Protocol to the General Agreement on Trade in Services*)，又称《金融服务贸易临时协定》，并决定再次延长谈判到 1997 年。尽管只是一个临时性的协定，但它对于推动金融服务自由化，尤其对于促成“第五议定书”的订立发挥了很大的作用。

3. 部长会议决定

从完整性的角度考虑，影响保险服务贸易规则的法律文件还应当包括几个部长会议决定，如《关于〈服务贸易总协定〉机构安排的决定》、《关于〈服务贸易总协定〉部分争端解决程序的决定》以及《关于金融服务的决定》等文件。尽管在这些文件中，并没有对保险服务贸易规则作出直接规定，但是这些文件为促成包括保险在内的金融服务部门的谈判，设立金融服务贸易委员会，解决包括保险在内的金融服务部门的争端等提供了法律依据。因此，也应当将这些“部长会议决定”视为影响保险服务贸易规则的法律文件。

由此，以上四类法律文件构建了一个完整的 WTO 保险服务贸易规则的法律体系（图 2-1）。其中，《服务贸易总协定》是这一体系最重要的基础，规定了保险服务贸易领域的一般规则和例外规则；《服务贸易总协定第五议定书》和各国具体承诺减让表等是这一体系的核心，直接决定了保险服务领域各国的开放程度。

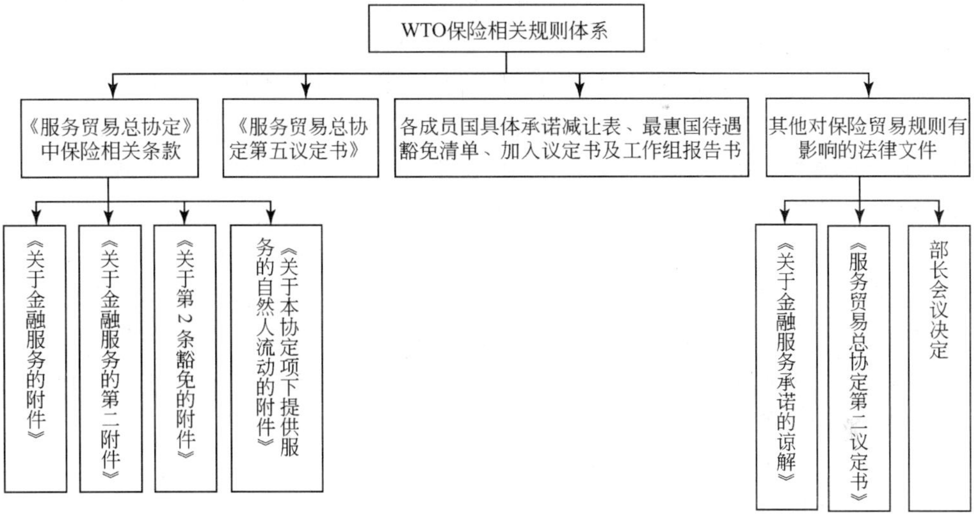

图 2-1 WTO 保险相关规则体系

二、WTO 成员国从事保险服务贸易遵循的原则

WTO 的保险服务贸易规则由一般规则、具体承诺和例外规则三部分有机构成。其中，一般规则和例外规则适用于整个服务贸易领域，它们规定了在服务贸易自由化过程中各服务部门都必须遵守的一些基本规则，属于普遍和绝对义务；具体承诺则真正明确了各个成员方在保险服务市场开放方面的具体义务。

（一）一般规则

一般规则是除 WTO 另有规定外，所有其他的 WTO 成员方都必须无条件接受的规则，具有普遍性和绝对性，它们是保证整个贸易规则体系正常运转的基础所在，主要包括最惠国待遇原则、透明度原则和逐步自由化原则。

1. 最惠国待遇原则

最惠国待遇（most-favored-nation treatment，MFN）是 WTO 非歧视原则最重要的组成部分，也是服务贸易领域最重要的核心原则。GATS 第 2 条第 1 款对“最惠国待遇原则”作了如下定义：“关于本协定涵盖的任何措施，每一成员对于任何其他成员的服务和服务提供者，应立即和无条件地给予不低于其给予任何其他国家同类服务和服务提供者的待遇。”即各成员国给予另一国家保险商的待遇，都应无条件地给予其他成员方的保险商，这显然是一个典型的“无条件最惠国待遇原则”。

同时，GATS 在第 2 条第 2 款规定“成员可以维持与本条第 1 款不相一致的措施，但这一措施必须列入免除第 2 条义务的附件中并符合其条件。”即允许各成员方将不符合最惠国待遇原则的措施列入“最惠国待遇豁免”的清单（MFN exemption list），使成员方可以不受最惠国待遇的严格约束，而挑选特定的贸易伙伴逐步开放服务贸易市场。可见，GATS 在坚持将“无条件最惠国待遇原则”列为一般义务与纪律的同时，又准许各个国家提出最惠国待遇的豁免清单，将“无条件的最惠国待遇”事实上变成了“有条件的最惠国待遇”（陶凯元，2000）。

除第 2 条的明确规定外，GATS 中还有一些条款涉及最惠国待遇及非歧视性原则的内容，主要有：第 7 条第 3 款“成员在实施其对服务提供者的批准、许可或证明的标准或准则时，其给予承认的方式不得成为成员间实行歧视的手段，或对服务贸易构成变相限制”；第 8 条第 1 款“各成员方应确保在其境内的任何垄断服务提供者，在相关市场上提供垄断服务方面，不得违反该成员在 GATS 第 1 条下的义务和具体承诺”；第 10 条第 1 款“应在非歧视原则的基础上就紧急保障措施问题进行多边谈判，谈判结果应不迟于 WTO 协定生效之日起三年内付诸实施”；第 12 条第 2 款“对保障国际收支平衡的限制不应在成员方之间造成歧视”；第 14 条“在实施一般例外措施上，不应在情况相同的国家间构成武断的或不公正的歧视或对服务贸易的变相限制”；第 15 条第 1 款“在有关通过 GATS 第 1 条所认定的服务提供方式的市场准入方面，每个成员给予其他成员方的服务和服务提供者的待遇，应不低于根据其承诺表中所同意和列明的规定、限制和条件”；第 21 条第 2 款“对承诺表修改的补偿调整应在最惠国待遇的基础上进行”。根据以上条款的规定，“最惠国待遇原则”在服务领域的适用范围可以进一步延伸到保险服务领域。

2. 透明度原则

透明度（transparency）也是 GATS 中要求世界贸易组织成员应普遍履行的一般义务条款，集中体现在 GATS 的第 3 条第 2 款中。

GATS 第 3 条规定，在保险服务贸易领域内，除紧急情况外，各成员方应公布其与保险服务贸易有关的法律、法规和行政命令以及所签署的与保险服务贸易有关的国际协议；至少每年将其对保险承诺产生影响的新的立法及措施和对原有立法及措施的修改进行一次通报；每个成员至少应当设立一个咨询点（enquiry points），以便为其他成员的政府和个人提供本国保险服务贸易的有关资料，包括保险法律、法规、保险监管命令、决定、监管规则及保险业惯例等，还应回答其他成员就保险服务贸易领域提出的问题等。

当然，透明度原则也有一定范围的限制。在 GATS 第 3 条第 2 款中，对于成员方保险服务领域涉及国家经济安全及国家秘密、商业秘密等方面的机密材料，并不要求其承担透明度原则所施加的义务。

3. 逐步自由化原则

逐步自由化原则是指 WTO 成员不断进行服务贸易多边谈判，逐步取消和减少国际服务贸易中的障碍，推进服务贸易的自由化。

根据逐步自由化原则，WTO 成员在 GATS 框架内可以就服务贸易相关的事项如补贴、政府采购、市场保障措施、服务资格、技术标准、许可证制度等进行谈判，以促进服务贸易领域的进一步自由化。许多发展中国家可以依据这一原则，对本国保险服务市场的开放作出符合其自身经济发展状况的承诺。例如，Mattoo（2000）指出，在 FSA 协议达成时，拉丁美洲地区，包括阿根廷、巴西和智利在内的 11 个成员国不保证完全的自由准入，即不受约束，可根据需要或互惠条件发放许可证、实施限制；古巴和墨西哥这两个成员国存在股权限制；多米尼格和洪都拉斯这两个成员国既不保证完全自由准入条件，又存在股权限制。Mattoo（2000）、Dobson（2007）、Dobson 和 Jacquet（1998）对 FSA 协议中成员国自由化承诺程度的测算发现，发展中国家开放程度明显低于发达国家，其中又以拉美与亚洲国家的开放程度更低，如图 2-2 所示。与发达国家开放度呈现出较大的差别，正是发展中国家对“逐步自由化”规定的应用。

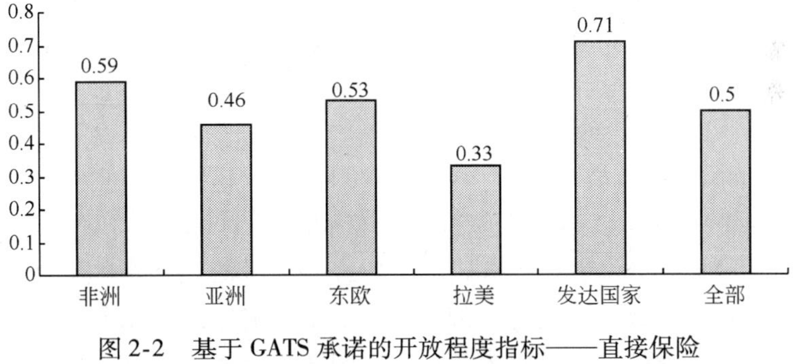

图 2-2 基于 GATS 承诺的开放程度指标——直接保险

可见，在目前情况下，立即实现保险服务的完全自由化是不现实的，必须依据“逐步自由化原则”来最终实现这一领域的完全开放。因此，“逐步自由化原则”也是保险服务贸易规则中最重要的一般规则之一。

（二）具体承诺

具体承诺是一国在保险服务贸易领域对外开放的具体领域、部门、步骤、方式等自由化程度的法律承诺。具体承诺主要包括市场准入规则和国民待遇原则这两个方面，还有少部分的附加承诺也被列入减让表。与一般规则不同，具体承诺属于特定义务而非普遍和强制性义务。

1. 市场准入原则

所谓“市场准入”是指一国家通过实施各种法律和规章制度，对其他国家的服务和服务提供者参与本国服务市场的宏观掌握和控制（石静遐，1997）。WTO各成员方承诺的市场准入以具体承诺表的方式存在，这使得各国承诺的权利义务处于完全透明的状态。已经提交了承诺表的WTO各成员方必须保证其给予外国服务提供者的待遇不低于其在承诺表中所确定的待遇标准，并且不得任意降低其已作出的市场准入承诺水平，也不得扩大其在承诺表中的限制范围。

在GATS第16条中，对于服务贸易领域的市场准入问题作出了具体的规定。根据GATS第16条第1款规定，“对于通过第1条确认的服务提供方式[①]实现的市场准入，每一成员对任何其他成员的服务和服务提供者给予的待遇，不得低于其在具体承诺减让表中同意和列明的条款、限制和条件。”这一规定表明：各成员方在具体承诺减让表中对市场准入所作的各项承诺属于“约束承诺（binding commitments）”，也即这些列明的有关市场准入的条款、限制和条件代表了给予其他成员方的服务和服务提供者的最低要求。

由于在某些情况下，“跨境交付”和“商业存在”这两种服务的提供方式必须通过资本流动才能实现，而如果一成员方限制此类资本流动，实际上无异于对这两种服务提供方式不作承诺。因此，GATS在第16条第1款的附注中对该类市场准入的承诺作了进一步规定：如果一成员方对于“跨境交付”和“商业存在”两种服务提供方式作出了市场准入的承诺，并且资本的跨境流动是该服务本身所必需的，那么，该成员方就被认为同时作出了“允许该类资本流动”的承诺。

在GATS的第16条第2款中，列出了包括“对服务提供者的数量限制”等在内的六种禁止采用的“限制市场准入”的措施。具体包括：①无论以数量配额、垄断、专营服务提供者的形式，还是以经济需求测试要求的形式，限制服务提供者的数量。②以数量配额或经济需求测试要求的形式限制服务交易或资产总值。③以配额或经济需求测试要求的形式，限制服务业务总数或以指定数量单位表示的服务产出总量。④以数量配额或经济需求测试要求的形式，限制特定服务部门或服务提供者可雇佣的、提供具体服务所必需且直接有关的自然人总数。⑤限制或要求服务提供者通过特定类型法律实体或合营企业提供服务的措施。⑥以限制外国股权最高百分比或限制单个或总体外国投资总额的方式限制外国资

---

① 第1条确认的服务提供方式指跨境交付、境外消费、商业存在和自然人流动这四种服务提供方式。

本的参与。

《关于金融服务承诺的谅解》中进一步列出了八条各成员方在承诺维护国内既有保险服务管理现状的前提下，还应“允许或确保市场准入”的条款，包括垄断权、公共机构购买的保险服务、跨境服务、商业机构的设立、新保险服务、保险信息传递与信息处理、保险服务人员的临时进入、非歧视措施等方面的规定。

从以上规定可以看出，通过在具体承诺减让表中列明有关市场准入的领域、部门、条款和限制条件，成员国明确了给予其他成员国保险服务和服务提供者的最低要求，作出了其保险市场开放的关键性承诺。但是，保险服务贸易领域中的市场准入不是普遍的绝对的义务，仅是一种“具体承诺”下的部分准入，只有市场开放义务列入成员国的市场准入承诺表，才对该成员国具有法律约束力，并且只要成员国在其减让表中列明可用的限制市场准入措施，就不属于以上的禁用六种措施之列。

2. 国民待遇原则

与市场准入一样，服务贸易领域的国民待遇不是一般性义务，而是一项具体承诺的特定义务，各成员方仅在自己承诺开放的服务部门中给予外国服务和服务提供者国民待遇。

（1）GATS 第 17 条对于国民待遇原则适用问题作出的具体规定

根据 GATS 第 17 条第 1 款规定：“对于列入减让表的部门，在遵守其中所列任何条件和资格的前提下，每一成员在影响服务提供的所有措施方面给予任何其他成员的服务和服务提供者的待遇，不得低于其给予本国同类服务和服务提供者的待遇。”该条规定表明：①在服务贸易领域，国民待遇原则要受到双重的限制：一方面，各成员方只在自己作出具体承诺的服务部门中才给予外国服务和服务提供者以国民待遇；另一方面，还要受到各成员方在其减让表中所列条件和资格的限制。②类似 GATS 中的最惠国待遇原则，国民待遇原则也同样是与“同类服务和服务提供者的待遇”相比较。③在减让表中的有关“国民待遇的限制措施”也是约束承诺，表明了给予其他成员方国民待遇的最低标准。

显然，保险领域的国民待遇原则同样属于“具体承诺”的特定义务而非强制义务。它一方面赋予外资保险公司在法律、规章、行政措施等方面拥有与本国保险公司相同的待遇；另一方面，又准许各成员方仅在自己承诺开放的部门给予外国保险服务和服务提供者国民待遇，并且可为国民待遇原则在本国的使用规定限制性条件。FSA 协议签订时，在保险服务领域，各国通过在减让表中列明的方式，分别在四种服务方式上作出了 19 项、60 项、794 项和 488 项针对“国民待遇原则”的限制措施（世界贸易组织秘书处，2002）。可见，保险领域的国民待遇是一种有条件、有保留的国民待遇。

GATS 第 17 条第 2 款和第 3 款中，对“待遇比较”的标准问题进一步作出了规定。在 GATS 第 17 条第 2 款中规定“一成员可以通过对任何其他成员的服务或服务提供者给予与其本国同类服务或服务提供者的待遇形式上相同或不同的待遇，满足第 1 款的要求”。因此，在具体操作上，WTO 允许成员方对其他成员方的服务和服务提供者采取形式上不同的待遇措施，只要能够在实质上满足第 1 款的要求。对于何谓“符合第 1 款的要求”，GATS 在 17 条第 3 款中进一步提出了“竞争机会平等（equality of competitive opportunity）”的概念。WTO 认为，如果形式上“相同或者不同的待遇改变竞争条件”，使得有利于本国的服务和服务提供者，那么这种待遇就是违反“国民待遇原则”的。

因此，从第 17 条规定的总体来看，WTO 实际上并不在乎给予本成员方和其他成员方的服务和服务提供者的待遇在形式上是否相同，只要此类待遇在结果上实现“竞争机会平等”，WTO 就认为其符合国民待遇原则。这反映了保险领域国民待遇原则的另一显著特征：注重实质待遇的平等而非待遇所采取的形式，强调事实上的平等竞争。

（2）保险服务领域国民待遇的特殊规定

根据《关于金融服务承诺的谅解》，除贯彻 GATS 的基本原则外，保险服务领域的国民待遇的特殊规定包括：

公共机构保险服务采取的最惠国待遇和国民待遇。虽然有 GATS 第 13 条“政府采购例外”的规定，《有关金融服务承诺的谅解》仍要求每一成员方应确保在其境内建立机构的外国保险服务供应商在提供或出售本国公共机构的保险服务方面，应享受最惠国待遇和国民待遇。

跨境保险服务的国民待遇。这一国民待遇要求包括两层含义：一方面，任一成员方应允许非居民的保险服务提供者通过中介或本身作为中介，根据国民待遇原则提供如下保险服务：①海运和商业性航空航天运输及运费保险；②运输（含国际运输）的货物、运输货物的工具和由此产生责任的保险；③再保险、转分保；④咨询、统计、风险评估、索赔等辅助性保险服务。另一方面，任一成员方应允许其居民在其他成员方境内购买上述保险服务。以上保险业务范围与 GATS 金融服务附录所列的保险业务范围相比较，可以发现，最显著的差异在于各种人寿保险被明确排除在跨境提供的国民待遇范围之外。实际上，这并非对人寿保险的业务歧视，而是由人寿保险的业务特征所致。就目前的技术发展水平而言，寿险服务提供者邻近寿险服务接受者仍是寿险服务发展的必要条件，因为只有如此，寿险服务提供者才能为客户准确地解释寿险条款，全面了解投保人和被保险人的概况，评估风险发生概率和准备金比率，从而既为客户提供高质量的寿险服务，又可有效避免道德风险的发生。因此，在目前的保险业实践中，寿险的服务提供者多与寿险的服务接受者在同一国境内。正是基于寿险行业的上述特点，国际保险业中寿险跨境提供的服务贸易水平极低，未成规模，故《关于金融服务承诺的谅解》将其略去，未作列举。

支付与清算的国民待遇。根据 GATS 所确定的国民待遇原则，任一成员方应当允许在其境内已设立商业机构的其他成员方保险服务供应商使用由公共机构运营的支付与清算系统，以及获取正常业务活动过程中所提供的官方基金援助和再融资便利。但外国保险服务商不享受官方最终资金贷款或清理的权利，因为依据国际惯例，跨国金融机构的最终贷款人和债权债务清理人通常是其母公司或母国金融主管部门，故外国保险服务商不得以国民待遇为理由，要求东道国金融主管部门对其进行最终贷款援助或债权债务清理。

加入相关组织或机构的国民待遇。外国保险服务提供者在加入或参与保险自律组织、清算代理机构或别的组织、机构时，其享受的待遇应与本国保险公司相同。当成员方直接或间接地给予相关组织成员以提供保险服务的特权或优惠时，外国保险服务提供者也应一体均沾，福利共享。

3. 附加承诺

在 GATS 第 18 条中，还就不属于列入“市场准入”和“国民待遇”限制措施范围，但是对服务贸易有影响的其他措施作出了规定。对于此类措施的范围，GATS 并没有给出明确的定义，而只是指出此类措施包括“有关资格、标准或许可事项的措施”。注意在 GATS 中使用的是“包括”一词，即意味着“其他影响服务贸易的措施”包括但不仅仅限于以上所指的三项。WTO 允许成员方就此类措施展开谈判，作出承诺，并列入各自的减让表。对于“附加承诺”的其他事项，GATS 没有再作出进一步的明确规定。在服务贸易领域，只有美国、韩国、日本、澳大利亚、马来西亚、新西兰、新加坡、泰国等在其承诺表中列出了一些附加承诺，大多数成员方未作出此类承诺（陶凯元，2000）。

（三）例外规则

在保险服务贸易领域中，除了一般规则以外，还存在着大量的例外规则，包括审慎例外原则、发展中国家更多参与原则、经济一体化协议、保障国际收支的例外规则、紧急保障措施、一般例外和安全例外等原则。

1. 审慎例外原则

审慎例外原则（prudential carve-out）是整个保险贸易规则体系中最重要的例外原则，同时也是金融服务部门特有的例外规则。在 GATS 的《关于金融服务的附件》第 2 条第 1 款中，对于“审慎例外”原则作出了规定：“尽管有本协定的任何其他规定，但是不得阻止一成员为审慎原因而采取措施，包括为保护投资人、存款人、保单持有人或金融服务提供者对其负有信托责任的人而采取的措施，或为保证金融体系完整和稳定而采取的措施。如此类措施不符合本协定的规定，则不得用作逃避该成员在本协定项下的承诺或义务的手段。”典型的审慎措施包括资本充足率、偿付能力边际要求、维持资产质量要求等方面的措施。

“审慎措施”独立于WTO协定，可不受WTO协定的管辖，即所有的“审慎措施”都可以构成WTO协定基本原则及其他规则的例外。审慎措施给予了成员国，尤其是发展中国家极大的包容性与灵活性，成员国可利用WTO协定中对于“审慎措施”富有弹性的规定，实施许多监管保险业的措施，以保证成员方在享受保险自由化利益的同时，最大限度地维护国家金融安全。

2. 发展中国家更多参与原则

发展中成员更多参与原则是GATS考虑到WTO发达成员与发展中成员在服务贸易领域发展的差距性和不平衡性，为保证发展中成员更多地参与到国际服务贸易中来，而特别规定的对发展中成员实施优惠的原则。乌拉圭回合谈判结束以后，WTO的所有协定中都专门列入了给发展中国家有差别的特殊规定的条款（赵维田，2002）。在服务贸易领域，发展中国家更是获得了前所未有的差别待遇。不仅在GATS的序言中就强调要促进发展中国家的发展，认识到发展中国家对服务提供实施管理的特殊重要性，便利发展中国家更多参与服务贸易等原则，而且在GATS的第4条第1～3款规定中也得到了具体的体现。这些特殊规定在保险服务贸易领域同样具有法律效力，为许多发展中国家采取特殊步骤开放国内保险市场提供了法律依据。该原则的具体内容主要包括：

（1）GATS第4条第1款的规定。在保险服务领域，要求发达成员通过商业性的技术转让，向发展中成员提供指导；帮助发展中成员改善保险产品的销售渠道以及信息网络，以促使其提高保险产品的销售能力等。

（2）GATS第4条第2款的规定。要求WTO发达成员及在保险服务领域具有相对优势的发展中国家成员，应该在1997年之前建立联系点制度，以便发展中成员的保险服务产品及保险服务提供者能够获得它们在保险市场准入方面的信息资料。

（3）GATS第4条第3款的规定。发达国家成员在对发展中国家成员的保险服务产品和保险服务提供者等实施优惠待遇的同时，还应该重点考虑到最不发达国家成员的特殊情况和需要，给予其保险服务产品及保险服务提供者比一般发展中国家成员更为优惠的待遇——特惠待遇。

GATS把“发展中成员更多参与原则”规定为发达国家成员的普遍义务，这就使得在GATS框架中，发达国家成员与发展中国家成员在保险服务贸易领域实施最惠国待遇原则时，并非必须坚持对等的立场，即发达国家成员与发展中国家成员在保险服务贸易领域实施的是非互惠的最惠国待遇。这种对发展中国家成员实施差别和特惠待遇的做法，体现了GATS对发展中国家成员在国际金融服务贸易体系中的地位给予了足够的重视和倾斜。

3. 经济一体化协议

在世界经济一体化浪潮中，除了建立在各国普遍参与基础之上的多边贸易体制之外，还大量地存在着由部分国家和地区参与的经济一体化的贸易体制。区域经济一体化是指部分国家和地区通过签订协议组成经济集团，在成员之间相互取消或减少贸易壁垒，但不能对非成员提高贸易壁垒。在乌拉圭回合谈判期间，《北美自由贸易协议》和《澳新服务贸易议定书》相继签订和生效，欧洲联盟也在这一期间成立。这两个协议和欧盟条约中所包括的“欧洲共同体条约”都对于区域性服务贸易自由化作出了具体的安排。面对服务贸易领域出现的这些地区经济一体化协议，GATS参照《关税与贸易总协定》（*General Agreement on Tariffsand Trade*，GATT）第24条，专门在第5条中对此问题作出了规定，使得这些协议构成了“最惠国待遇原则”的例外。

GATS允许各成员方参加或者达成旨在实现“参加方之间的服务贸易自由化”的协定。这些协定只适用于参加方，而不能依据最惠国待遇原则给予其他成员。值得注意的是，GATS在这里使用的是“参加方（parties）”一词，而非“成员方（members）”。这就意味着不仅WTO成员方之间，而且WTO成员方与非成员方之间达成的此类协议都可排除适用最惠国待遇原则。

但同时GATS在第5条第1款和第4款规定了实行经济一体化的条件，并制定了区域经济一体化协议的审查机制。只有符合条件并通过审查的协议，才能排除适用最惠国待遇原则。

4. 合理保护原则

GATS中保障国际收支的例外规则、紧急保障措施以及一般例外和安全例外等，体现了合理保护原则。

（1）保障国际收支的例外规则

保障国际收支的例外规则主要体现在GATS的第11、12条中。GATS第11条是涵盖国际支付和转移的关键条款，允许成员国在一定的情况下对经常账户和资本流动加以限制。GATS第12条允许成员国在发生严重的国际收支失衡和对外财政困难或因此受到威胁时，对于已经承担的具体承诺义务引入暂时性的限制。在保险领域，这一规则同样适用，只要发生了上述情况，各国即可对与保险服务有关的国际转移和支付采取限制措施。

当然在第12条中，WTO对于国际收支的限制措施也提出了若干条件：①不能在成员方之间造成歧视；②应与《国际货币基金组织协定》相一致；③应避免对任何其他成员的商业、经济和财政利益造成不必要的损害；④不得超过必要的限度；⑤必须是暂时的。任何成员方采取保障国际收支的限制措施，都必须符合这些规定。

（2）紧急保障措施

紧急保障措施（emergency safeguard measures，EMS）也称“免责条款”，主要规定在 GATS 的第 10 条中。该条规定非常模糊，仅规定了一个谈判期间，要求各成员方于 1998 年 1 月 1 日前完成有关保障措施的谈判。事实上，一直到现在有关该措施的谈判还没有完成。

（3）一般例外和安全例外

一般例外和安全例外体现在 GATS 的第 14 条中。在一般例外方面，GATS 在第 14 条中规定“只要不在情形类似的国家之间构成任意或不合理歧视的手段或构成对服务贸易的变相限制的前提下”，即可在下列情况下实施背离 GATS 的任何措施：①为保护公共道德或维护公共秩序所必需的措施；②为保护人类、动物或植物的生命健康所必需的措施；③为使与 GATS 不相抵触的法律或法规得到遵守所必需的措施；④以及其他为了保证公平征税或避免双重征税所采取的措施。

在安全例外方面，GATS 在第 14 条第 2 款中首先允许各成员方对于“其认为如披露则会违背其根本安全利益的任何信息”实施保密；其次，还允许各成员方采取“其认为对保护其根本安全利益所必需的任何行动”。对于此类行动，GATS 采用列举的方式加以明确，共包括“与直接或间接为军事机关提供给养的服务有关的行动”、“与裂变和聚变物质或衍生此类物质的物质有关的行动”、“在战时或国际关系中的其他紧急情况下采取的行动”三种情况。GATS 还允许任何成员为履行其在《联合国宪章》项下的维护国际和平与安全的义务而采取的任何行动。

GATS 协定中的“一般例外”和“安全例外”规则，基本是模仿 GATT 的一般例外和安全例外条款制定的。在保险服务贸易领域中其意义主要体现在：只要符合构成上述两种例外的条件，各成员方就可以采取背离 GATS 及其有关保险服务承诺的措施。因此，“一般例外”和“安全例外”规则体现了合理保护原则，是构成保险服务贸易规则体系不可缺少的组成部分。

通过以上例外规则的制定，WTO 为保险服务贸易自由化构筑了必要的“安全阀”，以保证整个保险规则体系的正常运转，在安全的前提下稳步推进保险服务贸易自由化。

三、WTO 成员国在保险服务贸易中的开放承诺

1997 年 12 月，FSA 协议签订时，除哥斯达黎加、萨尔瓦多、印度、科威特

4 个成员外，世界贸易组织的56 个成员方（代表70 个国家和地区，欧盟15 国作为一个成员方）都提出或改进了各自关于保险服务开放的承诺，所达成的协议作为 GATS 的第五议定书附于 GATS 之后。至该第五议定书生效时，作出承诺的 WTO 成员方已达到102 个，涵盖了全球95%以上的金融服务贸易，所涉及的服务贸易额就达到了18 万亿美元的证券资产，38 万亿美元的国内银行贷款和2.2 万亿美元的保险额（Dobson，Jacquet，1998）。

（一）保险服务贸易具体承诺表的框架

GATS 有关市场准入、国民待遇和附加承诺的条款是世界贸易组织成员在保险服务贸易领域具体承诺的主要法律依据。因此，各成员的保险服务贸易具体承诺表就包括了保险服务及与保险服务相关部门关于四种保险服务提供方式（跨境交付、境外消费、商业存在和自然人移动）的市场准入、国民待遇以及附加承诺的各项内容。同时，根据 GATS 第20 条第3 款规定，具体承诺表作为 GATS 的附件，是该协定的整体组成部分。

对于保险服务贸易市场准入这项具体承诺来说，在 GATS 市场准入原则下，各成员方除非在其承诺表中明确规定，否则，不得维持或采取六种限制措施限制其他成员提供保险服务：①保险服务提供者数量；②保险服务贸易总额或资产总额；③保险服务贸易次数或供给总量；④其他成员保险服务提供者雇用自然人；⑤保险服务法人形态；⑥其他成员在保险服务中投资总额的限制。即成员针对四种保险服务的提供方式，应逐一列明：在来自其他成员的每一种保险服务提供方式中，本成员方将采取何种限制措施。

对于保险服务贸易的国民待遇这项具体承诺来说，一般成员认为，对其他成员的保险服务给予完全国民待遇，实际上就意味着保证外国公司进入本国保险市场后，能够享有与本国公司同等的待遇，拥有平等的竞争机会。因此，WTO 成员往往会根据本国保险服务的现状，针对来自其他成员的每一种保险服务提供方式，决定给予或取消国民待遇。此外，在保险服务贸易领域逐步自由化的谈判中，WTO 成员还会就有关保险服务的资格、标准以及许可证等事宜展开讨论，成员方经过谈判达成的保险服务资格、标准及许可证等条款，将作为有关成员的附加承诺，列入其具体承诺表中。

保险服务贸易具体承诺表与 GATT 中的关税减让表极为相似，自由化进程的实现都需要通过定期的谈判，逐步降低或调整承诺表中的限制与条件。表2-1 是保险服务贸易具体承诺表的基本模式。

表 2-1　保险服务贸易具体承诺表的基本模式

部门或分部门	市场准入条件、限制	国民待遇限制	附加承诺
1. 直接保险服务 (1) 寿险服务 (2) 非人寿保险服务	(1) 无 (2) 无 (3) 外资入股限制在资本的50% 以下 (4) 只允许高级管理人员、专家和技术人员	(1) 无 (2) 持有本国公司寿险保单的客户享有一定数额的寿险保费减免税 (3) 无 (4) 无	须有部长颁发的许可证
2. 再保险和转分保服务	(1) 无 (2) 必须优先向本国保险公司分保 (3) 无 (4) 无	(1) 无 (2) 外资不能承担法定分保 (3) 无 (4) 无	无
3. 保险中介（包括保险代理、保险经纪）服务	(1) 无 (2) 无 (3) 外资入股限制在资本的50% 以下 (4) 只允许高级管理人员、专家和技术人员	(1) 无 (2) 无 (3) 无 (4) 无	高级管理人员、专家必须经本国监管机构认定
4. 保险辅助（包括咨询、保险统计、风险评估和理赔）服务	(1) 无 (2) 无 (3) 无，横向部门有限制除外 (4) 只允许高级管理人员、专家和技术人员	(1) 无 (2) 无 (3) 只要外资入股不超过49% 就无限制 (4) 无	高级管理人员、专家必须经本国监管机构认定

注：表中（1）、（2）、（3）、（4）分别指四种保险服务提供方式，其中，（1）指跨境交付，（2）指境外消费，（3）指商业存在，（4）指自然人流动。

资料来源：根据世界贸易组织成员保险服务贸易具体承诺表编制。

（二）保险服务贸易具体承诺的内容

FSA 协议达成时，有不少成员方对 1995 年保险服务承诺作了修改，主要成员方关于保险服务承诺的改进情况详见表 2-2。

表 2-2　WTO 主要成员方保险服务最新承诺内容概要表

国家或地区	承诺内容
玻利维亚	第一次在保险服务中作出承诺：对所有的保险服务部门的外资“商业存在”所有权无限制

续表

国家或地区	承诺内容
巴西	在 1995 年的承诺基础上作出进一步承诺：①取消不允许外资保险公司在巴西设立新的分支机构及在巴西保险机构中增加资产比例的限制性规定。②扩大承诺：a. 船体、船机械和民用船舶责任保险；b. 工作事故保险。③未来的立法将允许私营机构提供保险服务，两年内，在相关的法律修改后，将允许设立再保险机构。④取消外国资本在国内保险经济公司总资本占有比例不超过 50% 及投票资本不超过 1/3 的要求
保加利亚	在其加入 WTO 时作的改进承诺：①在金融服务承诺谅解协议的基础上进行承诺；②扩大保险中介和辅助性保险服务；③自 1998 年 3 月 31 日后，除保加利亚保险公司参与外，允许外资保险公司和外资再保险公司设立分支机构
塞浦路斯	在乌拉圭回合承诺基础上改进承诺，首次承诺扩大再保险服务的开放
捷克	改进 1995 年的承诺：取消强制性的航空运输保险垄断，并表示将取消强制性的车辆第三方责任保险的垄断权
埃及	改进其 1995 年的承诺：①到 2000 年 1 月 1 日和 2003 年 1 月 1 日，分别允许外资人寿保险公司和非人寿保险公司的股权超过 51%；②到 2000 年，放宽人寿、健康、人身意外保险的试点要求，非人寿保险则延至 2002 年
加纳	改进其在乌拉圭回合的承诺：取消政府至少控制 20% 保险公司资本金的规定，且允许外资合资者控制本国保险公司
中国香港	在再保险服务中增加新的承诺：约束再保险公司和辅助性保险服务的跨境提供
匈牙利	除少数几项限制外，对保险服务的市场准入和国民待遇没有限制：①在金融服务谅解的基础上作出承诺；②取消或实质性放松保险服务市场准入的限制；③通过取消自由许可证要求来限制最惠国待遇豁免的应用
冰岛	在乌拉圭回合谈判基础上作出的改进承诺：①对于设立于欧洲经济区内的其他国家金融机构的“跨境提供”和“商业存在”类金融服务实行自由化；②取消在冰岛设立保险机构需储存资产担保的要求
印度	改进 1995 年承诺：①撤回在保险服务中基于互惠的最惠国待遇豁免；②灵活引入海外再保险机构
印度尼西亚	改进 1995 年承诺：①对现有的外资保险机构遵从“祖父条款”；②取消对保险机构“人员移动”的试点性限制要求；③对外资在保险机构的股权比例不加限制；④到 1998 年，分阶段对保险公司的资本要求实现全面的国民待遇
以色列	改进其在乌拉圭回合的承诺：对于保险中介和辅助性保险服务的“商业存在”作出全面的承诺
牙买加	第一次在保险服务中作出承诺：允许外资保险公司和再保险公司的持股比例上升至 100%
日本	反映了保险体制改革概况：1996 年 6 月，已经取消了保险服务中的一些限制，如保险过境交易中的空运保险、海运保险的限制；保险经纪人和保险零售中的日元支付要求及保险赔付中的日元支付要求

续表

国家或地区	承诺内容
韩国	反映了其最新的改革和自1995年以来的自由化措施，在全面最惠国待遇的基础上对1995年的承诺作了重大修改：①放松外资在上市保险公司股票投资的上限和获得债券的限制；②维持1997年8月31日对保险服务市场的准入限制；③取消设立人寿保险、非人寿保险、保险经纪人和代理机构的试点要求；④取消外资资产参与限制，允许人寿保险公司拥有多个外资股东；⑤取消来自境外的非人寿保险公司保险价格的配额限制；⑥取消在韩国设立再保险公司的事先批准要求；⑦允许设立独立的保险经纪机构
中国澳门	在乌拉圭回合后基于自由化原则作了承诺：完全承诺再保险服务中的“跨境提供”和“境外消费”
马来西亚	改进其1995年的承诺：①约束在现有的外资保险公司中，外资股权比例最高为51%；②到2005年6月30日，允许设立6个新的再保险公司；③允许外商在马来西亚国家再保险公司和马来西亚人寿再保险公司中拥有30%的股权
墨西哥	改进其1995年的承诺：提高外资在国内保险公司的参与水平，从30%提高到40%
新西兰	改进其在乌拉圭回合中所作的承诺：①在金融服务承诺谅解协议的基础上进行承诺；②扩大在人寿保险、保险中介及辅助性保险服务中的承诺
尼日利亚	改进其在乌拉圭回合中所作的承诺：①在金融服务承诺谅解协议的基础上进行承诺；②第一次在保险服务中作出承诺；③除了再保险公司外，保证给予外资保险公司“商业存在”的开业权自由
挪威	在保险服务领域作出重要承诺：①放松非居民保险公司的业务限制；②放松挪威保险公司的代表委员会的居民要求
巴基斯坦	改进其1995年的承诺：①承诺扩大其非人寿保险的提供；②对现有外资保险公司的经营范围和资产结构适用“祖父条款”
菲律宾	改进其1995年的承诺：①增加外资在现有或新增保险公司的参与比例，由40%增加到51%；②外资在现有保险公司中的比例超过51%的，允许维持现状
波兰	改进其1995年的承诺：①取消对再保险及转分保必须保留20%保费在波兰的规定；②约束国际货物贸易中保险服务的“跨境提供”和“境外消费”；③从1999年1月1日起，允许外商获得任何保险公司的股份超过15%；④允许保险基金在境外投资，但份额不得超过5%；⑤取消外资保险公司经营最低担保基金不得低于50%的要求
罗马尼亚	改进其在乌拉圭回合中所作的承诺：承诺当国内再保险市场不能提供再保险服务时，允许再保险的“跨境提供”和“境外消费”
新加坡	改进其1995年的承诺：①允许外资在本地保险公司的股权比例上升至49%；②允许再保险经纪人进入本国市场
斯洛伐克	反映了其国内法规最近的调整情况：取消健康保险公司的经营垄断权
斯里兰卡	第一次在保险服务中作出承诺：在包括人寿和非人寿的保险业务中，承诺允许设立“商业存在”

续表

国家或地区	承诺内容
瑞士	反映了立法和法规变化：取消新的健康保险服务供应商参与基本保险计划的禁令
土耳其	对 1995 年的承诺作了部分修改：取消外国保险公司和再保险公司分支机构经理的居民要求
美国	在最惠国待遇基础上，对外商的新进入和新的经营活动作出约束性承诺：①承诺对新的保险进入者扩大其现有的经营活动范围，并在最惠国待遇基础上实施新的措施；②在州水平上取消对保险服务和辅助性保险服务颁发许可证的居民或公民要求；③附加承诺遵守与日本达成的双边协议中有关保险的规定
乌拉圭	修改其在乌拉圭回合中的承诺：在保险和与保险有关的服务中，第一次对三个非人寿险种（车辆险、海运和空运等保险、货运险）及顾问和保险统计服务作出承诺

资料来源：张圣翠，赵维加. 2000. 国际服务贸易法与中国. 上海：上海三联书店：229 ~ 236

对表 2-2 中主要成员方的保险服务承诺情况加以分析，我们可以发现：

（1）从 WTO 成员对保险服务贸易的具体承诺来看，可知：当前 WTO 成员保险市场开放的模式可划分为发达成员充分开放、发达成员有限开放、发展中成员充分开放和发展中成员有限开放等四种模式。这四种模式在保险市场的发达程度、保险市场的潜力以及保险市场的历史发展特点等方面都显现出不同的特征，如表 2-3 所示。

表 2-3 保险市场开放的四种模式

模式特征	发达程度	潜力	特点	典型国家或地区
发达成员充分开放模式	非常发达	较小	发展历史很长，各种法规、制度比较成熟，基本定型	美国、加拿大、中国香港
发达成员有限开放模式	非常发达	较小	发展历史很长，各种法规、制度不断发展变化	欧盟*、日本
发展中成员充分开放模式	不发达	较小	发展历史较短、各种法规、制度不完善	智利、南非、摩洛哥、匈牙利
发展中成员有限开放模式	不发达	很大	发展历史较短，各种法规、制度不完善	韩国、泰国、墨西哥、菲律宾、马来西亚

*欧盟各成员国保险市场对外实行“有限开放”，对内则是“充分开放”。

资料来源：魏华林，俞自由，郭扬. 1999. 中国保险市场的开放及其监管. 北京：中国金融出版社：29

此外，对于四种保险服务的提供方式，WTO 成员在提出各自的保险服务贸易具体承诺中，还是有所偏好的。自然人流动方式提供的主要是保险辅助服务，如保险精算、保险专家指导等，而且，这些服务主要是在跨国保险公司内部进行的。一般认为，保险服务贸易中这种保险服务的提供方式不太重要。因此，各成员的保险服务贸易具体承诺主要着眼于对其他三种服务提供方式——跨境交付、境外消费和商业存在作出承诺。

（2）大多数成员方积极地扩大了承诺的范围或在既有承诺基础上作出了进一步的承诺。其中自然有弱小国家谈判受压不得已而为之的情况，但更主要的原因是，各成员方均认识到保险服务贸易自由化乃大势所趋，不可逆转。保险服务贸易领域的进一步开放，将为国际贸易和投资提供广泛和优质的服务，推动全球经济一体化的发展。

（3）纵观承诺改进的具体内容，可以看出，发展中国家作出的多为放宽外资股权限制、扩大险种范围、取消业务或地域限制等实质性承诺，而发达国家作出的承诺则多为对既有承诺的技术性或程序性修缮。这主要是因为发达国家金融保险业实力雄厚，且一贯奉行金融服务国民待遇原则，早在1995年的GATS生效之时，便对金融保险的市场开放作了全面、彻底的承诺。除了美国、澳大利亚当时基于“搭便车”（free ride）效应的考虑，提出基于互惠的最惠国待遇限制之外，其他发达国家对外国金融保险服务商进入本国市场并未设置明显的障碍。1997年金融服务协议达成后，美国、澳大利亚也撤回了其“有条件最惠国待遇”的豁免要求，重新回归到GATS无条件最惠国待遇的轨道中。有鉴于此，发达国家主要对一些技术性或程序性要求作出改进承诺。

（4）发展中国家的改进承诺力度不小，但在一些关键问题上仍谨小慎微，充分地利用GATS的“逐步自由化”原则，分步骤、分期限地开放本国保险服务部门。如许多发展中成员国作出的具体承诺往往经过深思熟虑，选择外资对本国经济冲击较小的保险部门或保险领域进行开放，并且附加了诸如时间、立法修改、配额、比例等各种限制，可将保险市场开放的进程与力度稳稳地操控在自己手中。

第二节　保险服务贸易相关规则的评价

一、保险服务贸易相关规则的作用

保险服务贸易相关规则的实施对各国保险业的发展产生重大的作用。

（一）建立了国际保险服务贸易体制

WTO框架下的保险相关规则作为一套完整的、有一定强制性的国际服务贸易规则，首次将保险服务贸易纳入全球多边贸易体制中。它通过 GATS 和 FSA 多边协议的达成，使各成员国承诺有计划地开放本国保险市场，全球 95% 以上的保险服务贸易被纳入 WTO 的管辖之中。WTO 所确立的“市场准入原则”、“最惠国待遇原则”、“国民待遇原则”、“透明度原则”、“发展中国家的特殊待遇原则”和“逐步自由化原则”等，成为各国保险业发展和参与国际保险服务贸易所必须遵守的基本原则。可以说，WTO 保险相关规则体系，建立了以规则为基础的保险多边贸易体制，增强了国际保险服务贸易的稳定性和可预见性，为实现保险领域的完全自由化作出了重要的制度安排。

在这个制度安排中，首先规定了最惠国待遇、国民待遇原则来消除歧视性障碍，并通过具体承诺的达成，试图促使各国不断开放本国保险市场，逐步取消或减少限制外国保险服务的各种措施，最终实现保险服务的完全自由化。具体采用以下步骤：第一，由各国提出保险市场开放的“具体承诺”，这构成一国保险市场开放的起点和底线；第二，各国根据自己的承诺来废除、取消与承诺不符的相关国内法规及措施，逐步开放国内金融市场，并以国民待遇的原则来保证外资企业与国内企业的平等地位；第三，通过最惠国待遇原则，将这些具体承诺给予所有的成员方，接着，继续通过谈判，来进一步扩大市场开放的程度，并逐步缩小限制范围，然后再依靠“最惠国待遇原则”等制度赋予其他成员方，从而渐进式地推动保险服务自由化，最终实现该部门的完全自由化。这是一种“滚动向前”机制，它能够在实际运作中产生只许向前不许后退的“车轮效应”（李国安，2002）。

（二）促进了保险服务贸易的自由化

保险本身是一种商品，在这种商品的流通过程中，由于各国劳动力所具有的技术、知识水平的差异，它们所提供的同样的保险商品之间存在着比较优势。正是由于这种比较优势，各国的保险产品在国际保险市场上的竞争力不同，因此各国在从事保险服务贸易的过程中，必将根据自己的情况采取一系列“奖出限入”政策，保护自己的保险市场。由此看来，保险服务贸易虽然不存在关税壁垒，但却存在各种各样、名目繁多的非关税壁垒，并对国际保险服务贸易的发展形成重大障碍。而保险服务贸易相关规则的基本精神是保险服务贸易自由化，即提请各国在遵守一般义务和原则的前提下，作出开放本国保险业的具体承诺，然后在框架协议生效后，就上述的具体承诺举行多边谈判，以逐步实现保险服务贸易的自由化，使保险业在各国或地区间无阻碍地自由流动。所以，保险服务贸易相关规则，通过最惠国待遇、各国保险服务贸易政策透明度、市场准入和国民待遇、发展中国家更多的参与、逐步自由化，以及各成员国所制定的一系列义务、原则等，在最大限度上促进其自由化。

（三）推动了世界保险服务贸易改革

WTO保险协议通过其一系列的协议、宣言、决定、谅解和裁决，规定了各成员在国际保险贸易领域中的基本行为准则。从法律角度看，WTO法律体系由完备的组织法、范围广泛而内容详尽的实体法、独立而有效的争端解决机制及定期而全面的贸易政策审议机制等程序法所构成。无疑，这些通过协商一致所制定的贸易原则和规则在确定各成员的贸易条件和机会中发挥着关键作用。向新领域的扩展、对国内政策制定的更多干预以及一揽子承诺等新特征，使WTO保险协议深刻地影响着各成员国内发展中保险领域的政策制定。随着更多的成员融入多边保险贸易体制，接受WTO规则的约束性承诺，将有助于增强世界保险制度创新和贸易改革的可信度，降低国际保险贸易的不确定性和风险。

（四）加快了发展中国家保险服务贸易的发展

由于保险服务贸易相关规则对发展中国家作了许多保留与例外，特别是允许它们在国民待遇、最惠国待遇、透明度、市场准入等方面逐步自由化，并在对发展中国家经济技术援助方面予以很大的优惠，所以发展中国家可以充分利用这些机会扩大本国的保险业出口。服务贸易相关规则的实施，虽然要求发展中国家为保险服务贸易的逐步自由化作出贡献，对本国保险市场作适度开放，但也允许发展中国家在特定条件下采取适当的措施来保护其落后的保险业。这样，发展中国家既可以为保护国内民族保险业的发展而采取很多限制进口的措施和规定，也可以在适度的开放过程中，学到发达国家在保险业方面的先进技术和经营管理方式，并可以在开放过程中，使本国的保险业与发达国家进行竞争，使其在竞争中发展。

总之，保险服务贸易相关规则，以规则导向取代权力导向，遵循制度经济学理论，结合保险服务贸易的特征，采用逐步化的设计原则，稳步推进保险服务贸易自由化，使得这一多边规则充分适应了现阶段各国的具体国情和现实状况，从而能为广大成员国所基本接受和认可，并为各成员创设一个更有预测性、更安全和更透明的商业环境，最终达成了全球最广泛的多边协议，成功地将保险贸易服务纳入自由化的轨道，朝全球保险市场开放和服务贸易自由化的方向迈出了关键的一步。

二、保险服务贸易相关规则的不足

作为一种新的全球贸易制度安排，WTO保险机制对其成员方有多方面的制度性影响，取得了重大成就，但是保险服务贸易相关规则仍然存在着一些内在的缺陷：第一，规则自身的缺陷。规则制定上存在大量的漏洞或例外，给成员实施歧视性贸易政策大开方便之门。第二，规则具体实施中的不足。WTO 体制中的大部分纪律都是选择性的，成员不是可以自由决定其适用的程度（如范围），就是可以选择是否援用这些纪律。这些均对 WTO 制度的有效性和公信力产生了一定的消极影响。具体来讲，保险服务贸易相关规则有以下方面的不足。

（一）最惠国待遇原则的漏洞与不足

尽管保险服务贸易领域遵循了 WTO 无条件最惠国待遇的一般规则，只有极少数的成员作出最惠国待遇的豁免清单（张若思，2000），但 GATS 在最惠国待遇原则上存在的大量例外，成为最惠国待遇原则最大的漏洞。由 WTO 前总干事萨瑟兰牵头、著名 WTO 法律权威杰克逊和经济学家巴格瓦蒂参加的《WTO 未来》研究报告指出：区域和双边自由贸易区以及优惠的和无数的各种贸易协议，几乎到了使最惠国待遇成了例外待遇的地步……最惠国待遇被称为最不优惠待遇倒是更为准确（李希强，2005）。这些例外，在保险领域主要表现在以下两个领域：一是在自由贸易区出现的区域经济一体化，在区域经济内部实行的是一种比最惠国还要优惠的“优惠制”；二是对发展中国家实行的差别和特殊待遇，其根据是东京回合通过的“授权条款”。

1. 区域经济一体化

区域经济一体化通常根据其融合程度可以分为六个层次，即优惠贸易安排、自由贸易区、关税同盟、共同市场、经济联盟和超国家经济合作。在区域经济内部实行的是比最惠国还要优惠的“特惠制”。

最惠国待遇原则要求成员在进行贸易时给予其他成员相同的待遇，不得对不同的成员实施不同的待遇。区域经济一体化则在区域成员之间相互取消或减少贸易壁垒，但不能对非成员提高贸易壁垒。毫无疑问，区域经济一体化从本质上来说对于区内成员更有利，因为每一成员对来自其他成员的贸易的壁垒要少于来自非成员的壁垒，甚至成员之间不存在壁垒。也就是说，非成员无法享受到成员之间实行的某些优惠。虽然区域一体化提升了区内经贸的自由化程度，但这种提升是以普遍最惠国原则的累累伤疤为代价才得以完成的，它实质上是以区外自由的贬值来成就了区内经济的繁荣。区域一体化的最大优势和特点恰恰在于其封闭的特殊优惠制度，这种优惠正是对最惠国原则普遍性的根本违背。因此，区域经济一体化与最惠国待遇原则背道而驰，构成了最惠国待遇原则最主要的例外。

2. 发展中国家的差别和特殊待遇

GATS 把“发展中成员更多参与原则”规定为发达国家成员的普遍义务。这意味着：在GATS框架内，发达国家成员与发展中国家成员在保险服务贸易领域实施最惠国待遇原则时，是非互惠的最惠国待遇原则。但事实上，发达国家并未给予发展中国家理应获得的利益。瓦莱（Wahlley，1990）对特殊和差别待遇方案的影响进行了研究，认为现有的实证研究尽管很有限，却能得出以下结论：特殊和差别待遇，特别是普惠制下的优惠待遇，对一国的经济只产生了边际效应；而在经济发展得更快的国家和地区，如韩国、中国、中国台湾、土耳其和其他地方，并没有事实能证明特殊和差别待遇在它们强劲的经济增长中发挥多大的作用。普惠制的受惠国变得过于依赖优惠待遇（或受困于这种制度），并不惜以损害工业和农业的多样化为代价，这是一个普遍而明显的现象，几乎不需要任何分析或理论证实。

由此，“发展中国家的差别和特殊待遇”本质上并未构成最惠国待遇原则的例外，却由此引发了发展中国家在保险服务贸易自由化过程中承担新的风险。

（二）国民待遇原则的漏洞与不足

保险业的国民待遇原则是在目前各国保险业发展水平差异较大的情况下作出的利益平衡，也许是目前制定多边保险服务贸易自由化协定所能采取的最好方式。但这并不表明其已经面面俱到，相反，正因为国民待遇原则是对现实的妥协，它也就必然有不够完善之处。

1. 国民待遇原则的非普遍适用性降低了保险服务贸易多边规则的约束力

保险服务贸易规则中的国民待遇原则属于具体承诺义务，即成员方可以根据本国的经济发展水平来承担义务，成员方不但可以决定在哪些保险服务部门实施国民待遇原则，还可以在四种提供方式间进行选择，也可以为国民待遇原则在本国保险领域的实施列出相应的条件并进行限制。一般认为，国民待遇原则的特定义务性质，使得各国可以对保险服务贸易自由化的程度、部门、进程进行控制，有利于国家在全球经济自由化的浪潮冲击下维护经济主权。这种立法方式，在一定程度上是各国利益协调的产物，也是对当今保险服务贸易自由化低水平和南北国家保险服务业发达程度差异巨大的现实情况的反映。因此，渐进和逐步的国民待遇似乎是目前国际社会不得已的选择。但从长远来看，国民待遇原则的这种非普遍适用性，大大降低了保险服务贸易多边规则的约束力。

2. 国民待遇与市场准入条款的关系界定困难及国民待遇实施范围模糊

一般认为，国民待遇与市场准入的规定是既有联系又有区别的，二者都是就承担特定义务而言的，但市场准入是讲外国服务的进入问题，而国民待遇是指外国服务进入以后所享受的待遇问题。也就是说，市场准入是适用国民待遇的前提条件，如果不能进入市场，自然谈不上待遇问题；而国民待遇是市场准入的保证，如进入市场后享受不到国民待遇，则这种进入就很难维持。

但如果仔细研究 GATS 条文，就会发现问题并没有如此简单。首先，GATS 分别在第 16 条、第 17 条作出关于市场准入和国民待遇的规定，显然，GATS 对市场准入和国民待遇是具体问题具体规定的。而且 GATS 关于市场准入的条款（第 16 条）提到了不同的服务提供方式，而关于国民待遇（第 17 条）和附加承诺（第 18 条）并未涉及服务提供方式。这意味着国民待遇和附加承诺的作出可以同时适用于各种服务提供方式，当然，如果承诺同时涉及市场准入和国民待遇的话，可以在服务提供方式之间作出不同规定。据此可以判断，一国并没有义务就市场准入和国民待遇义务作一致性承诺（Mattoo，1997）。这必然在理论上和实践上引发许多分歧和实施国民待遇的困难。如果一国对保险服务领域的同一提供方式就市场准入和国民待遇作出两种不同的减让，这种减让就会引起市场准入和国民待遇之间有效性的相互减损（刘笋，2001）。如果只对国民待遇作出减让，承诺不保留任何歧视性措施，但对市场准入不作任何承诺，其在国民待遇方面所作的减让事实上就成为一纸空文。

其次，GATS 的国民待遇条款适用性不明。国民待遇的潜在范围至少存在以下三种可能性：①泛国民待遇。这种国民待遇既包括在成员方境内建立机构的权利，也包括建立机构后的待遇，即国民待遇涵盖开业权和开业后的活动。②准入后的国民待遇（post-entry national treatment）。认为国民待遇不涉及开业权问题。一些成员方的承诺正是基于这种观念，即国民待遇义务只有在外国公司实际上在一成员方的领土上建立商业存在之后才发生效力。③有限的国民待遇（limited national treatment）。认为凡是属于 GATS 第 16 条调节的措施，包括既可归属于第 16 条又可归属于第 17 条的歧视性数量限制措施，都应排除在第 17 条国民待遇规则调节范围之外。由于国民待遇条款的调整范围没有明确界定，人们可能对国民待遇到底能否适用于外国服务或服务提供者进入之前，抑或只能适用于进入之后的问题产生了认识上的分歧。

（三）市场准入制度的漏洞与不足

1. 市场准入概念模糊

市场准入一词的概念极不明确，到目前为止还没有普遍接受的解释，而且在 GATS 中也并没有明确的定义，以致国际上的许多通商问题专家都无法弄清其准确定义。GATS 第 16 条并不能算是一个标准的关于市场准入的条款，它只是很抽象地规定了一般原则，并列出了六项市场准入限制措施。而且这些措施究竟是“例举”还是“列举”没有明确。从措词上看，应属于完全列举的方式，这就为各国对已作出承诺的部门施加更多的条件或限制创造依据和机会，如一些成员国就可能采取政府补贴等财政措施。有关成员也可以在服务部门开放的地域范围上做文章，由于该条所列举的禁止采取的措施中，并不包括市场范围的限制，所以如果某一成员将所开放的某个服务部门或者分支部门的市场限制在某几个城市或者地区内，也并不违反 GATS 的有关规定。而这些规避措施显然又是违背 WTO 和 GATS 精神的。市场准入概念的不明确又很容易导致市场准入条款在适用上的混乱。

2. 市场准入确定方式的弊端

一般地说，市场准入将以两种方式确定：其一，通过对可被用以限制市场准入的贸易政策工具的选择设定市场准入的程度；其二，通过谈判消除市场准入壁垒。然而，GATS 下市场准入条款显得相当软弱。

首先，GATS 在减让方式上采取的"肯定清单"加"否定清单"的"双轨制"有一定的弊端。在具体承诺国民待遇和市场准入减让谈判中，大多数发达国家主张用"否定清单"的方式进行减让，即在提交初步减让表时，只将本国不愿在市场准入纪律和国民待遇原则方面作出减让的服务部门或分部门列入清单，把这些服务部门或分部门作为例外处理，并承诺在一定时期内逐渐减少列入清单中的服务部门或分部门的数量。这种减让方法对发展中国家不利，因为发展中国家服务业发展水平低下，有的服务部门可能根本没有建立起来。让一个发展中国家确定是否将一个还没有建立起来的服务部门列入所谓的"否定清单"是十分困难的，也是不公平的。但是，"肯定清单"法不可避免地造成了按部门"选择认购式"的减让策略，使得国民待遇和市场准入减让谈判成为讨价还价的利益之争而非真正意义上的条约义务的遵守。同时，对实施国民待遇原则和市场准入纪律的服务部门或分部门的自由选择，也可能会姑息保守主义或对等主义倾向。有学者指出，发展中国家提出的"肯定清单"法事实上已经被发达国家不正当地利用了。它们打着"对等"的旗号，利用这种减让方式上，在开放本国市场方面作了很大的保留，特别是对发展中国家具有出口比较优势的服务部门或服务方式上，发达国家往往利用"选择认购式"减让办法，只"认购"发展中国家目前技术和资金能力还没有竞争力的服务部门，其结果是使得服务贸易多边规则只适用于发达国家之间的相互减让，发展中国家收益甚少（黄胜强，2000）。

其次，一些市场准入壁垒并未纳入承诺清单，如劳动法、税收体制、许可证及有关费用、竞争政策的存在及其范围、对垄断的控制等。此类措施可以满足国民待遇，且不违反市场准入条款，但却能够限制市场竞争。

3. 市场准入义务具有特定性

GATS 中的市场准入并非一般性适用，而是限制性适用。在谈判过程中，各方提出的开价单都是有条件的，并可声明保留对开价单维持、增减和撤回的权利。这意味着各成员方承诺减让的条件主要取决于他方对自己的开价是否在数量与质量上对等互惠。由于在具体承诺减让表中就市场准入采取的是肯定式的列举方式，如果大多数成员方列举进承诺表的服务部门少而限制又多，则市场准入规定对服务贸易自由化的作用就微不足道。市场准入的特定义务性质使得其在操作时，更多地依赖于对各成员的承诺表及对各个具体条款的个别解释，具体实行中产生的争端可能会不断出现。

4. 市场准入承诺缺乏透明度

虽然 WTO 各成员方在乌拉圭回合谈判中就市场准入作出不同程度、不同范围的承诺，GATS 亦将透明度规定为普遍义务，但仅要求各成员方公布现有的影响 GATS 运用的所有普遍适用的措施及其变更和新的措施。而各成员方对已经承诺的部门及其减让程度并没有提供什么信息，对存在大量限制的部门更未提供详细情况。这不能不说是国际服务贸易多边规则目前存在的一个重大缺陷。从理论上讲，最好能了解国与国之间的国际服务贸易规模，然后再分别确定谈判前对外国服务的限制和市场准入水平。但事实上，尽管各成员方具体承诺减让表都按统一的服务部门分类目录作出减让，对于这些服务部门的贸易规模等经济变量却没有任何数据（黄胜强，2000）。

5. 市场准入在实施中存在权利义务失衡

在 GATS 制定过程中，谈判实力的不对等决定了包括市场准入在内的 GATS 规则对发达国家更为有利，而对发展中国家作用有限，这使发展中国家在市场准入规则执行过程中面临权利和义务不平衡的冲突。尤其在市场开放的初期，服务贸易的受益者只会是发达国家（陈已昕，1997）。虽然在发展中国家的努力争取下，GATS 市场准入规则在向发展中国家倾斜，允许其开放较少的部门和在这些服务部门中提供较少的市场准入，同时要求发达国家在市场准入方面承担帮助发展中国家的义务。但实践中，发达国家并不总是愿意在给予发展中国家有关市场准入的特殊待遇上承担更多义务，有时还把它作为自己的一项权利，迫使发展中国家在市场准入方面作出让步。而在 GATS 中，并未规定发达成员方不履行上述义务的制裁措施和对发展中成员的救济办法。这说明，发达成员方给予的市场准入及其他优惠待遇的承诺很多时候没有兑现，发展中成员方并没有享受到更优惠的市场准入待遇。

6. 市场准入制度中没有对投保人和被保险人利益的保护条款

在保险业市场准入制度中，对投保人和被保险人的利益保护没有写进承诺清单，这不能不说是该制度内容的一个缺憾。从自由贸易的观点出发，由于投保人与被保险人处于保险服务活动相对弱势的一方，显然，WTO成员在允许外国保险服务产品及保险服务提供者进入本国保险市场的同时，应当保护投保人或被保险人免于因外国保险服务产品及保险服务提供者不受限制地进入本地保险市场而受到损害。但是，WTO成员现行的保险业市场准入具体承诺中，真正实质意义上与保护被保险人或投保人的利益有关系的条款几乎没有。

7. 市场准入的自由化含量偏低

在保险服务贸易中，某一成员方作出市场准入的承诺，就意味着将给予其他成员的保险服务产品及保险服务提供者进入本地保险市场的权利。从这个角度出发，可以说市场准入就是保险服务自由贸易的基石。但是，从WTO成员保险服务贸易的具体承诺中，还没有任何成员对外国保险服务产品及保险服务提供者承诺给予无限制的完全市场准入。它们可以通过需求测试、强制分保以及所有权的本地化等形式来限制市场准入：

（四）鼓励发展中国家更多地参与服务贸易的作用很有限

GATS把“发展中成员更多参与原则”规定为发达国家成员的普遍义务，然而，这些对发展中国家的差别待遇与GATT相比，并没有给发展中国家带来很大的作用。虽然规定有少出价的待遇，但对发达国家的出价没有规定限额，结果给发达国家以对等的借口，影响了整体自由化水平。其他规定对发展中国家来说，也只是形式上的优惠，只是一种政治意愿，并没有真正地帮助发展中国家。因此，发展中国家在之后的多哈回合中提出了一系列促进其更准确、更可操作和更有效实施的方案，并要求以义务承担的法律形式固定下来。然而，由于发达国家的阻挠，谈判进行得举步维艰，甚至在2004年日内瓦达成的“七月套案”中本应提供一份清晰的线路图，并标出时限和具体的基准点而最终被取消。此外，许多对多哈计划的发展构成要素来说具有十分重要意义的议题（如贸易、债务和金融、贸易和技术转移及与贸易相关的知识产权和公众健康等）均无任何实质性进展（盛斌，2005）。

在香港会议上，尽管发展中国家和低度发展国家的声音受到了一定的重视，《香港宣言》内亦就有关发展议题达成了共识，但在“发展议题”上，其依然沿用了“七月套案”的套路，只是在特殊和差别待遇方面略有起色。而事实上，《香港宣言》在开放服务业市场方面过分急进，定下的工作时间亦有操之过急之嫌，未有真正考虑发展中及最不发达国家的需要，将令穷国难以应付。而“瑞士公式”则会造成最不发达国家关税收入减少，影响政府的主要收入来源，不能为贫穷国家带来发展机会。但这已经是目前最不发达国家在“发展议题”谈判上最大的胜利了。由此可见，GATS 鼓励发展中国家更多地参与服务贸易的作用有限，对最不发达国而言，少输就是赢（罗琦萍，2005）。

（五）透明度原则难以操作

GATS 中，透明度原则旨在各成员方所采取的任何对保险服务贸易的措施都能让其他成员方尽可能方便地、快速地获知。但保险服务贸易所涉及的各国政策，既有国家的也有地方的法规，它们无一不影响着各国保险服务市场的开放和外国服务提供者在东道国市场的公平竞争，而这方面的透明度是无法依靠统计部门或一国的某个主管部门所能够提供的。只有通过所有在这一国的外国服务提供者对它们在服务活动中所遇到的各种影响保险服务活动的法规进行收集，才能有所认识。因此，尽管透明度原则属于普遍遵守的义务，但各成员方在保险服务领域中所作出的承诺本身就缺乏透明度。

GATS 协议首先考虑的是政府规制与决策的透明度问题，却忽视了外资金融机构运作中的缺乏透明度问题，而这可能会导致东道国金融监管的不力并加剧金融的脆弱性。有研究表明，对大量的短期外币贷款运作缺乏信息的公开与披露，是导致金融危机发生的最主要原因之一（Stichele，2004）。但对 54 家国际银行在 2001 年的评价表明，必要的信息的公开与披露并不能令人满意。在 GATS 中却没有任何规定要求政府对外资金融机构加以更多的透明度的要求，而由于发展中国家金融监管能力与水平的低下，常常难以洞悉外资金融机构在所有权结构和服务与交易中的种种保留，为未来的金融安全埋下隐患。

（六）审慎例外原则的缺陷

WTO 规则并没有统一规定金融监管的标准、条件，也没有明确列出哪些措施属于审慎措施，因而各国对于该措施的把握存有争议。

1. 审慎措施判断的标准难以明确

根据 WTO 文件，一些规则已被认为具有审慎性，如文件中对银行业的资本充足率、风险集中的限制、风险管理制度的要求、流动性要求、禁止内幕交易和引起利益冲突的交易、对不良资产提取准备金的规则，以及董事和经理的任职资格等措施的审慎性质无太大的争议。但审慎措施的应有内容以及对金融机构进行充分监管的手段，在国际仍然没有形成广泛的共识。

学界对该标准的判断有两种认识：其一，从主观角度出发，认为审慎措施的标准应当根据采取措施的国家的情况来认定，对审慎措施应当有必要的约束。发展中国家审慎措施的标准应当有更大的灵活性（韩龙，2003）。其二，从客观角度出发，认为审慎措施应当通过 WTO 与有关国际金融监督机构建立联系与合作的机制来实现其判断标准。即WTO应当通过与国际货币基金组织（IMF）、巴塞尔委员会、国际证监会组织（IOSCO）、国际保监会（IAIS）的合作来确立判断标准（蔡从燕，汪家馨，2004）。这两种观点都有自身的缺陷。主观主义标准从措施制定国角度出发，根据措施的目的，并考虑国家之间的差异来判断是否审慎，使得该标准更加具有灵活性和变动性。而客观主义标准尽管具有明显的确定性，但WTO目前除了与IMF建立了良好的联系与合作机制外，与其他机构并无真正联系。若要建立合作关系并确定审慎标准尚需时日。而且，这些国际组织与WTO的宗旨目的不同，要调和它们之间的差异寻求共同合作实有困难，而最后能达到怎样的效果也难以预料。

2. 审慎措施的内容缺乏确定性

审慎措施判断标准的难以确定以及WTO对审慎措施的宽泛规定对于在实践中如何准确把握审慎性内涵造成了不便。一国可能以实施审慎监管的名义设置壁垒，从而使得审慎措施成为逃避义务的托词，成为贸易保护主义的手段，也有可能成为发达国家攻击发展中国家政策的借口（胡玉凌，2005）。在WTO对中国的过渡性审议中，就曾对中国关于外资银行的最低资本金额问题产生过分歧。加拿大代表认为“中国法律规定的外资银行最低资本金过高”，并要求中国解释这种规定是出于怎样的审慎性考虑。中国代表则认为：“该最低资本金额的规定符合国民待遇原则，而对外国银行设立分行规定最低资本金是WTO成员的共同做法，具体数额则根据各个国家的不同而存在差异。”

第三章　国际保险业发展态势及竞争力分析

一个国家保险业国际竞争力的高低，除了受到国内的环境或体制以及国内的保险产业结构影响外，也会受到来自国际保险市场的影响。著名的旅美保险理论专家段开龄博士 20 世纪 60 年代在美国已提出进行宏观保险研究（macro-insurance study），指出在当今政治经济变化剧烈的条件下，对保险外界环境的研究是必要而且重要的。本章在分析国际保险业的现状与趋势的基础上，重点讨论工业化国家和新兴国家中典型国家的保险业竞争力状况，并就保险业竞争力进行国际比较。

第一节　国际保险业发展环境、现状与趋势

经过 10 多年的开放，特别是经过入世后 5 年“过渡期”，我国保险业进入了一个全面对外开放的新阶段。在新形势下，全面了解世界保险业发展的特点和趋势，清醒地认识它们对我国保险业发展的影响及对中资保险企业经营所提出的新要求，有助于我们加深理解保险业的变化，把握保险业发展的方向，更好地利用对外开放给我国保险业带来的新的发展机遇。

一、国际保险业发展环境

近年来，随着经济一体化和全球化的趋势明朗、人口老龄化问题的凸显、高新技术的发展以及各类灾害的频发，世界保险业的经营环境发生了巨大的变化。

（一）经济全球化带来了巨大的竞争压力

经济全球化是经济增长要素在全球范围内的自由流动和优化配置过程。从风险管理的角度来看，经济全球化的过程就是风险全球化的过程，由于经济增长要素在全球范围内的自由流动，经济的关联度和集中度不断提高，新型国际性风险不断涌现，使风险损失影响的范围不断扩大，风险国际化趋势日益严重。在经济全球化浪潮的推动下，金融领域本已淡漠的业务界限变得更加含糊不清，各国金融机构通过兼并，建立控股公司、附属公司，组建金融集团、合资等形式经营本领域外的产品已非常普遍。其中最为突出的是商业银行运用其庞大的经营网络优

势，大举进攻保险领域尤其是寿险领域，抢夺市场份额。

（二）人口老龄化问题突出

人口老龄化不仅孕育了巨大的潜在保险市场，而且对保险资金的保值增值提出了更高的要求。据联合国统计，2002 年全球老龄人口总数达 6.29 亿，平均每 10 个人中就有一位 60 岁或 60 岁以上的老人，百岁老人约 21 万。到 2050 年，60 岁以上的老龄人口总数将近 20 亿，占总人口的 21%，并将超过 14 岁以下儿童人口的总数，百岁老人人口总数增长到 320 万。人口老龄化已成为当今世界的一个突出的社会问题。退休人口数量增加、人类寿命延长及少子化加速已使劳动力短缺，加重了劳动人口与整个社会的负担。这样一方面刺激了人们对生活保障的需求，产生了巨大的潜在保险市场；另一方面也会形成保险支出特别是人寿保险给付的增加，因而造成保险业清偿压力的增加，这会对保险业经营形成巨大的威胁。

（三）电子信息技术和 Internet 引发保险业变革

20 世纪 90 年代以后迅速发展起来的电子信息技术和 Internet，正在引起保险业的一场新的革命，保险业电子商务作为一种新的经营方式和商业模式，其中所蕴涵的商机已被越来越多的保险人和保险中介机构所意识到。近年来，在 Internet 上提供保险咨询和销售保单的网站在欧美大量涌现，网上保险业务激增。目前，国际上保险业借助先进的电子信息技术、利用 Internet 平台所开发的新的保险业电子商务模式包括：①保险公司网站。旨在宣传公司产品和服务，销售保险产品，提供咨询、索赔等保险服务。②网上保险超市。这是由独立的服务商为保险人和顾客提供的一个交易场所，它提供了不同保险公司的产品信息，为顾客和保险中介提供了广泛的选择和完成交易的渠道。③网上金融超市。在这类和网上保险超市有些类似的市场上，顾客可以享受到金融超市提供的集储蓄、信贷、结算、投资、保险等多功能于一身的“一条龙”服务。④网上风险交易市场。这是由充当经纪人的网络服务商开设的为保险公司、再保险公司和公司客户相互寻求风险交换的网上市场。⑤网上风险拍卖市场。客户通过 B2B 这种商务模式，利用 Internet 来处置自身的风险，这是一种真正体现了以顾客为中心的商务模式。这些新的电子商务模式不仅降低了交易成本、节省了时间，而且使金融机构将传统的本行业金融服务与其他的金融服务结合起来，提供了一揽子服务（陈秉正，2002）。

（四）自然灾害和人为灾难损失惨重

2000 年以来，全球经济、政治状况和自然环境都发生了未曾预料的重大变化，如新经济泡沫破灭、信用风险接连暴露、巨灾损失逐年增大、局部战争连续升级、恐怖主义新的威胁等，使全球保险业遭受了重大损失，彻底打破了保险业原有的发展规律、运行轨迹和运作模式，给保险业带来了全新的经营风险。主要表现有（肖文，2005）：①由于人类活动的过度扩张，对自然资源的掠夺性开发，人类的生存环境不断恶化。各种自然灾害发生的频率和严重程度不断上升，水土流失、气候变暖、地震、洪水、风暴等问题越来越严重，巨灾损失逐年增大。据瑞士再保险公司统计，2004 年共发生约 330 起自然及人为灾难，共造成约 30 万人死亡或失踪，损失额约 1230 亿美元。仅 2004 年 12 月发生的印度洋大海啸，使南亚约 28 万人死亡或失踪，保险业损失 50 亿美元。②全球经济增长乏力降低了保险需求，保费出现负增长，保险市场总体状况趋于恶化。③经济衰退、“9·11”恐怖袭击、安然及其他著名跨国公司会计丑闻，严重打击了投资者信心，造成全球股市持续下滑，降低了保险公司的投资收益、准备金比率和股本资本，保险承保能力出现短缺。投资环境的急剧恶化扭转了保险公司的现金流承保现象（依靠投资收益弥补承保亏损）。由于资本损失，越来越多的大型保险公司被评级机构调低了信用等级，在美国，AAA 级资本金占总资本的份额已经由 2002 年的 38% 降至 2004 年的 19%。④利率水平连创新低，引起保险资金大幅缩水，由于投资联结产品利率调整的滞后性，从固定利率证券上取得的收益远远不能弥补高额利差损。图 3-1 反映了 1970～2004 年全球的自然灾害和人为灾害的损失状况，由此可以看出灾害损失的严重程度及发展变化。

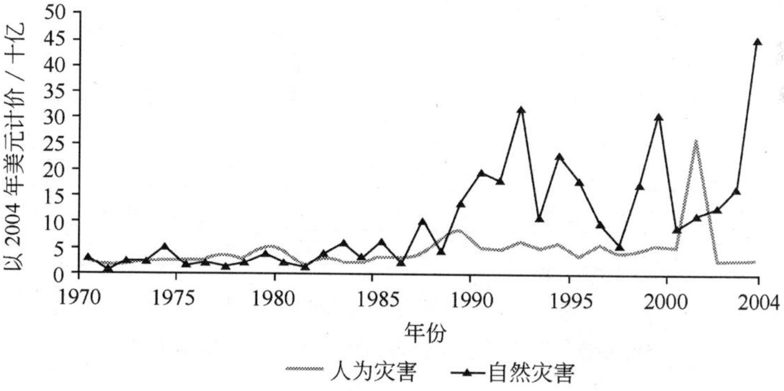

图 3-1　1970～2004 年全球自然灾害和人为灾难损失状况

资料来源：瑞士再保险公司 2004 年 *Sigma* 报告

这些严重的自然灾害以及人为灾难的频发，一方面提高了人们的风险意识，从而增加了保险需求；另一方面也给保险业造成巨大损失，巨额赔付使得保险公司资本降低，抗风险能力下降。

二、国际保险业发展现状

随着各国经济的持续增长，保险业发展迅速，在国际金融业和世界经济发展中的地位不断提升。特别是新兴工业化国家保险业发展迅速，在世界保险市场中所占份额不断提高，但发达国家保险业在世界保险市场中依然处于垄断地位。目前国际保险业发展呈现以下特点。

（一）国际保险业在经济发展中的地位不断提升

从20世纪90年代至今，世界经济保持稳步健康增长。1996年至今，全球实际GDP平均增长2.9%，2005年全球GDP增长了3.4%，达到44.453万亿美元。在此过程中，世界保险业发展迅速，在世界经济中的作用日益突出。全球保费收入由1996年的21 058亿美元，增加到2005年的34 260亿美元，实现了年均3.54%的增长速度，呈现出持续增长的势头，并高于同期全球GDP2.9%的增长速度，如图3-2所示。

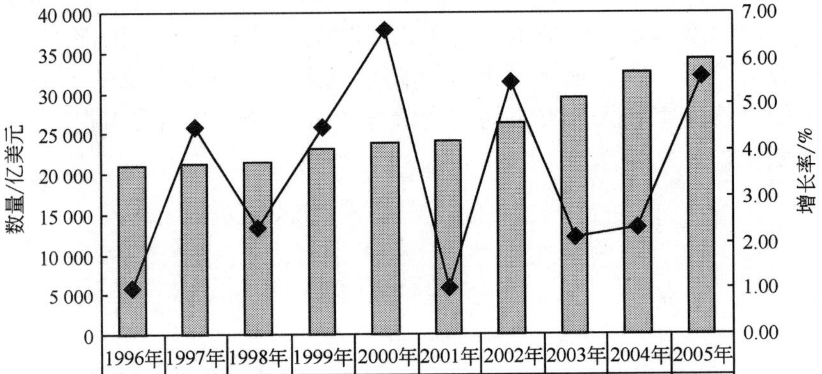

	1996年	1997年	1998年	1999年	2000年	2001年	2002年	2003年	2004年	2005年
全球保费收入	21 058	21 287	21 553	23 240	23 839	24 080	26 269	29 401	32 439	34 260
实际增长率	1.00	4.5	2.3	4.5	6.6	1.00	5.5	2.1	2.3	5.6

图3-2　全球保费收入和增长率

资料来源：瑞士再保险公司1997～2006年*Sigma*报告

另外，世界保险业保险密度和保险深度出现快速增长的局面。世界平均保险密度从1996年的260美元上升到2005年的518.5美元，实现了近1倍的增长；世界平均保险深度从1996年的6.5%到2005年达8.10%，平均增长率为2.54%，如图3-3所示。可见，保险业在世界经济中的地位进一步提高，作用进一步加强。

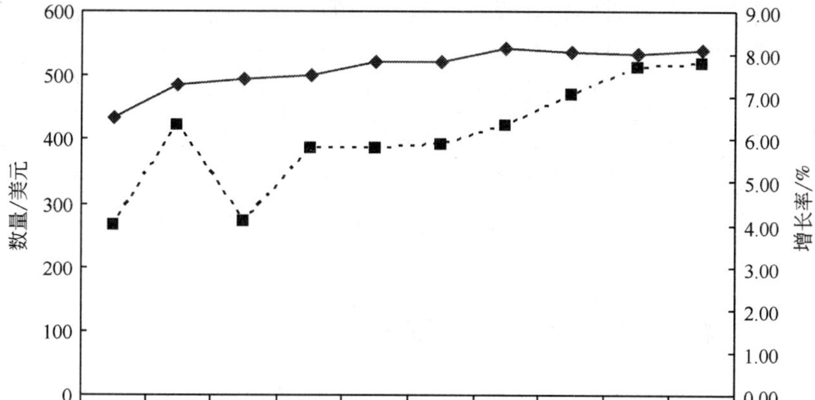

	1996年	1997年	1998年	1999年	2000年	2001年	2002年	2003年	2004年	2005年
保险密度	265.3	423.3	271.0	387.3	385.4	393.0	422.9	469.6	511.5	518.5
保险深度	6.50	7.30	7.40	7.52	7.84	7.83	8.14	8.06	7.99	8.10

图 3-3 世界平均保险密度和保险深度

资料来源：瑞士再保险公司 1997 ~ 2006 年 *Sigma* 报告

保险业的迅速发展，使其在国际金融业的地位和作用快速提升。近年来，国际金融业资产结构的重要变化是银行资产占金融业资产的比重逐步下降，保险和其他非银行金融机构资产占金融业资产的比例大幅度提高。例如，美国保险业资产总额 1955 年为 962 亿美元，2005 年达到 3240 亿美元，在金融资产中所占比例为 6. 9%，同期银行资产在金融资产中所占比例为 24. 8%（陈志武，2007）。

（二）寿险与非寿险保费收入交替增长

寿险与非寿险保费收入的变化以 2000 年为分界点，在此以前寿险收入增速远远高于非寿险收入，而 2000 年以后情况则截然相反，寿险停滞不前而非寿险收入则一路飙升，如图 3-4 所示。

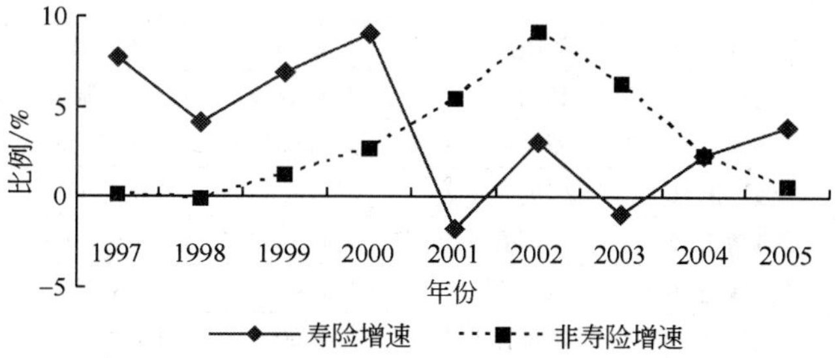

图 3-4 寿险与非寿险保费收入增速图

资料来源：瑞士再保险公司 1998 ~ 2006 年 *Sigma* 报告

这种交替增长的现象可以解释如下：①2000 年以前，发达国家人们对本国保障体系的担心对寿险市场是一个强有力的刺激，而且由于股票市场发展较为有利，投资连结型产品销路很好。②从2000年开始全球经济增长强劲，一些主要保险国家如日本、英国的保费收入开始稳定并持续增长，新兴国家保险市场的保费收入快速增加，为非寿险收入的增加提供了背景和动力。2005年，寿险收入增速为3.9%，非寿险则停滞不前。寿险增长主要是由西欧保险市场7.5%的增速带动的，而最大的非寿险市场美国-0.3%的增速则是导致全球非寿险市场增长缓慢的主要原因。

（三）新兴国家与发达国家保险业地位相对变化

根据瑞士再保险公司在统计保险业数据时的分类，新兴国家指的是拉丁美洲、中东欧、东南亚、中东及中亚、非洲地区国家；工业化国家则指美国、日本、西欧及大洋洲，但实际上是美国、西欧和日本主宰着世界保险业。近年来，新兴市场国家的保险业增长强劲，在国际保险业中所占比例逐年提高。2005年新兴市场国家保费收入4270亿美元，增长率为7%，其中寿险增长7.5%，非寿险增长6%。过去10年新兴市场国家保险业的年平均增长率达到了9%，寿险得益于经济增长和赶超过程，以及对养老金的需求，平均增幅为10.9%；非寿险平均增长率为6.9%，虽然低于寿险的增长速度，但仍然是同期GDP增长速度的1.5倍。而2005年工业化国家保费收入的增长率只有1.9%，过去10年的平均增长率也只有3.1%，远低于同期新兴市场国家保险业的增长速度。

从表3-1中可以看出，1997年以来保费收入增长速度排在前五名的几乎全部都是新兴国家和地区，年增长速度最高的达到了110%。中国也分别在1997年、2001年和2002年跻身于前五名之列。

表3-1　世界保费收入增长速度前五名的国家或地区　　单位:%

年份＼排名	1	2	3	4	5
1997	卢森堡48.8	拉脱维亚43.7	中国35.4	波兰28.5	土耳其20.5
1998	乌克兰75	越南31	埃及25.9	拉脱维亚25.7	南非24
1999	塞浦路斯110	罗马尼亚33.6	保加利亚32.6	爱尔兰30	萨尔瓦多27
2000	俄罗斯86	伊朗76	罗马尼亚45	冰岛39.2	西班牙36.7
2001	越南52.5	中国香港35.55	俄罗斯33.2	中国30.9	乌克兰26.7
2002	立陶宛66.8	越南50.3	中国45.8	乌克兰45.5	伊朗38.6
2003	乌克兰95.5	博茨瓦纳39.8	越南30.8	俄罗斯26.7	巴哈马26.4
2004	乌克兰56.2	越南26.3	中国香港24.2	土耳其20	埃及18.8
2005	哈萨克斯坦56.1	葡萄牙24.5	委内瑞拉22.6	塞尔维亚和黑山22	克罗地亚17.1

资料来源：瑞士再保险公司1998～2006年*Sigma*报告

但另一方面，虽然新兴市场国家的保险业得到了长足的发展，但其总量还较小，世界保险业的整体格局尚未发生明显的变化。工业化国家保险市场虽然已经接近饱和，增长速度逐渐放缓，但其绝对主导地位并未动摇。2005 年，工业化国家的保费收入 2.998 万亿美元，占全球保险业保费收入的 88%，保险密度 3286 美元，保险深度 9%；而同期新兴市场国家的保险密度和保险深度分别为 77 美元和 3.6%，与工业化国家相比，尚存在巨大差距。从图 3-5 中可以看出，工业化国家的市场占有率在逐年下降，新兴国家的市场占有率在逐年上升。

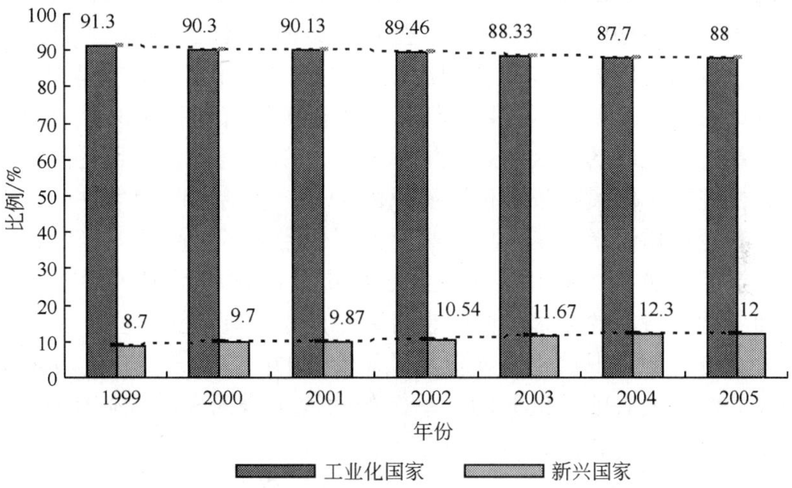

图 3-5 新兴国家与工业化国家的市场份额图

资料来源：瑞士再保险公司 2006 年 *Sigma* 报告

（四）经营理念由产品导向向顾客导向转变

自保险业诞生数百年来，与许多其他产业和服务业一样，曾在相当长的时间里遵循的是产品导向的经营理念，也就是说保险人适合经营什么产品、能够经营什么产品，就经营什么产品。这种经营理念一直到第二次世界大战结束，应该说基本上适应了当时的经济发展水平和人们的消费水平以及消费观念。随着近二三十年来世界经济的迅速发展，人们物质生活水平的极大提高，保险需求出现了多元化、个性化的趋势，对新型产品和新型服务的需求正在不断涌现。为适应保险需求所出现的新变化，国际保险业正在努力改变传统的经营理念，开始了以市场为中心、以满足顾客需求为中心的战略大转移。在这次大转移中，新的保险产品、新的服务方式层出不穷，如个人寿险方面的利率感应型保单、投资连结型保单，以及家庭财产险方面的巨灾保险、各种新型的职业责任保险、财务再保险安排、保险电子商务的迅速发展等。可以断言，保险人经营理念的这种转变在新的世纪里将会更快速、更深入地遍及全球，特别是在新兴市场国家得到发展。

（五）新型风险不断出现使可保风险范围扩大

在21世纪，由经济发展和科技进步所带来的风险比以往任何时候都要多得多。经济集中度和关联度的提高，增加了经济发达地区和整个国民经济遭受巨大财产损失和金融危机的风险；新技术、新材料的使用，已经和正在给许多国家带来了日益严重的风险，诸如核泄漏、计算机系统故障、遗传和基因技术的滥用、新型材料的污染等；经济的全球化和一体化，在为各国带来巨大利益的同时，也带来了前所未有的新型国际经营风险；金融服务的一体化和金融工具及技术的创新，既促进了世界范围内资本的合理流动，又带来了出现空前金融动荡的危险；计算机和 Internet 的出现，正把我们带入一个全新的信息和知识社会，同时也带来了利用高新技术犯罪的巨大隐患；国际分工可以使消费者得到更便宜的产品和服务，同时也埋下了国民经济被他国操纵的种子；生活和医疗条件的改善使人类的预期寿命和生活质量得到了极大提高，同时也带来了世界性的老龄化问题，加重了医疗、护理等方面的费用；工业化、城市化的进程增加了对基础设施、交通、文化和各种消费品的需求，同时也带来了严重的环境污染。

与历史及传统的认识相比，风险及风险管理的内容和含义正在发生着迅速的变化。当今的保险人必须从世界的、动态的角度去全面理解我们所面临的风险，寻求不同于传统方法的新的风险管理方法。

为适应迅速变化的市场和环境，近年来世界范围内的保险人、保险经纪人（风险管理咨询顾问）、政府保险机构及民间保险组织已经在综合风险管理（integrate risk management）、非传统风险转移工具（alternative risk transfers）的开发、财务风险（financial risk）控制、新型保险险种的设计等方面进行了大量的创新，保险保障的范围已经由传统意义上的纯粹风险转向了非纯粹风险。这一转变，将给未来保险业的理论基础和技术带来革命性的影响。

三、国际保险业发展趋势

保险业是经营风险、管理风险的行业，经济在发展，社会在进步，人类面临的风险也在不断地变化。在当今风云多变的全球金融市场上，受高新技术的推动和西方经济宏观发展路径的内在约束，西方经济正呈现出前所未有的自由化并推进全球经济一体化的演化趋势。与此密切相关，世界保险业的发展呈现出以下几大发展态势。

（一）保险业经营国际化

在经济全球化浪潮下，国际资本市场的相互流通，保险业的竞争事实上已经进入了国际化的轨道。特别是各国许多纯粹的国内损失风险规模扩大，集中度加强，也需要汇集国际保险能力。没有哪个国家的保险市场可以提供足够的承保能力，为自己的炼油厂、油轮、海上钻井平台、卫星、环境损害等损失风险提供所需要的保障。如果要对这些风险进行保险，国际分散不可缺少。在这种条件下，跨国保险公司开始主导国际市场。

（二）保险企业竞争创新化

从20世纪60年代以来，国际保险业就开始了不断的创新，并从创新中获得巨大的发展空间。60年代出现的真正意义上的自保公司，70年代由荷兰人首创并迅速风靡全球至今的银行保险，80年代人寿保险业出现的以万能寿险和变额寿险为代表的产品创新，90年代出现的保险风险证券化以及大量新型风险转移工具都充分表明：为适应越来越激烈的市场竞争环境，为满足社会经济发展所提出的日新月异的风险管理新需求，国际保险业数十年来一直在创新的道路上孜孜不倦地追求着。同时也只有不断地在经营理念、保险产品、组织形式、管理技术、客户服务、营销方式等方面进行全面的创新，才能使保险业在整个社会经济发展的大格局中继续得到发展并发挥出应有的作用，才能使保险企业在激烈的市场竞争中获得自身的生存空间。

（三）保险业与资本市场的联系日益密切

保险公司既是资本市场重要的机构投资者，又通过发行股票和债权从资本市场筹集了大量的资本；同时，资本市场通过保险证券化等方式为保险业分散风险、扩大承保能力提供了有利的支撑。保险业的健康发展离不开资本市场的支持，同时对于资本市场的健康发育也有巨大帮助，二者关系日益密切。

在保险市场竞争中，根据消费者需求的变化不断开发新品种，以对客户保持吸引力，是保险公司生存、盈利的根本所在。

（四）保险业和其他金融服务业的融合加速

在金融自由化和金融业日益加剧的竞争压力下，保险业一方面通过行业内的兼并收购，扩大生产和经营规模，有效降低和控制生产经营成本，使企业集中优势；另一方面通过和其他金融服务业如银行、资产管理业、证券业的融合，增强竞争实力，对消费者提供包括建立附属公司、收购和兼并、进行合资经营、组建金融集团、组建持股公司、签订联营协议等在内的综合性金融服务。

值得一提的是，政府对分业经营管制的放松是重要的政策因素。近年来，随着事实上各种形式兼业经营的不断发展，政策层面分业监管的原则正在瓦解，一些国家的政府已经着手调整监管框架。可以肯定的是，在新的监管框架下，保险业和其他金融服务业融合的步伐将进一步加快。这不仅是一场金融制度的变革，更是一个金融机构竞争与整合、金融服务手段创新、金融监管体系完善、金融服务理念革命的过程，深刻反映着21世纪世界金融业发展的趋势。

（五）保险监管的国际化及宽松化

保险资本和服务的国际化导致了保险监管国际化的呼声不断提高，其核心是要解决监管的协调化和相互认可问题。1993年成立的国际保险监督官协会已经在加强各国监管机构之间交流、协调各国保险监管政策、制定某些国际标准方面发挥出了作用。此外，在欧盟、经济合作与发展组织国家，都已开始了推动保险监管协调化的努力。那些曾经身处高度保护、严格监管市场中的保险公司，随着自由化和放松监管趋势的发展，会面临无数全新的挑战。保险公司只有尽快将现代化的费率厘定、准备金提取、承保、营销以及其他管理手段应用到经营当中，才能够在未来的竞争中取得立足之地。毋庸置疑，一个自由化程度更高的保险市场会给这个市场中的所有参与者带来一个充满希望的明天，同时也孕育着巨大的风险。

第二节 工业化国家保险业竞争力分析

从国际保险业发展来看，新兴工业化国家保险业发展迅速，在世界保险市场中所占份额不断提高，但工业化国家保险业在世界保险市场中依然处于垄断地位，尤其是美国、日本、英国和瑞士几乎主宰着世界保险市场。

一、美国保险业

美国是世界保险业的一流强国，其保险市场规模居世界第一，非寿险市场位居世界首位，寿险市场也是名列前茅。同时，美国还是全球最大的保险输出国与输入国。美国的保险业务分人寿与健康（包括人身事故）保险、财产与灾害保险两大类。保险业在美国经济中占有重要地位，它为个人和团体提供规避风险的担保，又可融通大笔投资资金。

（一）美国保险业概况

长期以来，美国的保费收入居世界第一位。2005年，美国保费收入达11 429亿美元，占世界市场的33.4%，居各国之首，特别是非寿险收入占到世界总额的43.1%。和其他国家相比，美国的保费收入占所有工业化国家保费收入的38.1%，是新兴国家保费收入的将近3倍。详情见表3-2。

表 3-2 2005 年保费收入状况比较

市场	寿险保费		非寿险保费		保费总额	
	数额/亿美元	增长/%	数额/亿美元	增长/%	数额/亿美元	增长/%
工业化国家	17 173	3.4	12 813	0	29 987	1.9
美国	5 170	-0.4	6 258	-0.3	11 429	-0.3
新兴市场国家	2 563	7.5	1 706	6	4 270	6.9
全世界	19 737	2.3	14 520	2.3	34 257	2.5

资料来源：瑞士再保险公司 2006 年 *Sigma* 报告

2005 年，美国的保险密度为 3875 美元，其中非寿险密度为 2122 美元，寿险密度为 1753 美元；保险深度为 9.15%，其中非寿险为 5.01%，寿险为 4.14%。自 1998 年以来，美国的保险密度在世界上一直居第四位，保险深度则在十位前后波动，如表 3-3 所示。

表 3-3 美国保险业市场份额、保险密度和保险深度

年份	市场份额			保险密度			保险深度		
	寿险/%	非寿险/%	排名	寿险/美元	非寿险/美元	排名	寿险/%	非寿险/%	排名
1997	25.37	41.92	1	1 404	1 167	3	4.64	3.85	9
1998	27.64	43.44	1	1 431	1 291	4	4.55	4.11	8
1999	27.88	44.03	1	1 474	1 447	4	4.32	4.23	11
2000	29.08	45.85	1	1 611	1 541	4	4.48	4.28	12
2001	30.81	47.53	1	1 602	1 664	4	4.4	4.57	10
2002	31.28	47.66	1	1 663	1 799	4	4.6	4.98	7
2003	28.8	45.23	1	1 661	1 989	4	4.38	5.24	8
2004	26.77	43.22	1	1 693	2 063	5	4.22	5.14	10
2005	26.2	43.1	1	1 753	2 122	6	4.14	5.01	12

资料来源：瑞士再保险公司 1998 ~ 2006 年 *Sigma* 报告

美国保险业的发展得益于经济增长、市场创新、科技进步等多种内外部环境因素，并形成了一系列明显的特征。图 3-6 是近年来美国保险业保费收入增长率变化情况。可以看出，尽管美国保险业增长率变化波动较大，但 1997 ~ 2005 年总保费收入基本成正增长趋势。2000 年以后，非寿险保费收入增长率明显高于寿险收入，主要原因是“9.11”事件后，美国人防范意外风险的意识普遍提高，导致非寿险收入大大增加，这也体现在自 2001 年开始，非寿险人均保费开始超过寿险，并逐渐与之拉大差距。但是数据显示，2005 年之后，寿险保费收入增长率仍表现出强于非寿险的势头，至 2007 年，寿险保费收入增长率达 5.5%，而非寿险保费收入仅为 -1.35%。

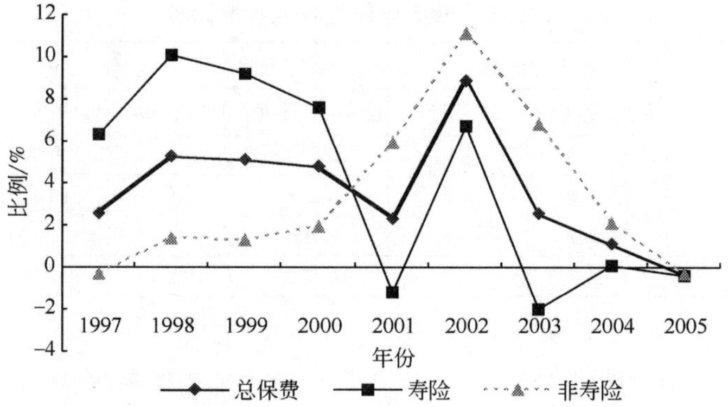

图 3-6 近年来美国保险业保费收入增长率变化情况

资料来源：瑞士再保险公司 1998～2006 年 *Sigma* 报告

（二）美国保险业竞争力分析

美国保险业在世界上处于领先地位，源于其较强的国际竞争力，其竞争力主要体现在以下几个方面。

1. 垄断竞争的市场体系

美国保险业竞争者数量庞大，截至 2002 年，美国共有保险机构 5086 家，其中非寿险保险公司 3260 家，寿险和健康保险公司 1826 家。在众多保险公司中，有一批全球知名、规模很大的公司，占据着美国保险市场 1/3 以上的份额。在《财富》杂志评出的 2002 年世界 500 强中，共有 47 家保险机构，其中美国有 14 家，位居各国之首。

大量的竞争者使美国保险业竞争十分激烈，银行和一些金融机构，以及国外公司也纷纷进入保险市场。激烈的竞争使从业者努力通过信息技术的应用、降低成本、提供特色服务等手段来保持市场份额。美国保险市场的竞争从产品、价格、质量竞争，到信息、人才、营销竞争，无所不包。激烈的竞争加速了保险业的兼并重组，提高了保险产业组织的竞争力，是美国保险业高速发展的强大动力。

2. 创新型的产业发展

激烈竞争的结果是保险公司的服务不断创新，创新是保险业竞争力的重要保证。美国保险业的创新主要表现在四个方面：①产品创新。20 世纪 70 年代以前，寿险产品大部分是保障性产品；80 年代后为适应消费者需求的变化和规避利率下调等因素的不利影响，美国保险业开发了一系列投资型创新险种，寿险产品结构由保障性、储蓄性产品为主向投资性产品为主转变。②营销创新。随着 Internet 的发展，保险网络营销渐成潮流。1997 年美国网上保险销售额已达 3.91 亿美元；

至2000年，有93%的公司以公众网站或客户、业务员私人网站的形式利用网络资源进行网络保险行销。另外，美国通过银行销售保单的方式也非常成功。③管理方式创新。美国的保险公司一般都实现了计算机化和网络化，并深化了内部分工。④资本市场创新。保险连接证券的产生，包括债券、期权和场外掉期工具等金融工具，作为保险机构增加承保能力的一种创新，它将保险市场和资本市场连接起来，既为保险市场提供了一种更具价格竞争力的保险产品，也为资本市场提供了一些新的诱人的投资机会。

3. 高效严密的保险监管

美国保险业的高度发达是与政府保险监管的高效率分不开的，为促进和保护本国保险业的发展，美国政府主要采取了以下政策导向：

（1）建立完善的市场体系，培育市场竞争机制。美国十分注重竞争机制的培育，允许设立股份保险公司、相互保险公司、保险交易所、劳合社型协会、健康费用协会及专业自保公司等六种保险组织形式，并允许和鼓励保险组织形式的转化。1999年后，又开始实施专业化分工基础上的混业经营，这给保险业的发展带来了更多的机遇和空间。

（2）保险监管更注重对偿付能力的监管。美国的保险监管政策经历了一个从严到松的过程，已从费率、保单内容、保险资金应用较严格的限制和监管转向对偿付能力的监管和保险基金的管理。但这种放松并非绝对标准的放松，而是监管方式的转化，通过综合性的评估、判断保险机构实际偿付债务的能力，将处于或正趋向于偿付能力不足的保险公司识别出来，为监管部门及时干预提供依据，从根本上保护被保险人的利益。

（3）推进保险业对外扩张，同时保护国内市场。美国保险业的对外扩张始于第二次世界大战之后，在当前金融全球化大背景下，美国政府一方面积极推进全球保险服务贸易自由化，为本国保险公司铺路架桥；另一方面由于美国对保险业不实行统一管理，各州保险市场彼此分割，有效封阻了外国公司进入美国市场的道路，保护了本国市场。

二、日本保险业

相对欧美国家而言，日本保险业的起步比较晚，比英国晚了140年，比美国晚了70年，但其发展速度却名列全球前茅。如果从其保单人均拥有数和人均保额来计算，日本早已超过英国、美国，位居世界第一。

（一）日本保险业概况

日本是世界上仅次于美国的保险王国，日本保险业的保险密度和保险深度也都在世界排名中位居前列。至2007年年底实现保费收入约4248亿美元，保险密度3320美元，保险深度9.6%。但是图3-7中的数据显示，进入20世纪90年代以后，寿险和非寿险保费收入增长率明显下降，而且与世界保险业所表现出来的寿险与非寿险交替发展的特点相吻合，不过，2000年以后，非寿险保费收入增长率有所回升，基本保持正增长。

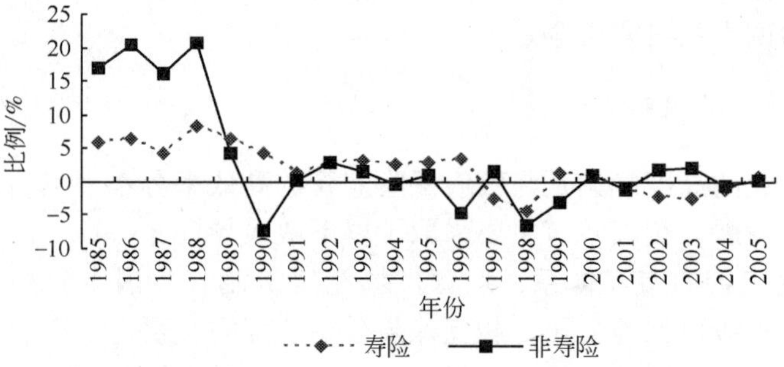

图3-7 日本保险业保费收入增长率变化状况

资料来源：瑞士再保险公司1990～2006年*Sigma*报告

表3-4是1997年以来日本保险业市场份额、保险密度及保险深度的变化过程，可以发现其市场份额逐年降低，但世界第二的位置是不可动摇的；保险密度方面，人均保费变化幅度较大，总体呈停滞状态，这也是造成近年来日本市场份额降低的主要原因；保险深度方面也呈逐年降低态势，寿险深度从1997年的9.42下降到2004年的8.26，非寿险深度从1997年的2.45下降到2004年的2.25。

表3-4 日本保险业市场份额、保险密度和保险深度

年份	市场份额			保险密度			保险深度		
	寿险/%	非寿险/%	排名	寿险/美元	非寿险/美元	排名	寿险/%	非寿险/%	排名
1997	31.61	11.29	2	3 092	804	2	9.42	2.45	4
1998	28.6	10.32	2	2 856.6	727.7	2	9.35	2.38	5
1999	27.8	11.19	2	3 103.4	805.5	2	8.87	2.3	5
2000	26.4	11.11	2	3 165.1	808.2	2	8.7	2.22	5
2001	24.79	9.2	2	2 806.4	701.1	2	8.85	2.21	5
2002	23.08	8.35	2	2 783.9	714.7	3	8.64	2.22	5
2003	22.8	7.92	2	2 927.9	795.2	3	8.38	2.28	5
2004	20.9	7.57	2	3 044.0	830.8	4	8.26	2.25	5
2005	19.05	6.92	2	2 956.3	790.4	7	8.32	2.22	6

资料来源：瑞士再保险公司1998～2006年*Sigma*报告

（二）日本保险业的竞争力分析

日本保险业在较短的时间内迅速发展起来，但近年来，日本财产保险和人寿保险的业务发展均处于成熟发展阶段。财险与寿险保费收入及其所占的市场份额基本稳定，发展缓慢。分析日本保险业的竞争力，有其优势也有其劣势。

1. 垄断型的市场体系

日本政府对新公司进入市场的限制很严，只有50多家保险公司。各公司在政府规定的领域内开展业务，而且竞争的强度由于政府的干预而得到控制，如保费标准的制定和不允许采用价格竞争手段等，其市场份额的变化并不明显。由于行政干预因素的影响，市场的垄断程度很高，外国公司难以进入日本市场。

2. 单一的营销手段

日本在保险营销方面采用代理制，主要依靠外勤人员和代理店。以2005年为例，拥有40万个以上的日本保险代理店占保费收入的92.8%，保险经纪人在保费收入中占比仅0.2%。可以说，日本保险中介制度模式是以保险代理店为主，经纪人在日本保险市场上作用非常有限。这主要取决于代理制对营销成本的节约。但是，日本的代理制与美国的不同，日本的代理人经常是兼职的，并不稳定。这与其市场结构有关：日本是保险市场严格保护的国家，保险市场的竞争受到限制，商人是依赖特权来取得利润，所以没有实现专业化的动力，而美国保险公司之间存在很强的竞争，这就反映到代理人中去，迫使代理人保持稳定并且提高自己的专业化水平。

3. 较高的保险意识

岛国日本是由欧亚大陆板块、太平洋板块和菲律宾板块挤压形成且处于环太平洋地震带上，地震与其他自然灾害频发，资源贫乏，人们自然需要寻求团体的力量来化解风险，这在客观上使日本人具有很强的危机感，直接促成了他们的保险意识。日本的寿险业以规模巨大而屹立在世界各国之首，也主要是源于国民的风险意识和各寿险公司利用销售网络宣传寿险保障功能。

4. 缺乏创新的保险产品

近年来，日本保险公司接连破产，表面原因是低利率政策带来资产运用差额巨大，究其根本，还是由于整个保险业的产品结构问题和风险控制能力不足。在产品结构方面，英国、美国等国早已实现了保险产品由保障型、储蓄型向投资型转化的过程，投资型保险产品在市场上的比重一般都在40%以上。而日本保险产品中投资型产品的比重还不到10%，险种结构不合理，缺乏创新，尤其在通货紧缩的情况下，进一步地加大了保险公司的经营风险。

5. 粗放低效的保险监管

日本是保险业最发达的国家，但政府对民族保险业的过度保护、过于宽松的保险资金应用政策及长期缺乏偿付能力的监管，导致保险业的粗放式发展并引发了保险业的金融危机。日本保险业的对外开放基本上是十分保守的，而且实行了严格的以保护民族保险业为目的的算定会费率制度。长期以来，日本对外资采用开业认可制，第三领域即伤害保险和健康保险领域的业务不允许兼营。尽管外资在第二次世界大战日本战败后进入日本，但直至1999年，外资的市场份额不足4%。日本过度保护本国保险业的产业政策无疑对民族保险业的发展起到了很大的作用。但是，在经济和金融全球化的潮流下，过度保护政策也严重制约了保险市场份额的扩大和企业全球性竞争能力的增强。

三、英国保险业

英国的保险业历史悠久，各种专业技术和管理手段也十分发达，是世界上最发达的保险大国之一。第二次世界大战后，由于欧洲、美国、日本等国家与地区的迅速发展，英国在世界保险市场的地位有所下降，这是与其经济实力对比的变化密切相关的，但英国目前仍为世界保险市场的巨头，而且是世界六大再保险中心之一。

（一）英国保险业概况

英国是欧洲第一保险大国，保费收入占整个欧洲的近1/4；也是世界保险业第三大国，占全球保险市场份额接近10%，仅次于美国和日本。在保险深度和保险密度指标上，英国一直保持在世界第三左右，尤其是人均保费指标，从2002年以后稳定在世界第二的位置。近年来英国保险业发展概况见表3-5。

表3-5 英国保险业市场份额、保险密度和保险深度

年份		1997	1998	1999	2000	2001	2002	2003	2004	2005
寿险	收入/百万美元	101 523	124 010	148 475	179 742	152 717	159 656	154 842	189 591	199 612
	排名	3	3	3	3	3	3	3	3	3
	世界份额/%	8.24	9.81	10.51	11.82	10.61	10.39	9.26	10.26	10.11
	欧洲份额/%	27.2	30.8	32	36	32.9	31.6	29.7	27.3	25.9

续表

年份		1997	1998	1999	2000	2001	2002	2003	2004	2005
非寿险	收入/百万美元	56 523	57 035	56 418	57 218	65 664	77 026	91 891	105 241	100 629
	排名	4	4	4	4	4	3	4	4	2
	世界份额/%	6.3	6.4	6.19	6.2	6.78	7.06	7.25	7.54	6.93
	欧洲份额/%	19.1	19.2	18.9	20.4	22	22.3	21	20.9	19.3
全部	收入/百万美元	158 046	181 045	204 893	236 960	218 380	236 682	246 733	294 831	300 241
	排名	3	3	3	3	3	3	3	3	3
	世界份额/%	7.42	8.4	8.82	9.7	9.07	9.01	8.39	9.09	8.76
	欧洲份额/%	23.6	25.8	26.9	30.4	28.6	27.8	24.1	24.6	23.3
增长率	寿险/%	11.2	13.1	19.3	25.7	-15.6	-1.9	-13.4	3.6	1.9
	非寿险/%	-2.0	-3.7	-1.1	5.4	12.3	10.8	6.5	-0.5	0.2
	全部/%	6.1	7.2	12.9	20.1	-8.7	1.9	-6.9	2.1	1.3
世界增长率	寿险/%	7.7	4.1	6.9	9.1	-1.8	3.0	-0.8	2.3	3.9
	非寿险/%	0.2	-0.1	1.2	2.7	5.4	9.2	6	2.3	0.6
	全部/%	5.4	2.3	7.3	6.6	1.0	5.5	2	2.3	2.5
保险深度	数值/%	11.22	12.61	13.35	15.78	14.18	14.75	13.37	12.6	12.45
	排名	5	3	2	2	2	2	2	3	3
保险密度	数值/美元	2 451.5	2 858.9	3 244.3	3 759.2	3 393.8	3 879.1	4 058.5	4 508.4	4 599
	排名	4	3	3	3	3	2	2	2	2

资料来源：瑞士再保险公司 1998 ~2006 年 *Sigma* 报告

（二）英国保险业竞争力分析

英国保险业特别是财产保险，处于世界保险业的前列，归结于英国保险业具有较强的竞争优势，主要表现在以下几个方面。

1. 历史悠久

英国是现代保险诞生的地方，历史悠久。16 世纪末到 17 世纪，英国开办了保险商社；18 世纪初海上保险成为一项专门的行业；1906 年《海上保险法》的颁布，标志英国海上保险市场的成熟，其确定的各项基本原则成为各国保险立法的重要内容。但是英国保险业的发展受到其历史条件的限制。由于英国保险业诞生之际，没有股份公司这种先进的方式，它只能通过个人保险人的组织模式来开展保险活动，因此劳合社保险人制度出现在英国。英国是个注重传统的国家，因此在旧的历史条件下形成的惯例和体系非常顽强地生存和保留下来，如劳合社市场和保险经纪人制度。从某种意义上说，英国是保险业发展的活化石。

2. 完全竞争的保险市场

英国保险公司数量非常庞大，市场竞争非常激烈。据英国保险家协会（ABI）2005年相关资料显示：2005年英国有1167家保险公司。在整个营销体系中，市场的力量分别分配在保险人、经纪人和代理人手中，使得任何一家或几家公司无法对市场进行操纵。因此，英国的保险市场接近于完全竞争的市场结构。另外，长期的激烈竞争使英国保险市场竞争规范有序并富有效率。例如，承保代理人（underwriter agent）通过指定的经纪人取得保险业务。

3. 发达的保险经纪人制度

保险经纪人制度是在英国发展成熟起来的。英国采取的是以保险经纪人制为主体，辅之以代理制和直销制等形式的营销机制。英国保险经纪人制度影响最大，其力量也最强，因为英国60%～70%的保险业务是通过保险经纪人安排的。英国有一套卓有成效的经纪人监管制度及严密的自律组织和措施所共同组成的管理网络，这是经纪制度正常运行的后盾和保障体系。

4. 宽松的监管方式

英国采用公告管理的方式，对保险业经营不进行直接监督，仅要求保险业按照政府的规定将经营成果呈报主管机关进行公告。关于保险业的组织、保险合同格式的设计、资金的使用由保险企业自律。保险企业的经营环境比较宽松。这种对保险法规建设的重视和形式上宽松而实质上严格的高效的监管方式促进了保险业的发展。

四、瑞士保险业

瑞士保险业非常发达，是世界上人均保费支出最高的国家，平均每个家庭将年收入的20%以上用于保险。特别是瑞士保险业的国外业务活跃，保险服务的输出顺差是其国际收支顺差的重要来源。

（一）瑞士保险业概况

瑞士保险业历史悠久、信誉卓著，自19世纪上半叶萌芽、发展至今，已成为拥有百余家保险公司、年保费总额1200多亿瑞郎、年偿付金额约150亿瑞郎的重要金融服务部门。瑞士保险业现有职员5万人，占瑞士就业人口的1%以上，年产值占国内生产总值的1.6%左右。近年来瑞士保险业发展概况见表3-6。

表 3-6 瑞士保险业市场份额、保险密度和保险深度

年份		1997	1998	1999	2000	2001	2002	2003	2004	2005
寿险	收入/百万美元	21 289	23 962	20 864	18 625	19 661	22 566	24 713	24 067	22 747
	排名	9	8	10	12	11	10	10	15	16
	世界份额/%	1.73	1.9	1.48	1.22	1.37	1.47	1.48	1.3	1.15
	欧洲份额/%	5.7	5.9	3	3.7	4.2	4.5	4.2	3.7	2.9
非寿险	收入/百万美元	9 222	9 084	12 378	11 324	11 781	13 269	16 047	17 939	18 330
	排名	14	13	11	12	12	12	12	12	13
	世界份额/%	1.03	1.02	1.36	1.23	1.22	1.22	1.27	1.29	1.26
	欧洲份额/%	3.1	3	4.2	3.8	4	3.9	3.7	3.6	3.5
全部	收入/百万美元	30 511	33 046	33 242	29 950	31 442	35 835	40 760	42 006	41 077
	排名	11	11	12	12	12	12	12	10	15
	世界份额/%	1.43	1.53	1.43	1.23	1.31	1.38	1.39	1.29	1.2
	欧洲份额/%	4.5	4.7	4.4	3.8	4.1	4.3	4	3.5	3.2
增长率	寿险/%	13.1	12.5	-10.5	-1.1	4.3	5.2	-4.6	-7.7	-7.4
	非寿险/%	0.1	-1.5	1.8	1.3	5.4	3.3	4.3	3.2	1.5
	全部/%	8.8	8.3	-6.3	-0.2	3.7	4.5	-1.3	-3.4	-3.6
世界增长率	寿险/%	7.7	4.1	6.9	9.1	-1.8	3.0	-0.8	2.3	3.9
	非寿险/%	0.2	-0.1	1.2	2.7	5.4	9.2	6	2.3	0.6
	全部/%	5.4	2.3	7.3	6.6	1.0	5.5	2	2.3	2.5
保险密度	数值/美元	4 289.7	4 654.3	4 642.7	4 153.9	4 342.8	4 922.4	5 660.3	5 716.4	5 558.4
	排名	1	1	1	1	1	1	1	1	1
保险深度	数值/%	11.94	12.61	12.84	12.42	12.71	13.36	12.74	11.75	11.19
	排名	3	3	3	4	3	3	3	4	4

资料来源：瑞士再保险公司 1998 ~ 2006 年 *Sigma* 报告

（二）瑞士保险业竞争力分析

瑞士保险业如此发达，在世界保险市场上居于前列，源于其独特的竞争优势。

1. 再保险实力强

从保险业务职能来看，再保险实力强是瑞士保险业的一大特色。作为一般保险业的坚强后盾，再保险公司使直接保险公司的部分风险得以转移，从而提高了直接保险公司的承保能力。瑞士再保险业每年的保费收入占整个保险业的近 1/4。

2. 保险投资业务发达

由于拥有先进的金融服务和资产管理业，投资业务是瑞士保险公司的长项。

保险公司每年均能吸收到大量资金，使其同时成为一个为保户服务的“理财”机构。瑞士保险公司通常利用保费收入进行各种再投资业务。总体来看，瑞士保险业将近60%的收入投资于有价证券及债券，约13%的收入投资于股票，约14%的收入投资于房地产业。

3. 拥有高素质的从业人员

瑞士保险业的另一个突出优势是拥有高素质的从业人员。保险人员除必须熟悉本行业业务外，还需掌握与险种相关行业有关的知识及拥有高超的语言技能（保险咨询人员大多能熟练使用2～3门语言）。为加强对从业人员的培训，瑞士保险业采取了多种措施。大的保险公司均设有自己的培训中心，保险专业协会则建立了分地区的培训基地，有的保险公司还与著名大学签订委托培训协议，并邀请国际、国内知名的保险专家讲课。由于瑞士保险业拥有一支训练有素、业务精通的人员队伍，因而开展业务的效率极高。

第三节　新兴国家保险业竞争力分析

近年来，新兴市场国家的保险业增长强劲，在国际保险业中所占比例逐年提高。其中东南亚和印度都在加入WTO以后，对保险业进行了大量的改革，情况与我国类似。为此分析东南亚和印度的保险业，对我国保险业的发展起到一定的借鉴作用。

一、东南亚保险业

保险业作为东南亚各国金融业中一个重要的组成部分，自20世纪80年代以来得到了很大发展。但在金融危机中也暴露出这一行业存在许多深层次的问题，急需进行改革。在WTO和美国等西方国家的压力下，亚太地区各国从1996年底开始实施保险市场的自由化政策，逐步开放国内保险市场，对本国的保险业进行了大刀阔斧的改革，取得了较好成效（吴崇伯，2004）。

（一）东南亚保险业发展概况

东南亚是第二次世界大战后期才出现的一个新的地区名称。东南亚地区共有10个国家：越南、老挝、柬埔寨、泰国、缅甸、马来西亚、新加坡、印度尼西亚、文莱、菲律宾。东南亚各国都有自己悠久的历史，且都是新兴的国家。除新加坡外，均属发展中国家。

20世纪80年代以来，东南亚保险业得到了很大发展。1980～1997年，东南亚保险市场无论在寿险业务和非寿险业务方面的年平均增长率都超过 10%，这个速度是世界最高的。20 世纪 90 年代末爆发的金融危机使东南亚的保险业遭受重创，在危机中也暴露出保险业中存在的很多问题，如行业市场条块分割严重、保险企业规模过小、专业技术人才匮乏等。但从整体看来，东南亚保险市场仍是亚洲乃至世界保险市场的重要组成部分，同时，该市场快速的发展及巨大的市场潜力也吸引着越来越多的国际大型保险公司的目光。表 3-7 是 1997 年以来东南亚部分国家保险市场发展概况。另外，根据商务部的统计资料，缅甸保险业的保费收入数据在 2001 ~2003 年财政年度分别为 19.7 亿缅币、24.7 亿缅币和 40 亿缅币，呈现出良好的上升趋势。

表 3-7　1997 年以来东南亚国家保险业发展概况

国家		1997 年	1998 年	1999 年	2000 年	2001 年	2002 年	2003 年	2004 年	2005 年
越南	保费/百万美元	116	141	–	164	315	505	550	904	854
	排名	86	83	–	84	66	58	58	55	57
	增长率/%	2.9	30.5	–	14	52.5	50.3	8.9	26.3	0.9
泰国	保费/百万美元	3 179	2 539	2 827	3 076	3 366	4 095	4 932	5 747	6 376
	排名	36	36	36	35	35	34	34	34	34
	增长率/%	−7.2	−17.5	0.7	13.8	18.5	17.25	14.1	10	6.2
马来西亚	保费/百万美元	4 307	2 854	3 189	3 474	4 718	4 855	5 609	6 453	7 227
	排名	33	35	35	34	33	33	33	33	33
	增长率/%	7.9	−12.1	1.7	5.4	9.5	−1.3	13.6	13.5	8.3
新加坡	保费/百万美元	4 964	4 007	3 705	3 965	4 005	5 827	8 898	9 696	10 234
	排名	32	33	33	33	34	31	29	29	30
	增长率/%	19.9	−8.5	1.5	7.4	3.9	13.9	−5.8	*15.7*	1.7
印度尼西亚	保费/百万美元	2 633	1 195	1 981	1 812	1 641	2 575	3 107	3 381	4 271
	排名	37	43	40	43	43	39	41	41	41
	增长率/%	12.2	−1.4	12.9	23.3	3.7	10.2	*20.5*	*8*	12
菲律宾	保费/百万美元	1 258	975	1 051	1 059	906	1 154	1 192	1 292	1 443
	排名	44	46	46	45	48	45	49	51	52
	增长率/%	7.8	−2	2.5	11.3	−3.6	15.4	*3.2*	*8.9*	6.6
东南亚	保费/百万美元	16 457	11 711	12 573	13 550	14 951	19 011	24 288	27 473	30 405
	增长率/%	7.25	−1.8	3.86	12.5	14	17.6	9.08	13.7	6
	世界份额/%	0.7	0.5	0.5	0.6	0.6	0.7	0.8	0.85	0.89
	亚洲份额/%	2.7	2	2	2.1	2.5	3	3.5	3.7	4
亚洲	保费/百万美元	620 042	571 272	621 204	646 691	595 125	624 091	685 753	736 036	759 779
	增长率/%	3.8	−3.4	−3.4	2.8	2.5	3.1	2.6	2.1	3.5
	份额/%	29.13	26.51	26.73	26.46	24.71	23.76	23.32	22.69	22.18
世界	保费/百万美元	2 128 671	2 155 269	2 324 025	2 442 673	2 408 252	2 626 898	2 940 671	3 243 906	3 425 714
	增长率/%	4.5	2.3	4.5	6.6	1.0	5.5	2.0	2.3	2.5

注：增长率为扣除通货膨胀因素后的实际增长率，斜体字代表该国当年名义增长率。

资料来源：瑞士再保险公司 1998 ~2006 年 *Sigma* 报告

从表3-7中可以看出，东南亚地区的保险业除了在1998年受到东南亚金融危机影响而呈现负增长以外，近年来一直以高于世界和亚洲平均水平的速度快速发展（图3-8）。在排名方面，除越南外，其他5个国家一直保持在30～50名。2005年，东南亚地区的市场份额则分别占世界和亚洲保险市场的0.89%和4%，说明东南亚国家作为一个整体，在亚洲保险市场中是不可忽视的一大板块。

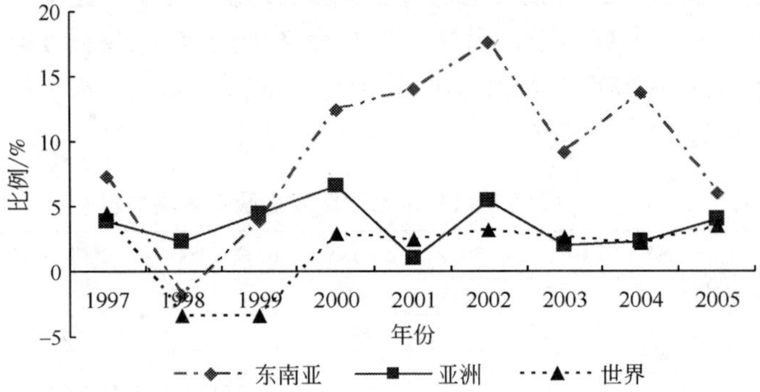

图3-8 东南亚保费收入增长率与亚洲、世界对比

亚洲国家在寿险领域的优势大于非寿险，2005年寿险保费收入占全部保费收入的75%，占世界市场份额的29%；而非寿险收入则只占总收入的25%，占世界保险市场的份额接近13%。东南亚国家也不例外，1997年以来的统计数据显示，非寿险保费收入占总保费收入徘徊在40%左右，在排名上非寿险也明显落后于寿险，寿险的平均增长速度明显快于非寿险。具体的保费收入和排名情况见表3-8和表3-9。

表3-8 东南亚国家非寿险业发展总体状况

国家		1997年	1998年	1999年	2000年	2001年	2002年	2003年	2004年	2005年
越南	保费/百万美元	116	126	–	127	146	201	218	302	343
	排名	78	79	–	81	78	76	76	69	71
	增长率/%	2.9	17.3	–	1.3	21.5	36.4	49.7	11.9	5.6
泰国	保费/百万美元	1 592	1 197	1 208	1 211	1 239	1 451	1 733	2 581	2 860
	排名	35	38	39	38	38	40	39	36	36
	增长率/%	–11.2	–22.3	–8	4.8	11.3	12.6	–	3.9	6.1
马来西亚	保费/百万美元	2 162	1 507	1 414	1 486	1 636	1 944	2 154	2 245	2 432
	排名	31	36	36	35	35	35	36	40	38
	增长率/%	4.4	–7.5	–3	0.9	2.2	13.5	38.4	3.8	4.7
新加坡	保费/百万美元	1 265	1 027	944	1 024	1 091	2 800	3 337	3 237	3 059
	排名	39	41	42	40	40	29	30	32	34
	增长率/%	1.2	–8	–6.9	8.9	9.6	26.6	37.5	1.1	–4.8

续表

国家		1997 年	1998 年	1999 年	2000 年	2001 年	2002 年	2003 年	2004 年	2005 年
印度尼西亚	保费/百万美元	1 384	607	1 054	977	868	1 437	1 711	1 754	1 968
	排名	38	47	41	41	42	41	40	41	43
	增长率/%	6.1	-4.7	4	23.8	3.5	9.1	11.6	-	7.9
菲律宾	保费/百万美元	670	509	466	471	414	474	489	509	558
	排名	47	50	51	49	53	53	55	55	55
	增长率/%	5.5	-3.9	-6.3	11.4	4.3	13.2	-	-	7.2
亚洲	保费/百万美元	145 478	132 252	144 434	147 160	137 735	148 910	163 413	179 715	186 540
	增长率/%	-1.1	-4.1	-1.0	2.2	2.2	6.4	2.3	2.1	2.9
	占世界份额/%	12.22	14.84	15.84	15.95	14.21	13.65	12.89	12.88	12.85
世界	保费/百万美元	896 873	891 112	911 688	922 420	969 074	1 090 775	1 268 157	1 395 218	1 452 011
	增长率/%	0.2	-0.1	2.3	2.7	5.4	9.2	6.0	2.3	0.6

注：增长率为扣除通货膨胀因素后的实际增长率。

资料来源：瑞士再保险公司 1998 ~2006 年 *Sigma* 报告

表 3-9 东南亚国家寿险业发展总体状况

国家		1997 年	1998 年	1999 年	2000 年	2001 年	2002 年	2003 年	2004 年	2005 年
越南	保费/百万美元	0	15	-	91	169	304	331	601	511
	排名	85	79	-	75	53	48	50	47	49
	增长率/%	804.5	1 646	-	11.4	95.35	61.1	-	35.1	-2.0
泰国	保费/百万美元	1 587	1 342	1 619	1 865	2 127	2 644	3 222	3 167	3 516
	排名	34	34	34	36	33	33	32	33	32
	增长率/%	-2.8	-12.6	8.4	20.5	23.1	19.8	15.4	15.5	6.3
马来西亚	保费/百万美元	2 164	1 347	1 774	1 988	3 082	2 911	3 455	4 208	4 795
	排名	30	33	32	33	29	32	31	30	30
	增长率/%	11.7	-16.7	5.8	9.1	13.8	-9.1	16.9	20.1	10.2
菲律宾	保费/百万美元	25	28	29	29	31	30	28	28	28
	排名	3 699	2 981	2 762	2 942	2 914	3 026	5 561	6 459	7 176
	增长率/%	28.1	-8.6	4.7	6.9	1.95	4.2	-11.9	-	4.8
印度尼西亚	保费/百万美元	1 248	588	927	835	773	1 138	1 373	1 626	2 303
	排名	36	39	38	38	38	37	38	38	35
	增长率/%	19.8	2.3	25	22.7	3.9	11.7	-	-	15.8
新加坡	保费/百万美元	40	42	41	42	43	42	42	43	42
	排名	588	466	585	589	493	680	702	783	885
	增长率/%	10.5	0.1	10.8	21.3	-9.4	17	-	-	6.3
亚洲	保费/百万美元	474 564	439 020	476 769	499 531	457 390	475 180	522 340	556 321	573 239
	增长率/%	5.4	-3.2	-4	3	2.6	2.1	2.7	2.0	3.7
	份额/%	38.53	34.73	33.76	32.84	31.78	30.93	31.23	30.09	29.04
世界	保费/百万美元	1 231 798	1 264 156	1 412 357	1 521 253	1 439 177	1 536 322	1 672 514	1 848 698	1 973 703
	增长率/%	7.7	4.1	4.9	9.1	-1.8	3.0	-0.8	2.3	3.9

注：增长率为扣除通货膨胀因素后的实际增长率。

资料来源：瑞士再保险公司 1998 ~2006 年 *Sigma* 报告

在保险深度和保险密度方面，1997年以来，东南亚地区的保险深度从1.6%稳步增长到3.5%，保险密度也经历了从人均保费268.3美元到402美元的增长。在保险深度上与世界和亚洲的平均水平相比，还有较大差距。例如，2005年东南亚地区保险深度为3.5%，而世界和亚洲的数据分别为7.52%和6.83%。在保险密度上，东南亚地区则高于亚洲平均水平，与世界水平有明显距离。如2005年东南亚地区六国保险密度为人均保费402美元，整个地区人均保费只有59.9美元，而亚洲和世界水平分别为197.9美元和518.5美元。这一差距说明了目前东南亚地区保险业与世界平均水平相比的落后状况。表3-10是东南亚各国保险深度和密度的具体变化情况，图3-9和图3-10则可以看出，该地区在这两个指标上与世界和亚洲平均水平的差距。

表3-10 东南亚国家保险深度和密度变化情况

国家		1997年	1998年	1999年	2000年	2001年	2002年	2003年	2004年	2005年
越南	密度/(美元/人)	1.5	1.8	–	2.1	4.0	6.3	6.7	11	10.1
	深度/%	0.46	0.51	–	0.53	0.96	1.45	1.45	2.02	1.62
泰国	密度/(美元/人)	52.5	41.5	45.5	49.3	53.9	65.2	79.6	92.1	99
	深度/%	2.34	2.28	2.27	2.53	2.94	3.24	3.45	3.52	3.61
马来西亚	密度/(美元/人)	198.8	133.4	140.4	150.9	198.3	198	227	266.5	283.3
	深度/%	4.37	4.02	3.88	3.72	5.18	4.91	5.35	5.4	5.42
新加坡	密度/(美元/人)	1 327.3	1 006.1	1 129.5	966.3	959	1 030.7	1 620.5	1 849.3	1 983.4
	深度/%	5.14	4.61	4.28	4.21	4.58	4.91	7.59	7.5	7.47
印度尼西亚	密度/(美元/人)	13.1	5.8	9.5	8.6	7.7	11.9	14.5	15.5	19.4
	深度/%	1.23	1.27	1.42	1.18	1.13	1.49	1.49	1.31	1.52
菲律宾	密度/(美元/人)	17.1	13	13.4	13.5	11.8	14.7	14.6	15.6	17.2
	深度/%	1.51	1.5	1.37	1.42	1.27	1.48	1.48	1.49	1.48
平均	密度/(美元/人)	268.3	200.3	223	190.1	205.8	221.1	327.15	357.3	402.1
	深度/%	1.6	2.36	2.64	2.1	2.68	2.28	3.47	3.54	3.52
亚洲	密度/(美元/人)	199.4	35.8	173.7	179.6	162.6	167.8	183.4	194.3	197.9
	深度/%	8.18	7.8	7.38	7.72	7.6	7.61	7.51	7.37	6.83
世界	密度/(美元/人)	423.3	271.1	387.3	385.4	393.3	422.9	469.6	511.5	518.5
	深度/%	7.32	7.44	7.52	7.84	7.83	8.14	8.06	7.99	7.52

注：增长率为扣除通货膨胀因素后的实际增长率。

资料来源：瑞士再保险公司1998～2006年*Sigma*报告

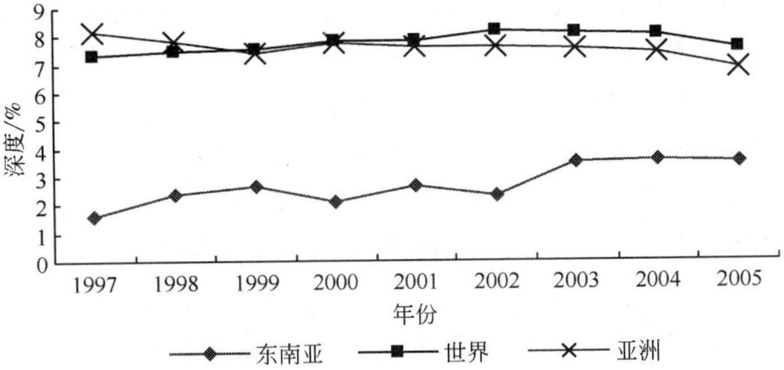

图 3-9 东南亚地区与世界、亚洲保险深度对比

资料来源：瑞士再保险公司 1998～2006 年 *Sigma* 报告

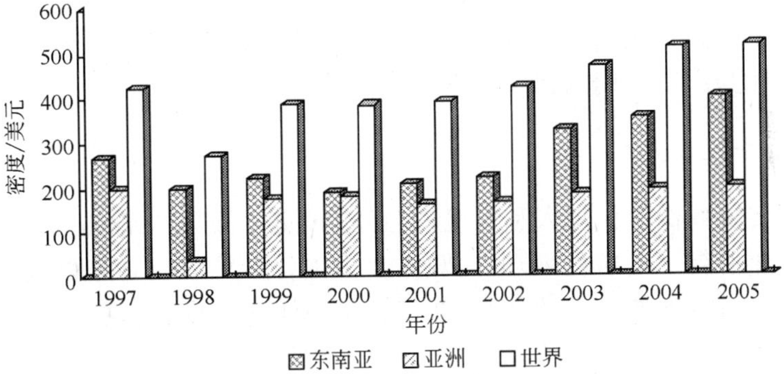

图 3-10 东南亚地区与世界、亚洲保险密度对比

资料来源：瑞士再保险公司 1998～2006 年 *Sigma* 报告

（二）东南亚保险业竞争力分析

作为新兴国家地区的代表，东南亚地区保险业保持较快的发展速度。尽管目前发展水平与发达国家相比仍有一定的差距，但其所处的地理位置、多年的发展积淀和宗教特色，无一不是其竞争优势的体现。具体来说，东南亚地区保险业竞争力主要体现在以下几个方面。

1. 发展环境良好，增长潜力巨大

东南亚地区面积约 448 万平方千米，人口 45 000 多万。印度尼西亚、菲律宾和泰国三国人口占东南亚人口的将近 70%，面积相当于东南亚总面积的 60%。从经济体制来看，东南亚地区多为混合经济制国家，以市场经济体制为主体，也有一些从计划经济向市场经济转型的国家。从经济状况看，东南亚地区国家之间经济发展水平相近，或者差距不是特别大。根据世界银行的分类，东南亚国家除文莱、新加坡之外，多属于低收入（LIC）、中低收入（LMC）和中高收入

（UMC）国家，人均国民总收入（GNI）在1000美元以上的国家居多。从国家关系来看，东南亚国家多数曾经是一些西方国家，尤其是欧洲国家的殖民地或保护国，与西方国家有着长期的历史关系，本区域内国家之间没有很深的恩恩怨怨。因此，东南亚国家之间关系比较紧密，早在20世纪60年代就建立了东南亚国家联盟（东盟），并不断扩大范围，以平等协作的精神致力于本地区的经济增长、文化交流与社会进步。这些都为保险业的发展创造了良好的发展环境。

在保险业发展方面，20世纪80年代以来，该地区保险业一直保持10%左右的增长速度，远远高于世界平均发展速度。保险深度逐年上升，但截至2005年还远远低于世界和亚洲平均水平，这也意味着保险行业在该地区增长潜力巨大。从保险密度看，自1998年以来逐渐增加，尤其是2002年以后增长迅速。2004年印度洋大海啸的发生给该地区带来了巨大损失，但由于人们的保险意识不强，当地保险业并未受到严重损失。因此，此次灾难给东南亚地区的保险业也带来了增长的希望，因为灾后人们的保险意识普遍增强。

2. 营销手段多元化

相对于传统的保险代理人和经纪人的分销渠道，随着监管的大幅放松，银行保险最近几年取得了迅猛发展。以2004年为例，新加坡、马来西亚银行保险分别占整个保险市场保费收入的20%和15%。一体化程度较低的协议销售和战略联盟是亚洲银行保险的主导经营模式，其比例约为69%（不包括中国内地和日本）；采取合资企业模式的约为17%；金融集团模式的最少，约为14%。其中，马来西亚和新加坡成为亚洲协议销售模式的代表。

3. 组建分保集团，应对保费外流

保费外流是发展中国家普遍存在的问题。东南亚各国为了解决市场开放和保费外流这一对矛盾，最大限度地将保费留在国内，采取了将国内保险企业联合起来，组建分保集团的手段，效果良好。在发展中国家，尤其是处于经济成长期时，对保险的需求越来越旺盛，同时对保险的监管要求也越来越高，除了运用行政手段、法律手段之外，运用经济手段，具体讲运用再保险方式是非常必要的。法定分保是发展中国家普遍采用的一项措施，它对于保护民族保险业的发展，提高国内保险企业的承保能力，加强各保险公司之间的交流与合作起到了很好的作用。

4. 宗教特色明显

东南亚地区的宗教构成以佛教与伊斯兰教为主体，直接体现在国家的政治和公民的日常生活中，因此东南亚地区在世界保险市场中，天然地享有伊斯兰保险市场的优势。伊斯兰保险与普通的商业保险并存，成为东南亚地区保险市场的一大亮点，并在这一领域处于领先地位。2005 年，东南亚地区占据了世界伊斯兰保险市场的 56%，尤其马来西亚是这一市场的领军角色并支撑着该市场的发展，几乎占据了 1/5 的市场份额。

5. 行业自律构成政府监管的有效补充

除了有政府对保险业的强制监管外，行业自律是东南亚地区保险监管的一大特色。实际上就是保险公司对其内部事务负责，如承保、投资等，这种监管的一个优点是只需很少一部分人对保险业进行监管。保险自律组织对保险市场监管发挥着政府保险监管机构所不具备的协调作用。这些行业自律组织主要是代表会员对政府有关保险业监管立法施加影响；协调会员在市场竞争中的行业规范；制定供市场统一使用的保单及其费率最低标准等。新加坡侧重自律监管，马来西亚和泰国则是二者并用，越南目前主要是依赖于政府监管。各国中以新加坡的监管手段最为齐全，包括市场准入、法制监管、财务管理、行业自律等多种手段。

二、印度保险业

印度保险业历史较长，但并不发达，在印度独立以后至 20 世纪 90 年代大规模经济改革之前，印度的保险业基本由国有企业垄断经营。此后才逐步引进私人资本，加强竞争。1995 年印度成为 WTO 成员，对保险业开放作出相关承诺，同时加快国内改革步伐，提高本土保险公司的竞争力，以应对外资保险公司的挑战。鉴于中国与印度相似的国情，印度的经验是值得中国保险业借鉴的。

（一）印度保险业发展概况

印度保险业的发展经历了从私有化到国有化再到私有化的过程。印度最早的人寿保险公司可以追溯到 1818 年成立的英国保险公司远东人寿保险公司，最早的非寿险保险公司可以追溯到 1950 年英国在加尔各答（Kolkata）成立的第一家产险公司——氖核保险有限公司（Triton）。印度的人寿保险业务于 1956 年开始实行国有化，其后国内的所有人寿保险业务均由国有的印度人寿保险公司（LIC）来经营；非人寿保险业务于 1972 年开始实行国有化，并由拥有 4 个分公司的印度综合保险公司（GIC）负责经营。20 世纪 90 年代，印度的保险业务开始逐步自由化，1996 年建立保险管理与发展局，1999 年通过保险监管与发展委员会议案（IRDA），2000 年许可成立第一批私营保险公司。

近年来，印度的保险市场保持着强劲的增长势头。1997 ~ 2005 年，其年平均增长率为 12.3%，寿险业务和非寿险业务的增长率分别为 13.3% 与 9.9%。印度在世界保险市场按保费排名一直保持在20名左右，在亚洲排名第5，仅次于日本、韩国、中国内地和中国台湾地区，2007年占世界份额已经达到1.34%，世界排名第15位。详情见表3-11。

表3-11 印度保险业增长状况

项目		1997年	1998年	1999年	2000年	2001年	2002年	2003年	2004年	2005年
全部业务	排名	23	22	23	23	19	19	19	19	19
	保费/百万美元	7 235	8 303	8 391	9 933	11 877	15 472	17 302	21 249	25 024
	增长率/%	8.6	14.4	9.4	16.6	17.9	15.6	8.3	10.4	9.4
非寿险	排名	32	31	31	29	30	27	28	27	27
	保费/百万美元	2 074	2 255	2 325	2 338	2 459	3 197	3 712	4 330	4 848
	增长率/%	3.1	8.4	6.4	3.8	3.3	21.4	21.5	10.1	11.5
寿险	排名	20	19	21	20	19	18	18	18	17
	保费/百万美元	5 161	6 048	6 066	7 595	9 418	12 274	13 590	16 919	20 175
	增长率/%	11	19.8	10.6	14	22.5	14.1	8.4	10.5	8.9
亚洲	保费/百万美元	620 042	571 272	621 204	646 691	595 125	624 091	685 753	736 036	759 779
	非寿险/百万美元	145 478	132 252	144 434	147 160	137 735	148 910	163 413	179 715	186 540
	寿险/百万美元	474 564	439 020	476 769	499 531	457 390	475 180	522 340	556 321	573 239
份额	世界/%	0.34	0.39	0.36	0.41	0.49	0.8	0.59	0.92	0.73
	亚洲/%	1.2	1.5	1.4	1.5	2	2.5	2.5	2.9	3.3

资料来源：瑞士再保险公司1998～2006年*Sigma*报告

在保险深度和保险密度方面，印度还远远低于亚洲和世界平均水平。2005年世界保险密度为518.5美元，亚洲平均水平为197.9美元，而印度仅为22.7美元；同年世界保险深度为7.52%，亚洲为6.83%，印度仅为3.14%。但是应该注意到，印度保险业近年来的发展速度较快，1997～2005年其保险密度增加了近3倍，亚洲整体这一数据几乎保持在1997年前的水平，世界增长率也不过在20%左右。保险深度也类似，印度的保险深度从1.95%增长到3.14%，世界和亚洲的保险深度则稍有增加甚至是减少，见表3-12。

表3-12 印度保险业的保险深度和保险密度

项目		1997年	1998年	1999年	2000年	2001年	2002年	2003年	2004年	2005年
印度	密度/美元	7.6	8.6	8.5	9.9	11.5	14.7	16.4	19.7	22.7
	深度/%	1.95	2.61	1.93	2.32	2.71	3.26	2.88	3.17	3.14
亚洲	密度/美元	199.4	35.8	173.7	179.6	162.6	167.8	183.4	194.3	197.9
	深度/%	8.18	7.8	7.38	7.72	7.6	7.61	7.51	7.37	6.83
世界	密度/美元	423.3	271.1	387.3	385.4	393.3	422.9	469.6	511.5	518.5
	深度/%	7.32	7.44	7.52	7.84	7.83	8.14	8.06	7.99	7.52

资料来源：瑞士再保险公司1998～2006年*Sigma*报告

（二）印度保险业竞争力分析

作为一个拥有10亿人口、2.5亿中产阶级的大国，印度保险业有着巨大的市场潜力。在其市场开放进程中，如何把握自身优势，并在参与世界保险市场的过程中将自身优势发挥出来，是决定其竞争成败的重要因素。印度保险业竞争力主要体现在以下几个方面。

1. 开放力度加大，注重适度保护

2000年8月，印度保险市场对所有许可证申请人开放。为了实现保险市场开放，促进国内保险业的发展，（IRDA）采取了一系列改革措施，允许私营保险公司以及外国保险公司进入印度保险市场。其主要政策包括：一是要求外资保险公司进入市场必须合资，且外资持股不超过26%；二是不允许成立综合保险公司（这两条现在都有所松动，AIG和Allianz两家公司已在印度同时经营寿险与产险；外资寿险公司的投资比例已适当放宽，但外资产险公司仍不可突破26%的比例限制）；三是在保险中介行业，允许外资申请设立保险经纪公司、保险代理公司和保险咨询公司，外资保险经纪公司必须合资且外资股比不得超过26%。印度保险监管机构主要从资本实力、经营历史和行业地位（声誉）等方面审查外资保险公司准入的基本资格。在业务范围和经营地域方面，外资保险公司基本上不受限制（视为当地公司）。

截至2004年底，已进入印度保险市场的外资保险公司有22家，其中寿险公司14家，产险公司8家。2005年上半年，按照纯外资保费（合资或参股的外资比例）市场份额估算，外资寿险保费收入市场份额约为6.69%，外资产险保费收入市场份额约为6.89%。市场供给主体增多、业务增长，市场竞争性得以提升，活力显现。

同时，政府有意在市场尚未稳定的自由化改革初期尽力保持国有公司的优势地位。为此，IRDA作出法定再保险的规定，使得国有再保险公司——印度再保险公司（GIC）拥有印度再保险市场85%的份额。包括新成立的私营保险公司以及合资保险公司在内的所有的非寿险公司，必须将每一笔业务的20%分给GIC。为了避免国内保费的过多外流，IRDA要求印度所有保险公司的再保险计划安排必须得到批准后方可执行，在地方有承保能力的情况下不得向外寻求再保险。

2. 银行保险业务发展迅速

目前银行保险在印度已被广泛地应用，大多数印度保险公司与银行都有分销协定，同时法律要求保险公司在农村以及社会领域必须达到一定数量的最低销售额，这鼓励了保险公司采取银行保险的方式，因为银行保险能给保险公司进入这

些领域提供有效的方式。据估计，印度目前大约有 66 000 家银行分支机构（商业银行），保险公司非常注重联合银行的力量来销售它们的产品。许多私营人寿保险公司业绩在 2003 年通过银行实现的销售额占到它们新业务的 20% ~50% 。

3. 农业保险发展成功

印度于 1961 年就开始对其主要农作物如水稻、小麦等在部分地区进行了农业保险试验，但由于政府不提供财政支持，试点没取得任何进展。直到 1972 年，政府通过建立全国性保险机构直接组织和经营，并实行保险责任由中央政府与邦政府两级按比例分摊、经营管理费用全由国家负责之后，农业保险才得以迅速发展。为了进一步加强对农村及农业保险的支持，IRDA 要求印度的保险公司必须在农村地区开展一定数量的保险业务，对产险公司的业务比例要求是第一年总保费的 2% 、第二年总保费的 3% ，以及以后年度总保费的 5% 。

印度的保险公司在开展农村地区保险业务中，为了降低保单销售的成本，十分注重与银行或邮局合作，利用银行及邮局分散的、覆盖面极广的分支机构进入农村领域开展业务，这使得农村地区的保险得到大力发展。印度农业保险的实施方式是自愿保险与有条件的强制保险相结合，有条件的强制保险是指进行生产性贷款的农户必须参加相关农业保险。由于开展农业保险市场环境不够成熟和政府的财力有限，印度农业保险的承保范围只限于关系到国计民生的主要农作物如水稻、小麦等和养殖业的主要牲畜如牛、马等。这样既可减少逆选择与道德风险发生的概率，又可集中国家财力保证农业稳定发展。

第四节　保险业竞争力的国际比较

从以上保险业竞争力分析可以看出，无论是工业化国家还是新兴国家，都有其不同的竞争优势，然而在保险业的国际竞争中，评价各国保险业的国际竞争力需要综合考虑多种因素。为此，本节分别从保险功能实现和服务贸易的角度，对国际保险业竞争力作出了比较。

一、保险功能实现对比

目前，理论界认为保险业的功能主要体现在三个方面：保障功能、资金融通功能和社会管理功能，这三大功能共同构成现代保险的功能体系。功能是保险的基本功能，资金融通和社会管理功能是保险业为应对发展环境的变化和满足社会经济发展的客观要求，在自身演进发展进程中通过经营战略调整等方式而显现出来的。

国际上有些国家将保险业的功能发挥得淋漓尽致，也有国家保险业还不够成熟，其功能发挥得还不够。因此，根据保险业功能实现的程度也可以比较国际保险业竞争力状况。

（一）保障功能

现实生活中，人们不可避免地面临着种种风险，而风险的发生是不确定的，保险是一种有效的风险转移机制。人们之所以购买保险，并不是因为保险本身具有消除各种风险的特质，而是通过保险这一制度能将人们面临的各种风险转嫁出去，交由专门经营风险的保险组织承担，并且在既定的风险事件发生后，人们能够从保险组织那里获得一定的经济补偿，从而摆脱因风险事件造成的困境，解除人们在生产生活中的后顾之忧。

世界保险市场上保险密度排名前五位的国家除了美国、日本外，其他都是西欧的发达国家。特别是瑞士，人均保费一直保持世界第一的位置，2004 年达到 5716 美元，世界平均保险密度为 511.5 美元，中国的这一指标相比较而言就显得微不足道，排名在 70 名之后，如表 3-13 所示。但可以发现，2001 年以后，短短 4 年间中国人均保费翻了一番，同期城镇居民人均可支配收入增长 37%，农村居民可支配收入增长 24%。这说明居民将收入中的更多比例投资于保险，人们的保险意识明显增强。

表 3-13　世界保险市场前五位国家与中国的保险密度　　单位：美元

项目 / 年份	1	2	3	4	5	中国	
						排名	密度
1997	瑞士 4 289	日本 3 896	美国 2 570	英国 2 451	法国 2 203	77	10.9
1998	瑞士 4 654	日本 3 584	英国 2 859	美国 2 722	荷兰 2 360	78	11.4
1999	瑞士 4 642	日本 3 909	英国 3 244	美国 2 921	爱尔兰 2 454	73	13.3
2000	瑞士 4 153	日本 3 793	英国 3 759	美国 3 152	爱尔兰 2 552	73	15.2
2001	瑞士 4 343	日本 3 508	英国 3 394	美国 3 266	爱尔兰 2 466	73	20
2002	瑞士 4 922	英国 3 879	日本 3 499	美国 3 462	爱尔兰 2 793	71	28.7
2003	瑞士 5 484	英国 3 887	日本 3 723	美国 3 651	爱尔兰 3 372	73	36.3
2004	瑞士 5 716	英国 4 508	爱尔兰 4 091	日本 3 875	美国 3 755	72	40.2
2005	瑞士 5 558	英国 4 599	爱尔兰 4 177	比利时 3 985	丹麦 3 876	72	46.3

资料来源：瑞士再保险公司 1998 ~2006 年 *Sigma* 报告

保险深度是指保费收入与 GDP 之比，可以说明一国保险业在经济中的渗透程度。与保险密度不同的是，占据这一指标前列的除发达国家外，新兴国家或地区如南非、韩国及中国台湾地区的保险深度也处于世界前列。中国内地这一指标相对较低，2004 年为 3.26%，而世界平均水平为 7.99%，如表 3-14 所示。2001 年以后，中国的保险深度也有了较大提高，排名从 56 位上升到 42 位，保险深度从 2.2% 提高到 3.26%。

表 3-14　世界保险市场前五位国家或地区与中国的保险深度　单位:%

年份＼项目	1	2	3	4	5	中国	
						排名	深度
1997	南非 17.34	韩国 15.42	瑞士 11.94	日本 11.87	英国 11.22	62	1.46
1998	南非 20.6	韩国 13.9	瑞士 12.6	英国 12.1	日本 11.7	66	1.49
1999	南非 16.5	英国 13.4	瑞士 12.8	韩国 11.3	日本 11.2	58	1.63
2000	南非 16.9	英国 15.8	韩国 13.1	瑞士 12.4	日本 10.9	61	1.79
2001	南非 18.0	英国 14.2	瑞士 12.7	韩国 12.1	日本 11.1	56	2.2
2002	南非 18.9	英国 14.8	瑞士 13.4	韩国 11.6	日本 11.9	48	2.98
2003	南非 15.86	英国 12.8	中国台湾 12.6	瑞典 12.4	日本 10.66	45	3.31
2004	南非 14.38	中国台湾 14.13	英国 12.6	瑞典 11.75	日本 10.51	42	3.26
2005	中国台湾 14.11	南非 13.87	英国 12.45	瑞士 11.19	比利时 11.15	50	2.7

资料来源：瑞士再保险公司 1998 ~ 2006 年 *Sigma* 报告

（二）资金融通功能

1. 资金集聚

保险通过积聚大量的社会闲散资金，化零为整，起到分流社会储蓄、实现储蓄向投资的转化以及分散金融风险的作用。这里用各洲的保费收入水平来反映保险资金的集聚情况，如表 3-15 所示。

表 3-15　世界不同区域保费收入　单位：百万美元

年份	美洲	欧洲	亚洲	非洲	大洋洲
1997	772 833	669 196	620 042	26 665	39 935
1998	818 873	710 700	572 057	26 123	38 652
1999	872 740	761 645	621 203	26 258	42 177
2000	952 671	780 152	646 691	25 204	38 954
2001	990 542	762 398	595 124	24 551	35 637
2002	1 089 447	851 802	624 090	24 120	37 438
2003	1 156 512	1 022 158	685 753	30 968	45 280
2004	1 216 900	1 198 184	736 036	37 609	55 177
2005	1 280 234	1 287 920	759 779	40 025	57 756

资料来源：瑞士再保险公司 1998 ~ 2006 年 *Sigma* 报告

从表 3-15 中可以看出，各大洲的保费收入总量都呈逐年增加的趋势，其中美洲和欧洲的总量较高，2005 年接近 1 300 000 百万美元，且增长幅度较大；亚洲保费总量为600 000 百万～700 000 百万美元，与欧美有一定差距，1998 年以前呈下降态势，1999 年后呈上升趋势；大洋洲和非洲保费收入总量都为 25 000 百万～50 000 百万美元，有上升趋势但增长幅度不大。说明美洲和欧洲保险资金集聚的能力较强，亚洲落后于欧美，优于大洋洲和非洲，非洲的资金集聚能力最差。

2. 资金运用

资金运用是保险行业的核心业务，没有资金运用就等于没有保险业。保险行业存在的主要目标是风险的转移，保费是风险转移的价格，但由于市场竞争，这个价格往往不够支付转移的成本。所以，没有保险资金运用，整个保险行业的经营是不能维持下去的。因此，研究保险公司通过资金运用参与资本市场运作，对于推动资本流动、改善金融风险结构、实现金融资源在全社会的合理配置具有不可替代的作用。

英国、美国、日本、德国等保险业发达国家，由于保险公司实力雄厚，国内金融市场比较完善，再加上投资机构对保险资金的专业性运作，使得保险公司已成为金融市场上重要的机构投资者，起着举足轻重的作用。除了英国通过司法实务加以确认外，各国都对保险资金运用比例作了明确的法律规定，如表 3-16 所示。

表 3-16 美国、日本和德国资金运用比例比较

美国	日本	德国
1. 债券。各州保险法对债券的投资各有不同：①纽约州新保险法规定：人寿保险业对每一公司债券的投资不得超过其认可资产的 5%；对每一抵押贷款公司债券的投资需经保险监督官同意，且不得超过认可资产的 0.1%，其总投资额不得超过认可资产的 5%。②得克萨斯州保险法规定，人寿保险投资购买公债的总额不得超过寿险认可资产的 5%。③路易斯安那州保险法规定，保险业如投资于公共事业债券，对每一公司债券的投资不得超过保险业认可资产的 2%，对公共事业债券的投资总额不得超过保险业认可资产的 33.33% 2. 股票。路易斯安那州规定为不超过其认可资产的 5%，纽约州规定为不超过 1%，也不得超过该企业发行股票总额的 5%，各州对普通股的全部投资额规定为不得超过其资产的 10%～20%，优先股的限制较小，不得超过该企业发行股票总额的 20%或保险业认可资产的 2% 3. 不动产。纽约州保险法规定，任何一笔对土地的投资，包括改良费和开发费在内，不得超过保险人资产的 1%；对于这类土地的总投资，连同改良费或开发费，不得超过保险人资产的 10%。其他州对此也有类似的规定 4. 贷款。贷款额不超过不动产价值的 2/3，对有价证券及保单抵押贷款限制较小 5. 银行存款。不加以限制	1. 国内股票：资产总额的 30% 2. 不动产：资产总额的 20% 3. 外汇计价资产：资产总额的 30% 4. 债券、贷款及其有价证券贷款（由金融监督厅长官及大藏大臣指定的政府指定信用公司未给予评级的无抵押债券、向政府指定的信用评级公司未给予评级的非上市公司等发放的贷款及无抵押有价证券等证券）：资产总额的 10% 5. 以购买有价证券、不动产、货币债权、黄金、货币贷款、有价证券贷款、银行存款、邮政储蓄、货币等的信托以外的形式运用的资金：资产总额的 30% 6. 下列资产的合计：资产总额的 10%（贷款为资产总额的 3%）：①同一人发放的公司债、股票及为之抵押的贷款。②对该同一人发放的贷款及有价证券贷款。③在该同一人处的存款。④该同一人接受的信托财产	1. 投资于国内债券不超过认许资产的 5% 2. 投资于外国公司股票不超过保证金与认许资产的 20%；新成立公司投资于外国公司股票不超过保证金与认许资产的 10% 3. 投资于股票与国内投资公司管理的证券资产及特别资产之和不超过保证金的 20% 及认许资产的 25% 4. 现有建筑物或计划于其上建筑的国内土地不超过认许资产的 5%；如果全部或大部分供营业用，则不超过认许资产的 10% 5. 对于未作限制，依照经营险种或因资产或企业结构范围内的特别状况改变而显为必要时，主管监督机关可以许可以上所示的投资，但该许可不可以影响被保险人的利益

资料来源：杨帆. 2002. 保险资金运用国际比较研究. 保险研究，(6)：11～14；王鹏. 2005. 保险资金运用的法规制度研究. 四川大学硕士学位论文：15～25

目前，各国在保险资金运用方面主要有如下特点：①保险资金运用方式多元化，一般都包括债券、股票、抵押贷款、不动产、权益投资、公共事业、衍生金融工具等。多渠道的资金运用方式，促进了这些国家保险业的发展和金融市场的繁荣。②为保证保险资金的安全，以立法为手段，各个国家一般对风险较大的投资方式规定上限，对每一投资主体的投资比例进行控制（即方式比例和主体比例两种方式），以分散风险。如对股票投资一般限定在30%左右，而且发达国家比新兴工业化国家的限制更为严厉。另外，对金融衍生工具的投资格外谨慎，有些国家甚至不允许进行此类投资。③对寿险、非险业分别制定适用的法律规范。④为支持本国风险企业和中小企业的发展，在保险法规中作出例外允许。⑤保险资金运用监管法规完善。不少国家就保险资金的运用从法律规范上较为详细地加以规定。如日本不仅在《保险业法》中规定保险资金运用的基本范围，同时在《保险业法施行规则》中对其作出具体的规定；英国除1982年通过的《保险公司法》和《劳合法》外，还有《金融服务法》等，并且其他配套金融法规都相当完善。

各国投资各有侧重，但基本上是债券占最大比重。从美国、英国、德国、日本四国的保险资产配置结构看，投资债券比例为40%～75%，股票资产比例通常不超过20%。国际知名的保险公司还普遍成立保险投资基金，并以此为基本形式进行资金运作。

中国保险资金运用渠道经历了一个逐渐拓宽的过程。1995年6月颁布的《中华人民共和国保险法》（以下简称《保险法》）规定保险资金运用仅限于银行存款、国债、金融债和国务院规定的其他资金运用方式。1999年，允许保险资金进入同业拆借市场、投资企业债券、投资证券投资基金和同商业银行办理大额协议存款。2003年7月，允许保险资金投资中央银行票据。2004年3月，允许保险资金投资银行次级定期债务，6月允许保险资金投资银行次级债券，7月允许保险资金投资可转换公司债券，8月允许保险外汇资金境外运用，10月允许保险资金直接投资股票市场。2005年8月21日，《保险机构投资者债券投资管理暂行办法》整合了现行保险债券投资政策，增加了短期融资券等新的投资品种，明确了债券及其发行人的资质条件，实行了债券投资比例弹性控制。2006年3月20日，《保险资金间接投资基础设施项目试点管理办法》对保险资金间接投资基础设施项目的范围、规模及比例作出了规定，主要包括交通、通信、能源、市政、环境保护等国家级重点基础设施项目。2006年6月26日，《国务院关于保险业改革发展的若干意见》提出："在风险可控的前提下，鼓励保险资金直接或间接投资资本市场，逐步提高投资比例，稳步扩大保险资金投资资产证券化产品的规模和品种，开展保险资金投资不动产和创业投资企业试点。支持保险资金参股商业银行。支持保险资金境外投资。"2001～2004年，我国保险资金运用收益率分别为4.3%、3.14%、2.68%和2.4%，呈逐年下降趋势。除央行降息等因素外，投资渠道狭窄是收益率走低的重要原因。2005～2007年，我国保险资金运用收益率分别为3.6%、5.8%和12.17%，出现了上升的态势，投资收益水准较其他金融机构同类投资而言，显示了较强的竞争力。

（三）社会管理功能

保险的社会管理功能是指从社会属性角度看保险本质所产生的对整个社会的积极作用。随着国际保险业的发展，保险业在稳定社会方面的作用也越来越重要，社会管理功能日益突出，主要表现在以下几个方面。

1. 分担政府社会保障职能，共同构建起一个强有力的社会保障体系

现代保险，尤其是寿险，可以通过多种途径实现社会保障功能。OECD的研究认为，社会成员购买寿险的行为在很大程度上减缓了政府的社会保障压力。瑞士再保险公司的一份研究报告也指出，10个OECD国家的社会保障开支和寿险保费之间存在反比关系，即保险业有效地分担了部分社会保障财务的压力。通过寿险实现社会保障职能，比政府财政行为更有优势，并且使政府受益。此外，寿险业的发展还可以缓解人口老龄化问题对社会和政府的压力。

欧美保险发达地区保险业真正分担了政府相当部分的社会管理功能，对企业和个人的生产生活进行了充分的商业化管理，而我国保险业的社会管理功能与欧美相比还有较大差距。现阶段，我国预防灾害与灾后重建还是主要走政府救助、财政拨款的老套路，城镇居民的养老、医疗、失业从以前的大财政体系被传递到民政系统，而实际上只是将重担从左肩换到右肩，实质结果是老百姓的福利降低了。

2. 促进社会风险管理的有效性，有利于构建国家公共事务应急体系

防灾防损，控制和避免风险，是保险的重要工作内容。保险经营者既有促进社会风险管理有效性的动力，又有积极参与社会风险管理的优势。保险机构掌握着风险事故的统计数据，并对灾害事故的原因进行分析和研究，从而积累了丰富的防灾防损工作的经验。因此，保险能通过多种有效途径促进社会风险管理的有效性，减少社会损失。

随着科技进步和世界政治力量的演变，巨灾风险不可测的程度加深，而且一旦发生，危害程度更加严重，如2001年“9·11”恐怖事件、2003年哥伦比亚号航天飞机坠毁事件等，都造成了巨大的经济损失和深远的社会影响，因此必须考虑建立必要的公共事务应急体系加以应对。现代商业保险通过设立新型险种、创造巨灾债券等保险衍生产品、综合运用再保险等方式，能够有效地化解巨灾风

险造成的消极后果，这在一个国家的应急体系构建中具有重要的地位。

3. 缓解社会矛盾，协调社会关系，促进社会的正常运转

社会和经济的运转时常存在许多不和谐的因素，因此，有必要建立完善的社会风险管理机制，尤其是充分发挥保险的社会管理功能，消除各个要素彼此之间的摩擦，减少冲突，建立良好的社会秩序，保障社会的正常运转。发达国家有完备的责任保险体系，如产品责任保险、雇主责任保险、执业责任保险及公众责任险、机动车辆第三者责任险等，被保险人一旦出现责任事故，可以很快地通过保险公司得以解决，减少了社会的摩擦和冲突，有利于社会运转效率的提高。在发达国家，责任保险一般都占财产保险的20%以上，有的高达40%。自改革开放以来，我国责任保险得到了一定的发展，但是近年来，责任保险占整个财产险业务的比重仅为5%左右，相对发达国家而言，还有很大的发展空间。

从信用险和责任险的国际比较来看（表3-17），信用险市场份额最大的西欧为72.6293%，其次北美为16.7501%，中东欧、拉美和日本为2%～3%，中国和南非为1%～2%，甚至还有很多国家没有信用险；从责任险来看，市场份额最大的北美为60.0616%，其次西欧为18.7977%，韩国为10.4030%，拉美为7.7253%，日本为1.8744%，中国和中东欧不到1%，也有像南非等很多国家不存在责任险。可见，从缓解社会矛盾来看，西欧和北美做得比较好。

表3-17　2004年信用险和责任险的国际比较

项目	信用险		责任险	
	保费/百万美元	市场份额/%	保费/百万美元	市场份额/%
西欧	4 787	72.629 3	1 404	18.797 7
中东欧	152	2.306 2	60	0.803 3
北　美	1 104	16.750 1	4 486	60.061 6
拉　美	187	2.837 2	577	7.725 3
中　国	100	1.517 2	25	0.334 7
日　本	140	2.124 1	140	1.874 4
韩　国	-	-	777	10.403 0
南　非	89	1.350 0	-	-
全世界	6 591	100	7 469	100

资料来源：瑞士再保险公司2006年*Sigma*第6期报告

二、保险服务贸易比较

一国在某种产业上所拥有的国际竞争力直接表现为其产品的价格低于或质量

优于其他国家的同类产品。在贸易开放的环境中，产业的国际竞争力首先由国际贸易的流动直观地反映出来，并能由后者得到间接的衡量。为此，本节从服务贸易的角度对保险业国际竞争力作出了比较。

保险业产品和服务的贸易属于金融服务贸易的范畴，是典型的服务贸易内容，其生产要素主要集中于资本和技术，对市场的依赖性较强。发达国家凭借其在服务贸易领域的比较优势，迫使发展中国家开放本国金融服务贸易市场。目前，保险服务贸易总体上仍然是由发达国家主导的，发展中国家虽然近年来国内市场发展较快，但由于缺乏资本、技术和人才，其保险服务尚不具有国际竞争力，因此主要是保险服务的进口国。同时，我们必须认识到保险业的国际比较竞争优势和国际竞争力是动态演变的，发展中国家在服务贸易开放条件下正逐步构建自身的竞争优势。以下选用测度国际贸易竞争力较常使用的贸易竞争力指数（TC）和显示性比较优势指数（RCA）两个指标进行定量分析。

（一）保险服务贸易 TC 指数

贸易竞争力指数也称为贸易专业化（TC）指数，用来表示一国进出口贸易的差额占进出口贸易总额的比重，是对一国（地区）服务贸易国际竞争力分析时较常使用的测度指标之一。该指数作为一个与贸易总额的相对值，剔除了经济膨胀、通货膨胀等宏观方面波动的影响，即无论进出口的绝对量是多少，它均在 ±1 之间。指数值越接近 0 表示竞争力越接近于平均水平；指数值越接近于 1 则竞争力越大，等于 1 时表示该产业只出口不进口；指数值越接近于 -1 表示竞争力越薄弱，等于 -1 表示该产业只进口不出口。这里将其推广应用到保险服务贸易领域，上述指标的计算公式如下：

TC 指数 = （保险服务出口 - 保险服务进口）/（保险服务出口 + 保险服务进口）

运用 OECD 对部分发达国家保险服务进出口的统计数据，可以计算这些国家的 TC 指数，同时根据中国的服务贸易统计，计算中国保险服务贸易的 TC 指数，结果如表 3-18 所示。

表 3-18 保险服务贸易 TC 指数国际比较 单位：百万美元

国家	项目	1997 年	1998 年	1999 年	2000 年	2001 年	2002 年	2003 年	2004 年	2005 年	2006 年
澳大利亚	出口	598	534	525	435	351	366	439	505	530	530
	进口	715	577	589	523	442	465	560	643	677	678
	TC	-0.089 11	-0.038 7	-0.057 45	-0.091 86	-0.114 75	-0.119 13	-0.121 12	-0.120 21	-0.121 79	-0.122 52
加拿大	出口	2 122	2 374	2 232	1 937	2 396	3 243	3 432	2 865	3 209	3 457
	进口	2 908	2 900	2 968	2 838	3 529	4 213	4 925	4 461	4 588	4 870
	TC	-0.156 26	-0.099 73	-0.141 54	-0.188 69	-0.191 22	-0.130 1	-0.178 65	-0.217 85	-0.176 86	-0.169 69

续表

国家	项目	1997年	1998年	1999年	2000年	2001年	2002年	2003年	2004年	2005年	2006年
法国	出口	1 419	959	969	1 329	892	1 086	2 113	892	1 130	812
	进口	1 177	1 368	1 077	-302	629	1 544	2 393	1 422	2 255	2 340
	TC	0.093 22	-0.175 76	-0.052 79	1.588 121	0.172 913	-0.174 14	-0.062 14	-0.229 04	-0.332 35	-0.484 77
德国	出口	1 811	745	2 665	614	1 729	7 416	6 816	3 624	2 181	3 196
	进口	1 859	1 861	2 169	942	1 129	1 346	3 521	5 191	4 742	2 376
	TC	-0.013 08	-0.428 24	0.102 607	-0.210 8	0.209 937	0.692 764	0.318 758	-0.177 77	-0.369 93	0.147 164
意大利	出口	1 295	500	837	806	1 116	1 316	1 078	1 520	1 504	1 673
	进口	1 088	1 086	1 029	1 088	1 416	1 767	1 719	2 213	2 018	2 795
	TC	0.086 865	-0.369 48	-0.102 89	-0.148 89	-0.118 48	-0.146 29	-0.229 17	-0.185 64	-0.145 94	-0.251 12
日本	出口	347	60	-74	173	-104	-353	379	1070	868	1 575
	进口	2 034	2 379	2 346	2 025	2 655	3 223	3 543	3 440	1 930	4 568
	TC	-0.708 53	-0.950 8	-1.065 14	-0.842 58	-1.081 54	-1.245 99	-0.806 73	-0.525 5	-0.379 56	-0.487 22
韩国	出口	-2	52	48	68	60	37	34	139	169	366
	进口	162	143	-114	146	374	571	390	461	733	909
	TC	-1.025	-0.466 67	-2.454 55	-0.364 49	-0.723 5	-0.878 29	-0.839 62	-0.536 67	-0.625 28	-0.425 88
墨西哥	出口	350	841	1 072	1 799	1 352	1 212	1 163	864	1 550	1 263
	进口	4 043	4 747	5 236	6 294	6 488	6 520	6 755	7 666	8 714	9 278
	TC	-0.840 66	-0.699	-0.660 11	-0.555 42	-0.655 1	-0.686 5	-0.706 24	-0.797 42	-0.697 97	-0.760 36
荷兰	出口	190	117	255	205	228	302	334	412	450	511
	进口	671	642	579	557	533	1 084	659	756	803	885
	TC	-0.558 65	-0.691 7	-0.388 49	-0.461 94	-0.400 79	-0.564 21	-0.327 29	-0.294 52	-0.281 72	-0.267 91
西班牙	出口	728	731	826	211	288	362	470	769	805	759
	进口	906	927	963	325	349	551	870	1201	1 216	1 938
	TC	-0.108 94	-0.118 21	-0.076 58	-0.212 69	-0.095 76	-0.207 01	-0.29 851	-0.219 29	-0.203 36	-0.437 15
瑞士	出口	1 426	1 571	1 899	1 508	1 127	2 746	3 458	3 896	4 431	5 217
	进口	34	69	83	74	74	85	106	112	267	228
	TC	0.953 425	0.915 854	0.916 246	0.906 448	0.876 769	0.939 951	0.940 516	0.944 112	0.886 335	0.916 253
土耳其	出口	43	34	30	32	25	28	211	274	323	229
	进口	41	299	249	342	282	372	622	839	891	850
	TC	0.023 81	-0.795 8	-0.784 95	-0.828 88	-0.837 13	-0.86	-0.493 4	-0.507 64	-0.467 87	-0.575 53
英国	出口	5 224	4 722	6 467	4 054	5 274	8 411	8 892	9 133	2 795	6 469
	进口	972	956	930	1 093	1 098	1 136	1 271	1 521	1 620	1 766
	TC	0.686 249	0.663 262	0.748 547	0.575 287	0.655 367	0.762 019	0.749 877	0.714 473	0.266 138	0.571 099

续表

国家	项目	1997 年	1998 年	1999 年	2000 年	2001 年	2002 年	2003 年	2004 年	2005 年	2006 年
美国	出口	1 367	2 066	2 083	3 631	3 424	4 416	5 973	7 314	7 786	9 276
	进口	3 983	5 298	6 366	11 284	16 706	21 928	25 234	29 088	28 540	33 581
	TC	-0. 488 97	-0. 438 89	-0. 506 92	-0. 513 11	-0. 659 81	-0. 664 74	-0. 617 2	-0. 598 15	-0. 571 33	-0. 567 12
中国	出口	174. 31	384. 41	107. 75	107. 80	227. 33	208. 94	312. 784	380. 783	549. 418	548. 176
	进口	1 045. 67	1 758. 12	166. 86	2 471. 42	2 711. 04	3 245. 74	4 564. 216	6 123. 574	7 199. 559	8 831. 094
	TC	-0. 714 24	-0. 641 16	-0. 215 25	-0. 916 41	-0. 845 27	-0. 879 04	-0. 871 73	-0. 882 91	-0. 858 2	-0. 883 11

资料来源：①各国保险进出口值及服务贸易出口值来自：OECD Statistics on International Trade in Services：Volume I-Detailed Tables by Service Category，1997-2006，2008 Edition，http://www. oecd. org/document/43/0，3343，en_2649_34243_1898539_1_1_1_1，00. html。②中国保险进出口值来自：中国国际收支表 1997～2006 年，国际外汇管理局网站，http://www. safe. gov. cn

通过静态比较可以发现，瑞士、英国等国的保险贸易竞争指数不仅为正，而且接近于 1，说明在这一领域具有明显的国际竞争优势，而中国的 TC 指数不仅为负，其绝对值也非常大，说明我国是保险服务的主要输入国家，本国的保险业不具有国际竞争优势。但是仅从保险服务进出口额来反映一国的保险业国际竞争力并不全面，一个国家可能因为对保险的超额消费而导致 TC 指数为负，但这并不意味着该国本身的保险业就一定没有国际竞争力，如美国、日本等发达国家。对中国而言，长期以来国内居民的保险意识并不强，因此不存在对保险的超额消费问题。

实际上，由于中资保险公司在国际市场上整体缺乏竞争实力，国外的企业很少选择中国保险公司的服务，而国内企业和个人较多地选择国外的保险服务，结果导致中国的 TC 指数不仅为负，其绝对值也非常大，在国际保险服务贸易领域处于竞争劣势。

从动态角度来看，中国保险服务贸易的 TC 指数变化并不大，1997～2006 年这 10 年均为负值，而且绝对值接近于 1，2001 年以后甚至有绝对值增大的趋势。由此可见，中国保险业的国际竞争力现状不容乐观。

（二）保险服务贸易 RCA 指数

显示性比较优势指数（RCA）是美国经济学家巴拉萨（Bela Balass）于 1965 年提出的一个具有较高经济学分析价值的产业贸易国际竞争力测度指标，又称作相对出口绩效指数（REP），指一国（地区）某产品的出口在全世界该产品出口中的份额与该国所有产品的出口在世界总出口中的份额的比率。一般认为，剔除了国家总量波动和世界总量波动的影响，该指数可以较好地反映一个国家某一产业的出口与世界平均出口水平比较来看的相对优势。如果 RCA 指数大于 2. 5，表明该国该种产品和服务具有极强的国际竞争力；如果 RCA 指数小于 2.5 而大于 1.25，表明该国该种产品和服务具有很强的国际竞争力；如果 RCA 指数小于 1.25 而大于 0.8，表明该国该种产品和服务具有较强的国际竞争力；若 RCA 指数小于 0.8，则表明该国该种产品和服务的国际竞争力较弱。这里将其推广应用到保险服务贸易领域，上述指标的计算公式如下：

RCA 指数 = （一国保险服务出口/世界保险服务出口总额）/（该国所有服务贸易出口/世界服务贸易出口总额）

如前面所述，各国的保险出口和服务出口数据可以获得，服务贸易总额也是知道的，但是由于世界保险服务贸易总量的统计只有 2005 年和 2006 年的，而且可以查到 2000 年、2003 年和 2006 年世界保险出口年增长率分别为 16%、22% 和 22%，考虑世界服务贸易特别是保险业的发展态势，可用年均增长率 20% 推算其他年份的世界保险服务出口值。这种处理虽然对指数的绝对值有影响，但对各国数值大小的比较而言，还是可行的。计算各国保险贸易的 RCA 指数结果如表 3-19 所示。

表 3-19 保险服务贸易 RCA 指数国际比较 单位：百万美元

国家	项目	1997 年	1998 年	1999 年	2000 年	2001 年	2002 年	2003 年	2004 年	2005 年	2006 年
澳大利亚	保险	598	534	525	435	351	366	439	505	530	530
	服务	18 057	15 830	17 051	19 877	18 086	19 572	23 595	28 441	31 048	33 038
	RCA	3.730 971	3.191 064	2.482 322	1.562 874	1.175 077	1.014 664	0.961 843	0.905 573	0.824 498	0.736 601
加拿大	保险	2 122	2 374	2 232	1 937	2 396	3 243	3 432	2 865	3 209	3 457
	服务	30 724	33 040	35 228	40 211	38 783	40 453	44 096	49 723	55 274	59 267
	RCA	7.780 973	6.796 978	5.108 046	3.440 094	3.740 65	4.349 831	4.023 535	2.938 627	2.804 116	2.678 285
法国	保险	1 419	959	969	1 329	892	1 086	2 113	892	1 130	812
	服务	79 914	84 164	81 742	80 603	80 160	85 667	98 567	112 846	118 890	118 203
	RCA	2.000 441	1.0778 73	0.955 712	1.177 496	0.673 765	0.687 848	1.108 224	0.403 14	0.459 071	0.315 426
德国	保险	1 811	745	2 665	614	1 729	7 416	6 816	3 624	2 181	3 196
	服务	77 525	79 956	80 139	86 532	88 725	102 359	123 244	145 826	157 856	174 475
	RCA	2.631 74	0.881 415	2.681 031	0.506 731	1.179 915	3.931 152	2.859 062	1.267 449	0.667 332	0.841 093
意大利	保险	1 295	500	837	806	1 116	1 316	1 078	1 520	1 504	1 673
	服务	66 409	66 621	58 018	56 447	57 633	59 797	71 580	84 673	89 400	98 377
	RCA	2.196 894	0.709 96	1.163 085	1.019 717	1.172 451	1.194 133	0.778 55	0.915 537	0.812 564	0.780 859
日本	保险	347	60	−74	173	−104	−353	379	1 070	868	1 575
	服务	74 631	67 410	65 460	69 245	64 463	65 679	77 567	97 559	110 302	117 337
	RCA	0.523 813	0.084 198	−0.091 14	0.178 42	−0.097 68	−0.291 62	0.252 593	0.559 363	0.380 087	0.616 334

续表

国家	项目	1997 年	1998 年	1999 年	2000 年	2001 年	2002 年	2003 年	2004 年	2005 年	2006 年
日本	保险	347	60	-74	173	-104	-353	379	1070	868	1575
	服务	74 631	67 410	65 460	69 245	64 463	65 679	77 567	97 559	110 302	117 337
	RCA	0. 523 813	0. 084 198	-0. 091 14	0. 178 42	-0. 097 68	-0. 291 62	0. 252 593	0. 559 363	0. 380 087	0. 616 334
韩国	保险	-2	52	48	68	60	37	34	139	169	366
	服务	57 959	53 514	50 757	30 534	29 055	28 388	32 957	41 882	45 129	51 874
	RCA	-0. 003 89	0. 091 92	0. 076 242	0. 159 042	0. 125 035	0. 070 72	0. 053 332	0. 169 264	0. 180 875	0. 323 968
墨西哥	保险	350	841	1 072	1 799	1 352	1 212	1 163	864	1 550	1 263
	服务	10 997	11 534	11 606	13 756	12 701	12 740	12 617	14 047	16 137	16 393
	RCA	3. 585 586	6. 897 493	7. 446 648	9. 339 519	6. 445 259	5. 161 897	4. 765 224	3. 136 948	4. 639 338	3. 537 653
荷兰	保险	190	117	255	205	228	303	334	412	450	511
	服务	47 727	48 570	48 021	52 395	51 242	55 882	70 809	84 759	92 023	94 101
	RCA	0. 448 493	0. 227 873	0. 428 112	0. 279 415	0. 269 408	0. 294 203	0. 243 847	0. 247 907	0. 236 191	0. 249 343
西班牙	保险	728	731	826	211	288	362	470	769	805	759
	服务	43 828	48 977	53 069	52 582	55 723	59 784	74 138	86 116	94 820	105 955
	RCA	1. 871 311	1. 411 889	1. 254 838	0. 286 57	0. 312 939	0. 328 549	0. 327 73	0. 455 428	0. 410 056	0. 328 92
瑞士	保险	1 426	1 571	1 899	1 508	1 127	2 746	3 458	3 896	4 431	5 217
	服务	24 588	25 893	27 443	28 709	27 694	29 532	34 581	41 855	47 234	51 940
	RCA	6. 533 751	5. 739 433	5. 578 815	3. 751 188	2. 463 995	5. 045 263	5. 169 484	4. 747 322	4. 531 001	4. 611 999
土耳其	保险	43	34	30	32	25	28	211	274	323	229
	服务	19 730	23 719	16 671	19 528	15 234	14 046	18 013	22 960	26 648	24 552
	RCA	0. 245 532	0. 135 599	0. 145 08	0. 117 025	0. 099 364	0. 108 164	0. 605 559	0. 608 633	0. 585 444	0. 428 271
英国	保险	5 224	4 722	6 467	4 054	5 274	8 411	8 892	9 133	2 795	6 469
	服务	98230	107 901	115 755	120 150	119 572	132 541	158 500	197 402	209 422	229 233
	RCA	5. 991 358	4. 139 765	4. 504 138	2. 409 603	2. 670 621	3. 443 29	2. 900 213	2. 359 604	0. 644 624	1. 295 777
美国	保险	1 367	2 066	2 083	3 631	3 424	4 416	5 973	7 314	7 786	9 276
	服务	229 900	238 846	259 608	295 968	283 056	288 787	301 048	346 239	384 614	418 848
	RCA	0. 669 878	0. 818 253	0. 646 874	0. 876 127	0. 732 425	0. 829 712	1. 025 691	1. 077 348	0. 977 769	1. 016 892
中国	保险	174. 31	384. 41	203. 92	107. 8	227. 33	208. 94	312. 78	380. 78	549. 42	548. 17
	服务	24 569	23 896	26 248	30 430	33 335	39 745	46 734	62 434	74 404	91 999
	RCA	0. 799 284	1. 521 755	0. 626 343	0. 252 989	0. 412 912	0. 285 243	0. 345 992	0. 311 05	0. 356 661	0. 273 591
世界	保险	11 628	13 954	16 745	20 094	24 113	28 935	34 722	41 666	50 000	60 000
	服务	1 310 000	1 320 000	1 350 000	1 435 000	1 460 000	1 570 000	1 795 000	2 125 000	2 415 000	2 755 000

资料来源：①世界服务贸易出口值来自：International Trade Statistics，1998 ~ 2007，http://www. wto. org/english/res_e/statis_e/statis_e. htm。②各国保险进出口值及服务贸易出口值来自：OECD Statistics on International Trade in Services：Volume I – Detailed Tables by Service Category，1997 ~ 2006，2008 Edition，http://www. oecd. org/document/43/0，3343，en_2649_34243_1898539_1_1_1_1，00. html。③中国保险进出口值及服务贸易出口值来自：中国国际收支表 1997 ~ 2006 年，国际外汇管理局网站 http://www. safe. gov. cn

除日本、韩国个别年份世界保险服务出口为负，影响了RCA指数的结果外，根据计算结果可知，瑞士、加拿大和英国等发达国家仍然是保险服务的竞争强国；而作为发展中国家的墨西哥也具有相对比较优势，其RCA指数大于2.5，表明保险产品和服务具有极强的国际竞争力。与前文的TC指数不同，RCA反映的是一种相对优势，即相对于服务贸易的其他项目而言，在保险服务方面具有较强的国际竞争力。

中国的RCA指数基本上小于0.8，处于不具有竞争优势的指标值范围内，但2002年起出现改善的迹象。与其他国家相比较而言，中国保险服务的显示性比较优势指标并不是很小，大于同处于亚洲的韩国和日本，这可能是因为中国在服务贸易领域保险服务出口的份额还是比较大的，所以具有一定的相对竞争优势。

第四章　我国保险业发展历程、现状及存在问题

中国保险业发展到现在已有200年的历史，其间经历了无数挫折和磨难，直到改革开放以后才开始步入正轨。2001年中国加入世界贸易组织，使国内尚显幼稚的保险业直接面对国际市场，要应对激烈的国际竞争，必须努力提高我国保险业的竞争力。而回顾历史、分析现状并发现存在的问题，有利于我们总结经验教训、展望未来，对提高我国保险业竞争力有着十分重要的意义。

第一节　我国保险业发展回顾

自1805年英国保险商在广州开设第一家保险机构后，外国保险势力纷纷进入中国。20世纪30年代后，国民政府官僚资本大举进入保险业，这在一定程度上动摇了外资保险公司的垄断地位，而民族保险业在外资企业和官僚资本的双重压迫下更趋萎缩。新中国成立前夕，国民党统治下的社会经济面临崩溃，通货膨胀居高不下，民不聊生，保险市场陷入低潮，保险公司纷纷倒闭。

新中国成立后，中央人民政府接管了官僚资本的保险公司，改造了民族资本的私营保险业，肃清了帝国主义在华的保险垄断势力，同时建立了中国人民自己的保险公司，使我国保险市场的结构发生了根本性的变化，独立自主的保险市场终于取代了长期以来由外国资本垄断的保险市场，我国保险业得到了很快的发展，对促进国民经济的恢复和发展、提高人民福利、安定社会秩序，起到了一定作用。

然而好景不长，由于人们对社会主义公有制理解上的误差和对保险业认识的偏见，新中国的保险业受到了严重的磨难，国内保险业务停办长达20年之久，国外业务除可以吸收外汇的出口业务被保留之外，其余的都被停办。由此造成的损失巨大，难以弥补，不仅中断了保险基金的积累，而且加大了财政负担，使新中国成立后刚刚建立起来的人民保险事业全部夭折，保险人才断层。

党的十一届三中全会确立了以经济建设为中心的指导思想，实行改革开放政策，使我国保险业重获新生。为适应经济体制改革和对外开放的需要，1979年4月，在国务院批转的《中国人民银行分行行长会议纪要》中，明确提出要开展保险业务。同年11月，全国保险工作会议决定从1980年起恢复国内保险业务，同时大力发展涉外保险业务，我国保险业终于走上正轨。近30年来，我国保险

业沿着从垄断走向竞争、从国内局部竞争走向国内全面竞争、从国内竞争走向国际竞争的轨迹发展起来，取得了巨大的成就。其发展特点可从以下几个方面来分析。

一、保险业务发展迅速

随着国内保险业务的全面恢复，业务规模迅速扩大，保险深度和密度不断提高，我国保险业得到了快速的发展。

1980～2007年，我国保险业的保费收入由4.6亿元增加到7033.4亿元，年平均增长56.59%，远远高于同期GDP的增长速度；保险深度由0.1%发展到2.85%，增加了27倍；保险密度由0.47元/人增至533元/人，增加了上千倍。从表4-1中可以清楚地看到我国保险业持续快速发展的状况。

表4-1 我国保险业发展指标

年份	GDP/亿元	人均GDP/元	GDP增长率/%	保费收入/亿元	保费增长率/%	保险密度/(元/人)	保险深度/%
1980	4 545.6	463	7.8	4.6	–	0.47	0.10
1981	4 891.6	492	5.2	7.8	69.56	0.78	0.16
1982	5 323.4	528	9.1	10.3	32.05	1.01	0.20
1983	5 962.7	583	10.9	13.2	28.16	1.28	0.23
1984	7 208.1	695	15.2	20.0	51.52	1.92	0.39
1985	9 016.0	858	13.5	33.1	65.50	3.13	0.39
1986	10 275.2	963	8.8	45.8	38.37	4.26	0.65
1987	12 058.6	1 112	11.6	71.1	55.24	6.51	0.67
1988	15 042.8	1 366	11.3	109.5	54.01	9.86	0.72
1989	16 992.3	1 519	4.1	142.4	30.05	12.64	0.77
1990	18 667.8	1 644	3.8	177.9	24.93	15.56	0.85
1991	21 781.5	1 893	9.2	235.6	32.43	20.35	0.9
1992	26 923.5	2 311	14.2	367.9	56.15	31.39	1.00
1993	35 333.9	2 998	13.5	499.6	35.80	42.16	0.98
1994	48 197.9	4 044	12.6	600.0	20.09	49.00	0.97
1995	60 793.7	5 046	10.5	683.0	13.83	56.39	1.17
1996	71 176.6	5 846	9.6	800.7	17.23	71.44	1.28

续表

年份	GDP/亿元	人均 GDP /元	GDP 增长率 /%	保费收入 /亿元	保费增长率 /%	保险密度 /(元/人)	保险深度 /%
1997	78 973.0	6 420	8.8	1 087.4	35.81	90.00	1.49
1998	84 402.3	6 796	7.8	1 247.3	15.97	102.2	1.62
1999	89 677.1	7 159	7.1	1 393.2	11.70	114.2	1.75
2000	99 214.6	7 858	8.0	1 595.9	14.55	127.7	1.80
2001	109 655.2	8 622	7.3	2 112.3	32.04	168.98	2.20
2002	120 332.7	9 398	8.0	3 053.1	44.59	237.6	3.00
2003	135 822.8	10 542	9.1	3 880.4	27.10	287.4	3.33
2004	159 878.3	12 336	10.1	4 318.1	11.28	332.00	3.40
2005	183 217.4	14 103	9.9	4 928.4	14.13	379	2.70
2006	211 923.5	16 084	11.1	5 640.15	14.44	431	2.80
2007	249 529.9	18 885	11.4	7 033.4	24.70	533	2.85

注：增长率为扣除通货膨胀因素后的实际增长率。

资料来源：①GDP 数据来自《中国统计年鉴（2007）》；②保险数据来自吴定富．2004．中国保险业发展改革报告（1979～2003）．北京：中国经济出版社：26；《中国保险年鉴》（2005～2008）

由表 4-1 分析得出，20 世纪 80 年代，我国保费收入的平均值为 45.78 亿元，平均增长率为 47.16%，保险密度平均值为 4.19 元/人，保险深度平均值为 0.43%，保险业的快速发展与我国实施对外开放的政策相关，但我国保险业刚刚起步，与西方发达国家相差甚远。1990～1996 年，我国的保险深度、保险密度都有较快增长，保险密度平均值为 40.90 元/人，平均增长率为 28.28%；保险深度平均值为 1.02%，平均增长率为 7.5%。1997 年开始，我国国民经济进入稳步发展时期，GDP 增长率保持在 8% 左右，不过保险业却没有放慢脚步，保费仍然以较快速度增长，1997 年保费的增长率为 35.81%，但 1998～2000 年三年的保费增长率有所下降，在 15% 左右。入世后，我国保险业进入腾飞阶段，2001～2006 年，我国保费收入由 2112.3 亿元增长到 5640.15 亿元，平均保费增长率为 33.4%，期间保险密度平均值为 306 元/人，保险深度平均值为 2.91%，这三个衡量我国保险业发展水平的指标都有很大的提高。可以看出，我国保险业入世后出现了前所未有的快速、稳健的发展，入世成为我国保险业加快发展的契机。

二、保险市场主体不断增加

随着保险业务的快速发展，我国保险市场主体也迅速扩张，保险市场体系初步建立。根据保险市场主体数量的变化，大致将其分为四个阶段，如表 4-2 所示。

表 4-2 我国保险市场主体变化情况

阶段	市场主体变化
一统天下	1980~1985年中国人民保险公司在国内业务逐步恢复、快速发展，并在组织上不断完善
三足鼎立	1986年新疆兵团保险公司成立，结束了多年来中国保险业只有中国人民保险公司独家垄断的历史 1988年成立了深圳平安保险公司 1991年成立了中国太平洋保险公司
外资进入	1992年美国友邦保险公司上海分公司在上海开业 1994年日本东京海上火灾保险公司在上海营业 1995年大众保险股份有限公司在上海成立 1996年新华人寿、泰康人寿和华泰财险3家全国性的保险公司成立，另外2家地方性的保险公司也成立 1996~1998年，加拿大宏利保险公司、瑞士丰泰保险公司、法国安盛保险公司、德国安联保险公司、美国安泰保险公司、英国皇家太阳保险公司、澳大利亚康联保险公司等相继在我国开业 截至1999年底，我国共有保险公司26家。其中国有独资公司4家，中外合资4家，股份制保险公司9家，外资保险公司9家，另外还有几家在筹建当中
多元化	2000年，中保康联、信诚人寿、美国联邦保险公司、恒康天安保险公司成立 2001年，6家外国保险公司进入中国市场，16家外资保险公司营业机构开业；光大永明、海尔－纽约人寿合资寿险公司开业 2002年11月1日，恒安人寿和英国标准人寿保险公司获准筹建合资公司——恒安标准人寿 2003年，民生人寿等保险公司开业 2004年，中国保监会批准筹建18家中资保险公司，后增至22家 2005年，新增保险公司22家，我国首家农业相互保险公司和首家专业健康险公司成立 2006年，新增保险公司9家，“中华保险”实施“由一变三”第一步：中华联合财产保险股份有限公司成立 截至2006年底，全国共有保险公司98家，其中保险集团和控股公司7家，财产险公司38家，人身险公司48家，再保险公司5家，保险资产管理公司9家

从表4-2中可以看出，实际上，中国保险业从“一统天下”到“三足鼎立”，从“外资进入”再到趋向保险市场主体的“多元化”，经历了一个市场主体不断扩大、市场竞争逐步激烈的过程。

（1）中国人民保险公司一统天下（1980~1985年）。这一时期，我国是封闭性、垄断性的保险市场，中国人民保险公司作为唯一的保险公司，在国内按照行政区划设立保险机构，在全国范围内完全垄断经营保险业务，整个保险业计划性、行政性、命令性较强，而市场性较弱。多依照“红头文件”和行政命令，或行业垄断权（如银行信贷等），理赔方面随机性较强，技术性不足。所以说，这一时期保险资源主要靠计划来配置，行业效率低下。

（2）国内保险竞争市场初步构建（1986～1991年）。这一时期，新疆兵团保险公司、深圳平安保险公司、中国太平洋保险公司先后成立，这些保险公司在国内大部分地区设立分支机构，开展保险业务，在一定区域内和一定程度上打破了中国人民保险公司垄断经营保险业务的局面，保险市场开始出现竞争局面。但这一阶段的保险竞争仍然是一种初级竞争，竞争的目的、手段、意义都存在一定的盲目性，竞争的形式主要是设立分支机构、抢占地盘，而保险业管理创新、产品创新、人才资源的开发与应用、效率意识等都有较强的局限性。

（3）保险市场逐步开放（1992～1999年）。1992年以后，逐步有外资保险公司进入中国市场，但也仅限在几个规定的城市，数量不多。这是由于中国政府对开放保险市场采取了审慎的态度，保险监管机构对外资保险公司的经营活动规定了若干条件。例如，在市场准入方面，申请在华开业的外资保险公司必须有30年以上的经营历史，资产总额必须在50亿美元以上，在华设立代表处须在两年以上；在开放区域方面，仅有上海、广州两城市允许外资保险公司进入；在业务上，外资财产险公司只能经营外资企业的保险业务，不能经营法定保险；外资人寿保险公司只能经营个人业务而不能涉足团体业务，其资本、各项准备金及其他资产也只能在中国境内运营；组织形式上，在华经营寿险业务的外资保险商只能与中方组建合资公司，不允许以独资等形式介入。

（4）保险市场多元化（2000年至今）。我国保险市场主体增加最快的时期是入世前后的三四年内，为了迎接外国保险公司的挑战，国内进入保险市场的门槛降低。我国保险市场首先对内开放，中小保险公司纷纷在全国各地成立，外国保险公司以独资或合资的方式进入我国保险市场，抢占市场份额。在短短的四五年内全国保险公司增加了60多家，入世后我国保险市场的主体朝着“多元化”发展。截至2008年底，保险公司数量达130家，保险专业中介机构2445家，兼业代理机构136 634家。

经过近30年的发展，我国保险市场初步形成了一个以国有独资保险公司和股份制保险公司为主、中外保险公司并存、多家保险公司竞争的市场格局。

三、保险法律体系趋于完善

市场经济就是法制经济，其健康发展必须有法制的规范和保障，而市场本身的局限性和消极性，也需要法制加以纠正和引导。保险法规是保险市场健康发展的保证，没有健康的保险法制体系，就很难建立竞争有序的保险市场。

从1949年新中国成立到1979年保险业恢复期间，政府对保险业的作用认识不清，造成了我国保险业停业达20年之久，保险立法工作也停滞不前。期间的保险立法工作缺乏系统性、完善性。

自1980年我国保险业恢复以来，我国先后颁布了一系列规范保险业发展的法律、法规和规范性文件，其中主要的法律、法规和规章如表4-3所示。

表4-3 1980年以来我国颁布的有关保险业的法律、法规和规章

颁布时间	法律、法规和规章	内容	意义
1983年9月1日	《中华人民共和国财产保险合同条例》	共5章23条，实际上是经济合同法的实施细则	新中国成立以来第一部财产保险合同方面的规范性法律文件，起到了部分保险合同法的作用
1985年3月3日	《中华人民共和国保险企业管理暂行条例》	共6章24条：总则、保险企业的设立、中国人民保险公司、偿付能力和保险准备金、再保险、附则等	仅有的一部临时性、行政管理性的保险法规
1992年9月11日	《上海外资保险机构暂行管理办法》	共8章44条：总则、设立与登记、资本金和业务范围、业务管理、投资、清理与解散、罚则、附则等	首例对外资保险机构监管的法规
1992年11月7日	《中华人民共和国海商法》	共15章278条。设立了海上保险专章，参照国际海上保险惯例，结合我国具体情况，对海上保险作了比较具体的规定	使我国海上运输、海上保险与国际接轨迈出了重要的一步，具有较强的先进性与国际性
1995年6月30日	《中华人民共和国保险法》	该法律集保险合同法与保险业法于一身，共8章151条：总则、保险合同、保险公司、保险经营规则、保险业的监督管理、保险代理人及保险经纪人、法律责任及附则	彻底结束了我国保险业无法可依的局面，是我国保险法制建设史上的一个重要里程碑，掀开了中国保险业发展新的一页
1996年7月25日	《保险管理暂行规定》	共11章90条：总则、保险机构的设立变更和终止、保险公司的业务范围、保险资金管理及运用、许可证管理、保险条款和保险费率管理、保险公司偿付能力管理、保险经营行为管理、监督管理、罚则、附则	使保险公司管理体制发生了重大变化，保险公司的保险业务由多业经营转向分业经营；保险资金运用发生了重大转变，改变了过去放开经营的做法
1997年11月3日	《保险代理人管理规定（试行）》	共9章82条：总则、资格、专业代理人、兼业代理人、个人代理人、执业管理、保险代理合同、罚则、附则	对如何管理各种代理人作出了具体规定。1996年2月2日中国人民银行发布的《保险代理人管理暂行规定》同时废止

续表

颁布时间	法律法规	内容	意义
1998 年 2 月 16 日	《保险经纪人管理规定（试行）》	共 6 章 74 条：总则、从业资格、保险经纪公司的设立变更和终止、执业管理、罚则、附则	就保险经纪人行为作出了规范
1999 年 1 月 11 日	《保险机构高级管理人员任职资格管理暂行规定》	共 5 章 32 条：总则、任职资格条件、任职资格审查与管理、任职资格取消、附则	对保险机构高级管理人员任职资格进行了严格的规范
1999 年 3 月 1 日	《机动车辆保险条款》、《机动车辆保险费率》	基本险包括保险责任、责任免除、保险金额和赔偿限额、赔偿处理、被保险人义务、无赔款优待、其他事项。另外还有附加险。新版车险保单、条款及费率正式启用	新保单及条款的启用，有效打击了车险市场上的高手续费率、高保费返还和低费率等违法违规行为，强化了市场监管。1995 年车险相关规定被废止
1999 年 5 月 20 日	《保险公司购买中央企业债券管理办法》	界定了中央企业债券概念、购买的比例、购买规定等共 11 条	保证保险公司资金运用的流动性、安全性、盈利性
1999 年 8 月 5 日	《保险公司内部控制制度建设指导原则》	共 10 章 68 条：总则、内部控制建设的目标和原则、内部控制的要素、组织机构系统、决策系统、执行系统、稽核监督系统、支持保障系统、内部控制制度的管理与监督、附则	防范经营风险，建立、健全保险公司内部控制制度
1999 年 10 月 29 日	《保险公司投资证券投资基金管理暂行办法》	共 6 章 25 条：总则、资格条件、申报及审批程序、风险控制和监督管理、罚则、附则	加强对保险资金运用的管理，防范风险
1999 年 11 月 26 日	《外资保险机构驻华代表机构管理暂行办法》	共 5 章 37 条：总则、申请与设立、监督管理、罚则、附则	加强了对外资保险机构常驻中华人民共和国代表机构的管理
1999 年 12 月 1 日	《法定分保条件》	界定法定分保的对象、分保限额等共 20 条	对法定分保业务实行管理，加强风险控制
1999 年 12 月 24 日	《向保险公司投资入股暂行办法》	对向保险公司投资入股的 17 条规定	有利于保险公司吸收社会资金，增加保险公司的偿付能力，保证保险公司资本来源正当、结构合理
1999 年 12 月 27 日	《保险公司证券回购和基金投资业务会计处理规定》	分别从会计科目、会计报表两个方面作了规范	规范了保险公司证券回购和基金投资业务的会计核算

续表

颁布时间	法律法规	内容	意义
2000 年 1 月 14 日	《保险公估人管理规定》（试行）	58 条，包括总则、从业资格、保险公估公司设立变更和终止、执业管理、罚则、附则	规范了保险公估人的行为，保障社会公众的合法权益
2000 年 2 月 3 日	《人身保险产品备案管理暂行办法》	共 5 章 19 条：总则、精算负责人、法律负责人、报备产品、罚则、附则。主要明确了对传统产品的备案管理程序	标志着我国开始实施精算责任人和法律责任人制度
2000 年 2 月 4 日	《财产险法定分保条件实施细则》	共 16 条：业务范围、业务险别分类、业务申报、出险通知、现金赔款、大灾预付赔款、业务报表、保费准备金、分保手续费调整、纯益手续费、未满期保费及未决赔款、分保账单、分保账务结算、业务查核、违规处理、生效日期	规定了财产险法定分保业务的实施细则，保证法定分保正常运作
2000 年 2 月 4 日	《机动车辆保险条款》、《机动车辆保险费率规章》	包括基本险和附加险，但附加险不能独立保险	进一步加强机动车辆保险条款、费率的可操作性。同时废止 1999 年 3 月 1 日的《机动车辆保险条款》和《机动车辆保险费率》
2000 年 2 月 18 日	《分红保险管理暂行办法》和《投资连结保险管理暂行办法》	前者共 23 条，后者共 25 条，包括分红保险和投资连结的含义，产品申报的条件、销售、费用率、管理及处罚的规定等	界定、规范了分红保险和投资连结保险
2000 年 3 月 6 日	《人身险法定分保条件实施细则》	共 16 条：总则、生效日期、业务范围、分保费、预付分保手续费、业务申报、赔案处理、现金赔款、业务报表、季度分保账单及结算、未满期保费、未决赔款、分保手续费调整、业务核算、违规处理及附则	对人身险法定分保的实施作出细则规定，有利于贯彻落实《中华人民共和国保险法》
2000 年 3 月 31 日	《长期健康险法定分保条件》	共 19 条 5 个附件：分出人的权利与义务、接受人的权利与义务、分保比例、摊回费用、纯益手续费的计算、违约及争议的处理等规定	对长期健康险法定分保条件作了具体规定

续表

颁布时间	法律法规	内容	意义
2000 年 4 月 1 日	《向保险公司投资入股暂行规定》	共 17 条，包括可向保险公司投资的主体的资格与条件，不得向保险公司投资的主体列示及投资的相应要求	对 1999 年 12 月 24 日中国保监会发布的《向保险公司投资入股暂行办法》的部分条款作了修改。取消了原有规则中不合理的条款，补充细化了其他合理条款
2000 年 8 月 4 日	《财产保险条款费率管理暂行办法》	共两部分 31 条：总则、条款费率的基本要素、条款类型、申报材料、备案程序、条款费率监管、法律负责人、罚则、附则	加强对财产保险条款和费率的管理，鼓励保险公司积极开发新产品
2000 年 8 月 4 日	《保险兼业代理管理暂行办法》	共 6 章 4 条：总则、代理资格管理、代理关系管理、执业管理、罚则、附则	加强对保险兼业代理人的管理，规范保险兼业代理行为
2001 年 4 月 3 日	《保险公司最低偿付能力及监管指标管理规定》	分别确定了各类公司的最低偿付标准，并对保险公司财务、资金运用、投资收益等方面设立了监管指标值，最后将根据综合评分情况确立不同的干预标准	我国第一份比较系统全面的关于偿付能力监管的保险规章
2001 年 11 月 16 日	《保险代理机构管理规定》	共 8 章 84 条：总则、设立、变更与终止、从业资格、经营管理、监督检查、罚则、附则	有利于保护投保人、被保险人的合法权益，进一步规范保险代理机构、经纪公司及公估机构管理，维护公平竞争的市场秩序，防范保险风险。 同时废止 2000 年 1 月 14 日中国保监会颁布的《保险公估机构管理规定（试行）》
	《保险经纪公司管理规定》	共 8 章 84 条：总则、设立、变更和终止、从业资格、经营管理、监督检查、罚则、附则	
	《保险公估机构管理规定》	共 8 章 81 条：总则、设立、变更和终止、从业资格、经营管理、监督检查、罚则、附则	
2001 年 12 月 22 日	《中华人民共和国外资保险公司管理条例》	共 7 章 40 条：总则、设立与登记、业务范围、监督管理、终止与清算、法律责任、附则	适应对外开放和经济发展的需要，加强和完善对外资保险公司的监督管理
2002 年 9 月 17 日	《再保险公司设立规定》	关于再保险公司经营范围、资本金的规定等共 10 条	促进再保险市场的发展，规范再保险公司的设立

续表

颁布时间	法律法规	内容	意义
2002年10月28日	《关于修改〈中华人民共和国保险法〉的决定》	对许多不符合入世承诺的条款如原《保险法》第93条规定的提取和结转责任准备金的比例、第101条规定的办理再保险的比例等问题作了修改	对1995年的《中华人民共和国保险法》进行了修改，其显著特色是与国际惯例接轨和对被保险人利益的保护
2003年3月24日	《保险公司偿付能力额度及监管指标管理规定》	共6章22条。明确有关概念和指标的含义及取值口径，改变了资产和负债的分类标准，改变了资产认可的假设基础、认可方式和计价属性，参照国际惯例提高了对保险责任准备金的要求，完善了偿付能力预警指标体系、偿付能力报告制度，提出了对偿付能力不足公司“分类指导”的监管原则和各种具体监管措施等	我国初步建立了保险业偿付能力监管制度框架，标志着保险监管向市场化、国际化和专业化迈出了实质性的一步。废止《保险公司最低偿付能力及监管指标管理规定》
2003年7月23日	《关于修改 < 保险公司高级管理人员任职资格管理规定 > 有关条文的决定》	包括：对高级管理人员的界定；担任保险公司高级管理人员应具备的条件；高管的任命、免除、指定，处罚等	为适应保险业快速发展的需要，吸引更多优秀管理人才参与保险业的建设和发展
2004年3月15日	《保险公司管理规定》	共7章105条：总则、保险机构、保险经营、保险条款和保险费率、保险资金及保险公司偿付能力、监督检查、附则	加强了保险公司的监督管理，维护了保险市场的正常秩序，保护了被保险人的合法权益，促进了保险业健康发展
2004年5月24日	《中华人民共和国外资保险公司管理条例实施细则》	共47条，对外资保险公司及分支机构的设立、合资公司持股比例、经营进行相应具体的规定说明。还对外资保险公司解散、清算和撤销等作出了清晰明确的规定，同时根据行政审批制度改革的有关要求，对外资保险公司的申请和审批事项作出了规定	降低了对外资进入中国保险业的资本要求，再次强调了外资在人寿保险公司中的比例不得超过50%，这在一定程度上也限制了外资公司多头并进的可能。是2001年颁布的《外资保险公司管理条例》的实施细则
2004年6月29日	《人身保险产品审批和备案管理办法》	共7章51条：总则、审批和备案范围、审批和备案材料、审批和备案程序、精算负责人和法律负责人、法律责任、附则	规范了对人身保险公司开发产品的审批和备案管理

续表

颁布时间	法律法规	内容	意义
2004年12月1日	《保险代理机构管理规定》	共8章151条。放宽了高级管理人员学历、专业要求，强调高级管理人员的管理经历和管理能力。对许可证管理、分支机构设立、变更事项管理等方面都制定了较为详细规范的管理流程，比原规章更加细致。同样适用外资保险代理机构	两部规章的施行标志着保险中介法规制度日趋完善和成熟，中国保险业已开始对外资全面开放。同时废止2001年11月16日颁布的《保险代理机构管理规定》和《保险经纪公司管理规定》
	《保险经纪机构管理规定》	共7章142条。降低了原有规章中有限责任公司需要人民币1000万元注册资本的要求，规定合伙制及有限责任公司制保险经纪机构的资本金为500万元人民币，外资保险经纪机构也适用	
2005年2月28日	《保险中介机构法人治理指引（试行）》	共7章66条：总则、股东和股东（大）会、董事和董事会、经理层、监视和监事会、激励约束机制、附则	推动保险中介机构建立和完善现代企业制度，促进保险中介机构规范经营和持续健康发展
	《保险中介机构内部控制指引（试行）》	共8章100条：总则、内部控制的基本要求、内部会计控制、业务经营控制、组织架构控制、计算机系统控制、内部控制的监督与纠正、附则	有利于规范保险中介机构内部运行，防范经营风险，促进保险中介机构安全稳健运行
2005年10月14日	《再保险业务管理规定》	共6章35条。要求财产再保险应当优先向中国境内至少两家专业再保险公司发出要约，并且要约分出的份额之和不得低于分出业务的50%。对风险集中的程度规定了限制性比例，即每一危险单位分给同一家再保险分入公司的业务量不得超过直接保险业务的80%	我国第一部再保险专门法规。有利于培育和发展再保险市场，分散保险经营风险，实现保险业健康协调可持续发展
2005年11月10日	《财产保险公司保险条款和保险费率管理办法》	共8章44条。将保险产品的管理方式简化为审批和备案，仅对机动车辆保险、强制保险、投资型保险、保险期间超过1年的保证保险和信用保险4类险种实施行政审批，其他险种保险条款备案即可	充分体现了简化行政审批、鼓励产品创新、提高监管效率的原则，适应了财产保险市场稳定持续健康快速发展的需要

续表

颁布时间	法律法规	内容	意义
2005年11月18日	《人身保险保单标准化工作指引（试行)》	共3章，包括对一般人身保险合同的统一要求，针对不同产品类型的特别要求，对保险合同构成的基本要件、制作规格、条款有关内容的表达要点、最小字号、行间距等作出要求	提升全行业服务水平，提高保单信息的准确性、全面性及可读性，保护消费者利益
2006年3月21日	《机动车交通事故责任强制保险条例》	共5章46条：总则、投保、赔偿、罚则、附则。机动车交通事故责任强制保险实行统一的保险条款和基础保险费率，而保监会可以要求或者允许保险公司相应地调整保险费率	第一个立法予以强制实施的保险险种。使机动车第三者责任险强制实行，保障机动车道路交通事故受害人依法得到赔偿
2006年3月30日	《中国保险监督管理委员会规章制定程序规定》	共7章38条：总则、立项、起草、审核、发布与备案、废止和解释、附则。规定不得增设新的行政许可项目，增设的行政处罚种类仅限于警告及3万元以下罚款	规范中国保监会的规章制定工作，促进保险行政立法的程序化和科学化，提高规章质量
2006年4月6日	《保险营销员管理规定》	共8章64条：总则、资格管理、展业登记管理、展业行为管理、岗前培训与后续教育、保险公司的管理责任、附则。着重规范营销员的市场行为，强调了保单除外责任、犹豫期、退保条款，特别是新型人身保险产品销售的说明义务	规范保险营销员的营销活动，维护保险市场秩序，保护投保人和被保险人的合法权益
2006年7月12日	《保险公司董事和高级管理人员任职资格管理规定》	共6章55条。将总公司董事会秘书、合规负责人、总精算师、财务负责人纳入对保险公司高管人员审核的范围；中国保监会及其派出机构对董事、高管人员任职资格的审查，实行核准制和报告制	加强和完善对保险公司董事和高级管理人员的管理，保障保险公司稳健经营
2006年7月12日	《外国保险机构驻华代表机构管理办法》	共5章47条：总则、申请与设立、监督管理、法律责任、附则。进驻中国的外资保险必须经营20年以上。受到3次以上行政处罚的代表机构，将被剥夺设立保险公司的资质	加强对外国保险机构驻华代表机构的管理，适应中国保险市场对外全面开放的监管需要。2004年1月制定的同名管理办法同日被废止

续表

颁布时间	法律法规	内容	意义
2006 年 7 月 12 日	《非保险机构投资境外保险类企业管理办法》	共 16 条，从投资申请、投资管理、监督检查、法律责任等方面对非保险机构境外投资的活动进行了明确规范	加强对非保险机构在境外投资保险类企业的监管，促进保险业健康发展
2006 年 7 月 31 日	《保险公司设立境外保险类机构管理办法》	共 6 章 39 条。从投资申请、投资管理、监督检查、法律责任等方面对保险公司境外设立保险类企业的活动进行了明确规范	加强管理保险公司设立境外保险类机构的活动，防范风险，保障被保险人的利益
2006 年 8 月 7 日	《健康保险管理办法》	共 6 章 39 条：总则、经营管理、产品管理、销售管理、精算要求、再保险管理、法律责任、附则。新增“护理保险”；短期产品费率可浮动；保险公司需强化信息披露；不得设置不合理给付条件	促进健康保险的发展，规范健康保险的经营行为，保护健康保险活动当事人的合法权益

除了以上法律、法规和规章之外，还有《中华人民共和国会计法》中有关保险的规定，财政部制定的《保险公司财务制度》、《保险公司会计制度》，另外还有大量中国人民银行发布的（在中国保监会成立之前），以及中国保监会发布的“通知”、“批复”、“函”、“复函”、“答复”“公告”等，这些是具有普遍约束力或指导性的规范性文件，其中以“通知”居多，仅 1999 年中国保监会发布的“通知”就有 100 多件。可见我国保险法制体系是个繁杂的庞大体系。

通过对表 4-3 的分析，可以将保险法律体系的发展过程分为三个阶段：

（1）第一阶段，《保险法》颁布之前。在《保险法》颁布之前，为适应加强保险业监管、维护保险市场秩序、促进保险业健康发展的需要，国家先后出台了一系列规范保险活动和保险监管的法律、法规。但由于这一时期我国保险市场还处于起步发展阶段，市场主体单一，保险经营范围有限，保险监管工作比较薄弱，因此，尚未形成一套较为完整的保险法律、法规。

（2）第二阶段，《保险法》颁布之后。《保险法》的颁布实施是中国保险法制史上一个具有分水岭意义的事件，标志着我国保险业进入了有法可依、依法经营、依法监管的新阶段。《保险法》颁布后，为配合《保险法》的施行，中国人民银行相继制定了一系列配套的规章制度。特别是 1998 年 11 月中国保监会正式成立，根据市场发展的实际情况，对保险监管制度和保险业的行为规范作了整理、修改和补充，相继出台了一系列规章和规范性文件，初步形成由《保险法》、其他法律中的相关规定、少量的行政法规、大量的部门规章和比部门规章更多的规范性文件组成的保险法制体系。

（3）第三阶段，《保险法》的修改。随着金融体制改革不断深化、市场机制的作用日益增强，尤其是加入世界贸易组织以后，我国对外开放和与国际接轨的步伐进一步加快，保险市场主体大量增加，业务规模迅速扩大，保险产品日益丰富。这些客观形势的变化使得《保险法》的一些不足逐渐显露出来，如个别条文与我国加入 WTO 的承诺不符，一些条文已不适应加强保险监管、加快保险业改革和发展的要求。本次修改的条文占原条文的 1/4，基本着眼于保险业法，而未对保险合同法的内容作直接触及。在入世后我国保险业对外开放“前过渡期”即将结束之际，根据保险业的内部结构和外部环境变化的要求，2004 年 10 月《中华人民共和国保险法》第二次修改工作开始启动。与此同时，大量涉及保险经营主体管理、保险产品管理、保险资金运用监管、专业人员管理、偿付能力监管及其他经营规则等方面的保险行政法规、规章相继出台或修改，形成对现有《保险法》的配套与补充。特别是在 2006 年底保险业全面开放的背景下，又相继出台了一系列政策、法规、实施细则与管理办法，如国务院颁布的《关于保险业改革发展的若干意见》等，适应了我国保险业进入全面对外开放阶段保险经营将日益呈现的国际化趋势。

经过近 30 年的发展，我国已基本形成一个比较完善的保险法律制度体系（江生忠，2005），其中，以中国的宪法、政策和世界贸易组织关于服务贸易自由化法律体系为背景法律依据，以相关法律法规和国际性法律原则、惯例为辅助，以保险专业性法律法规为支柱，如图 4-1 所示。

总的来说，我国保险法律法规体系已经较为完善，基本涵盖了保险合同行为、保险经营和保险监管的各个环节，保险经营和保险监管的主要方面基本做到了有法可依，初步形成了较为健全的符合我国保险工作实际的法律法规体系。这些立法反映了我国保险业发展的进程，总结了改革开放以来保险业改革发展的成果，为依法经营和依法监管奠定了比较坚实的立法基础。保险监管机构严格执法，对于规范保险经营行为、提高保险公司的经营管理水平、保护活动当事人的合法权益、加强和改善保险监管有重要意义，有力地保障和推动了保险事业的健康发展。今后，我们还需跟上时代的脚步，不断对保险法律体系进行修改完善，使其能更好地促进保险业的持续健康发展。

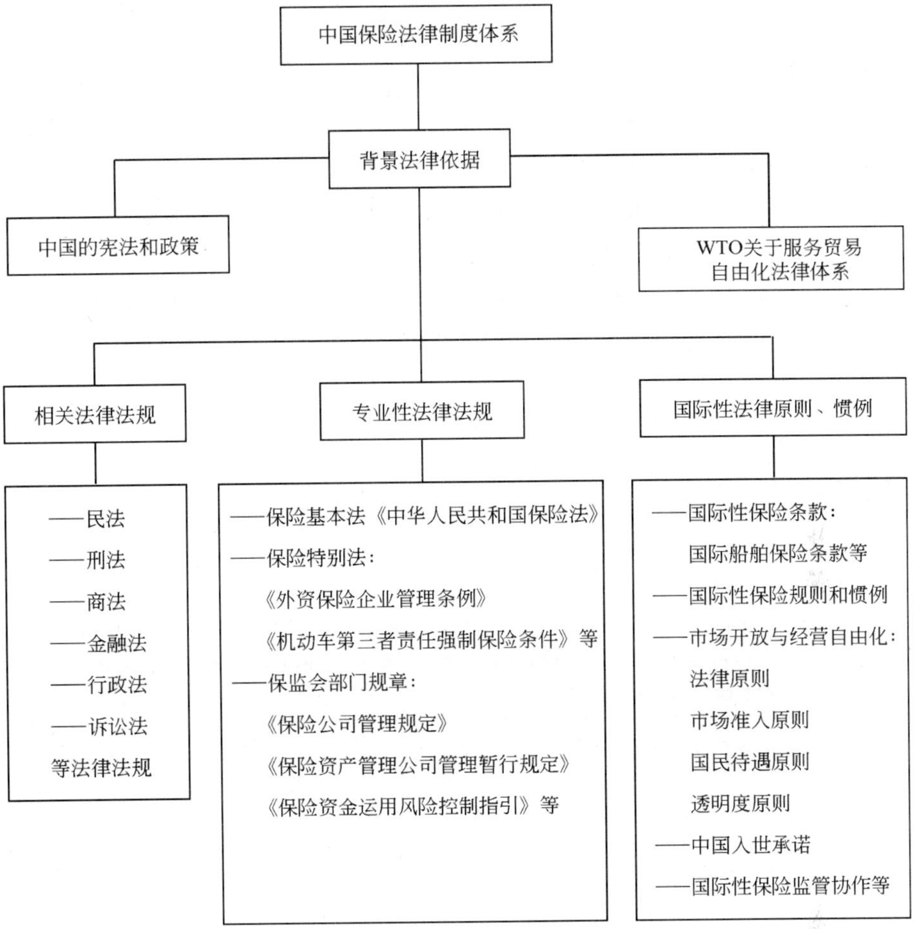

图 4-1 中国保险法律制度体系架构

四、保险市场不断开放

我国保险市场是一个巨大潜在的市场，对国外保险公司有很大的诱惑力，外资保险公司争先抢占我国保险市场。表 4-4 介绍了我国保险市场对外开放的历程。

表 4-4 我国保险市场对外开放的历程

时间	市场开放情况
1980 ~ 1988 年	先后有美国、英国和日本的 16 家保险公司在中国设立代表处或联络机构
1992 年	国务院批准在上海进行保险市场开放，美国友邦保险公司获准在上海设立分公司（第一家外资保险公司），中国保险市场的大门从此对外打开

续表

时间	市场开放情况
1993 年	第一家外资经纪人公司——英国赛奇维克保险与风险咨询（中国）有限公司在北京营业
1994 年	日本东京海上火灾保险公司上海分公司在上海开业
1995 年	国务院批准保险对外开放的试点城市从上海扩大到广州，并批准友邦保险公司和美亚保险公司在广州设立分公司
1996 年	加拿大宏利人寿保险公司和中化集团所属的对外贸易信托投资公司合资在上海成立中宏人寿保险公司（第一家中外合资保险公司），瑞士丰泰保险有限公司上海分公司成立
1997 年	批准法国安盛、德国安联和美国安泰 3 家保险公司与我国保险公司成立合资保险公司
1998 年	英国皇家太阳联合和澳大利亚康联保险公司进入我国
2000 年	美国联邦保险公司进入我国
2001 年	韩国三星火灾海上保险公司、日本三井海上火灾保险公司 2 家获准在上海开分公司，德国安联、德国格宁、瑞士苏黎世、美国全美人寿、英国商联、法国国家人寿、日本生命、美国纽约人寿、美国大都会人寿、美国友邦保险等获准筹建 13 家公司（分公司），恒安人寿保险股份有限公司、东方人寿保险股份有限公司、生命人寿保险股份有限公司 3 家获准成立
2002 年	海康和海尔－纽约人寿合资寿险公司开业，德国慕尼黑再保险、美国友邦保险、瑞士再保险、中宏人寿 4 家获准筹建分公司，英国标准人寿、美国利宝互助和日本财产 3 家外资公司在华筹建营业性机构
2003 年	首家中外合资保险经纪公司中怡保险经纪有限责任公司在上海开业，日本财产大连分公司、海康人寿、瑞泰人寿、招商信诺、信诚人寿北京分公司，以及慕尼黑再保险北京分公司和瑞士再保险北京分公司共 8 家获准开业；金盛人寿广州分公司和恒安标准人寿 2 家获准成立；英国 GAB 罗便士国际保险公估集团公司、法国安盟、中意人寿、德国通用再保险、美国利宝互助 5 家获准筹建公司
2004 年	2004 年 12 月 11 日起取消所有保险及相关服务业地域限制，并允许外国保险公司向外国和中国公民提供健康险、团体险和养老金（年金险）服务，标志入世后中国保险业“前过渡期”结束
2005 年	有 3 家外国保险公司获准进入，25 个外资保险营业机构在华开业
2006 年	大东方人寿保险有限公司、重庆市地产集团在重庆市设立“中新大东方人寿保险有限公司”，苏黎世保险公司在北京设立“苏黎世保险公司北京分公司”。截至 2006 年底，我国保险市场上共有 41 家外资保险公司，来自 20 个国家和地区的 133 家外资保险公司在华设立了 195 家代表处，特别是允许保险经纪设立外商独资公司，标志入世后中国保险业“过渡期”结束，实现全面开放

通过对表 4-4 的分析，根据各年对外开放的特点，将保险业对外开放历程大致分为以下三个阶段：

第一阶段，保险业对外开放的准备阶段（1980～1991 年）。开始允许一些外国保险公司设立代表处。这些代表处在促进中国保险业的对外开放交流方面发挥了积极的作用，同时，也使这些外国公司逐步了解了中国保险市场，扩大了其母公司在中国的影响，为今后进入中国保险市场奠定了基础。

第二阶段，保险业对外开放的试点阶段（1992 年～入世）。有一批外国保险公司获准进入上海、广州等试点城市。外资保险公司的经营范围主要包括：境外企业的各项保险和境内外商投资企业的财产险及与其相关的责任险，外国人和境内个人缴费的人身保险业务，以及上述两项业务的再保险。并对外资保险公司设立的条件、业务范围、资金运用以及其监管等都作出了明确的规定。

第三阶段，保险业逐步进入全方面对外开放的阶段（入世至今）。入世后，我们根据 WTO 规则的要求制定我国保险业的发展战略，在享受和保留应得权利的同时，切实履行对外开放的承诺和义务，并积极参与保险业的国际合作和竞争。2002 年共批准 6 家外国保险公司和 16 个外资保险公司营业机构进入我国保险市场，扩大了对外开放的区域；太平洋、华泰和平安保险引入海外战略投资者，太平洋完成增资扩股，中国人保、中国人寿和中国再保险股改方案获国务院批准。后又批准美国信诺保险集团、慕尼黑再保险集团、瑞士再保险集团、日本财产保险公司、美国利宝互助保险公司、英国标准人寿保险公司、法国安盟保险公司、德国科隆再保险公司等外国保险公司进入我国保险市场。2003 年，我国寿险和非寿险市场上外资份额分别为 1% 和 1.8%。

到目前为止，我国保险市场的开放宽度和广度可归纳为以下几点：

（1）外资保险公司不断增加。保险业对外开放以来，外资保险公司从无到有逐步增加。截至 2005 年底，名列《财富》世界 500 强企业中的 40 多家境外保险公司，已有 27 家在中国设立了营业机构；外资保险公司数量已经达到 40 家，超过了中资公司，市场份额占到 6.92%。

（2）开放地域不断扩大。从 1992 年在上海试点开放，到 1995 年扩展到广州，中国刚加入 WTO 时，允许外国寿险公司、非寿险公司在上海、广州、大连、深圳、佛山提供服务；加入 WTO 两年后，开放北京、成都、重庆、福州、苏州、厦门、宁波、沈阳、武汉和天津等 20 多个城市；2004 年 12 月 11 日起取消所有保险及相关服务业地域限制。

（3）业务范围逐渐扩大。入世前外资公司的基本业务范围为："除法定保险业务以外的下列的部分或全部：①境外企业的各项保险、境内外商投资企业的企业财产保险和与其有关的责任保险；②外国人和境内个人交纳的人寿保险业务；

③上述两项业务的再保险业务；④经批准的其他业务。”2003 年底可以向中国和外国客户提供全面的非寿险业务，寿险业务也将逐步从个人寿险扩大到团体险、健康险和养老保险等方面。2004 年底，外资公司逐步取得与中资保险公司相同的业务范围。

第二节 入世后保险业开放状况分析

1992 年在上海试点开放保险市场，第一家外资保险公司——美国友邦保险公司进入中国。2001 年 12 月 11 日，中国加入 WTO，这对于实力薄弱的中国保险业来说事关重大，中外力量对比太悬殊，业界内外更将保险外资的进入称为“狼来了”。2004 年 12 月 11 日，中国正式加入世界贸易组织三周年。根据加入 WTO 时的承诺，中国从这一天起取消所有保险及相关服务业地域限制，并允许外国保险公司向外国和中国公民提供健康险、团体险和养老金（年金险）服务，标志着中国保险业的对外开放又向前迈进了一步，也标志着中国保险业对外开放“前过渡期”的结束。在“前过渡期”由于受到保护，中国保险业受到的冲击并不是很大。2005 年 12 月 11 日取消强制分保，到 2006 年底允许保险经纪设立外商独资公司，标志着中国保险业的全面开放。

一、我国保险业加入 WTO 的具体承诺

我国保险业在加入 WTO 以前对外国保险公司实行严格的地域限制、业务范围限制以及股东持股比例限制。外资保险公司急于进入我国保险市场，要求取消以上各种限制，扩大对外开放。1999 年 11 月中美关于中国加入世界贸易组织的双边协议和 2000 年 5 月我国与欧盟签署的双边协议，使我国服务贸易业在入世中作出了新的市场开放承诺。在谈判中，我国政府以我国经济和社会发展的整体利益以及国民生活水平的提高为前提，坚持以我为主，逐步开放，掌握开放的主动权，基本上是以经济发展的需要为基础，分阶段、分业务领域开放，并采取了 WTO 许可的数量控制的方式，以便有效地控制开放的风险。中国保监会根据 2001 年 11 月 10 日在《中华人民共和国加入协定书》的附件 9“中华人民共和国服务贸易具体承诺减让表第 2 条最惠国待遇豁免清单”中对我国保险服务贸易具体承诺减让表，颁布了《关于印发我国加入 WTO 法律文件有关保险业内容的通知》，明确了我国加入 WTO 有关保险业开放的承诺时间，见表 4-5。

表 4-5　我国加入 WTO 法律文件有关保险业的承诺时间表

一、寿险

1. 加入时

允许外国寿险公司在上海、广州、大连、深圳和佛山设立合资公司，外资比例不超过 50%，外方可以自由选择合资伙伴。允许上述公司向外国公民和中国公民提供个人（非团体）寿险服务。

营业许可的发放不设经济需求测试或许可数量限制，设立条件如下：

（1）投资者应为 WTO 成员中有超过 30 年经营历史的外国保险公司；

（2）必须在中国设立代表处连续 2 年；

（3）在提出申请前 1 年的年末总资产不低于 50 亿美元。

2. 加入后 2 年内

开放地域扩大到北京、成都、重庆、福州、苏州、厦门、宁波、沈阳、武汉和天津。

3. 加入后 3 年内

取消地域限制，允许合资公司向中国公民和外国公民提供健康险、团体险和养老险/年金服务（除外资比例不超过 50% 及设立条件限制外，没有其他限制）。

二、非寿险

1. 加入时

允许外国非寿险公司设立跨境从事国际海运、航运和运输保险业务。允许外国非寿险公司在上海、广州、大连、深圳和佛山设立分公司或合资公司，外资比例可以达到 51%。允许上述公司从事没有地域限制的“统括保单”和大型商业险保险业务，允许提供境外企业的非寿险业务、在华外商投资企业的财产险，以及与之相关的责任险和信用险服务。

营业许可的发放不设经济需求测试或许可数量限制，设立条件与寿险公司完全相同。

2. 加入后 2 年内

允许外国非寿险公司设立独资子公司。开放地域扩大到北京、成都、重庆、福州、苏州、厦门、宁波、沈阳、武汉和天津，允许向外国和中国客户提供全面的非寿险服务。

3. 加入后 3 年内

取消地域限制（除设立条件外，没有其他限制）。

三、再保险及法定分保

1. 加入时

允许外国保险公司跨境从事再保险业务。允许外国保险公司以分公司、合资公司或独资子公司的形式提供寿险和非寿险的再保险业务，没有地域限制或发放营业许可的数量限制。

营业许可的发放不设经济需求测试或许可数量的限制，设立条件与寿险公司完全相同（除设立条件外，没有其他限制）。

加入时，必须就非寿险、个人事故和健康险的基本风险的所有业务向一家指定的中国再保险公司进行 20% 的分保。

2. 加入后 1 年内

分保比例为 15%。

3. 加入后 2 年内

分保比例为 10%。

4. 加入后 3 年内

分保比例为 5%。

5. 加入后 5 年内

取消强制分保。

续表

四、保险经纪
1. 加入时 允许外国保险经纪公司跨境从事大型商业险经纪、国际海运、航空和运输保险经纪及再保险经纪业务。允许外国保险经纪公司在上海、广州、大连、深圳和佛山设立合资公司，外资比例可以达到50%。允许上述公司从事大型商业险经纪、再保险经纪、国际海运、航空和运输险及其再保险经纪业务；同时允许其在国民待遇的基础上提供"统括保单"经纪业务。 营业许可的发放不设经济需求测试或许可数量限制，申请设立公司的最低年末总资产要求为5亿美元，其余条件与寿险公司相同。 2. 加入后1年内 申请设立公司的最低年末总资产要求为4亿美元。 3. 加入后2年内 申请设立公司的最低年末总资产要求为3亿美元。 4. 加入后3年内 取消地域限制，外资比例不超过51%。 5. 加入后4年内 申请设立公司的最低年末总资产要求为2亿美元。 6. 加入后5年内 允许设立外商独资子公司（除设立条件和业务范围限制外，没有其他限制）。

资料来源：中国保险监督管理委员会. 2002-03-12. 关于印发我国加入WTO法律文件有关保险业内容的通知（保监办发［2002］14号）

二、入世后我国保险业发展状况

入世后，我国严格按照承诺减让表的规定开放保险市场，国内保险业取得了很大的进步，在总体实力、结构调整、资金运用、中介机构、保险业监管和保险市场对外开放等方面都有了很大的发展和改善。

（一）保险业总体实力不断提高

加入WTO以来，随着外部环境的进一步改善，中国经济的稳定增长，国内保险业发展仍保持快速发展的势头。从图4-2中可以看出，保费收入在持续增长，2001年以后增长幅度明显上升，1992～2001年9年间共增长了1744.38亿元，而入世的短短三年就增长了2205.8亿元，并且保费增长率都高于同期GDP增长率，这都说明我国的保险业发展迅速。目前，中国社会政治稳定、经济发展迅速、人口基数庞大、民众生活水平提高快，各项社会保障改革措施深化推进，使国内保险市场对境内外保险公司产生了极大的吸引力。因此，我国保险业发展势头持续看好，这种高速发展还会延续若干年时间。

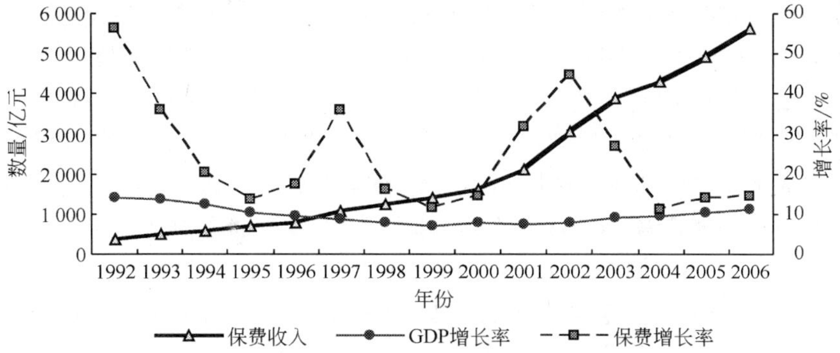

图 4-2 我国保费收入及其增长率

在我国保费收入快速增长的同时，保险密度和保险深度也有了大幅度的提高。从图 4-3 中看出，保险密度从 1992 年的 31. 4 元/人增长到 2001 年的 169 元/人，年均增长 15. 29 元/人，而入世后的保险密度年均增长为 52. 5 元/人，是入世前的 3. 43 倍；保险深度在 2003 年达到最高点，之前基本呈现出与保险密度同步增长的状态，2004 年和 2005 年后有所下降，然而，入世后保险深度仍比入世前有了很大的提高。

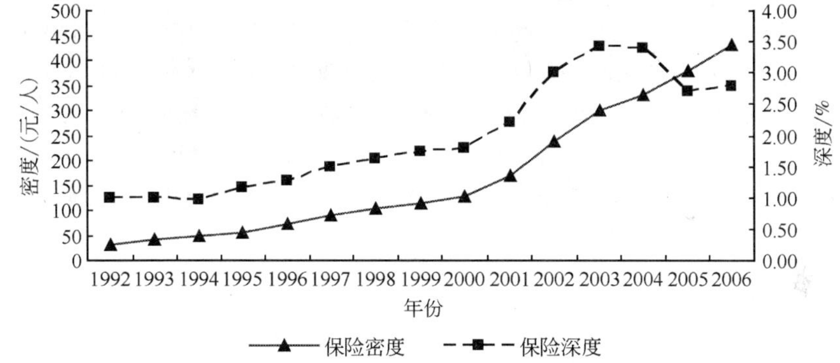

图 4-3 我国保险密度和保险深度增长状况

（二）结构调整初见成效

入世以来，随着保险公司经营观念的变化，经营层次不断提升，从单纯追求保费规模到注重速度、质量和结构效益的统一，注重自身素质的提高、内涵价值的提升和企业的长远发展，注重产品服务、管理、品牌等全方位的竞争，注重特色经营和培育核心竞争力，注重资源的整合和协同作用的发挥，专业化和集团化发展趋势明显。

从人身险来看，产品结构得到改善。具体为：①新产品不断推出。入世前寿险公司经营的主要是传统产品，但这些产品的死亡率、费用率、利率风险全部由寿险公司承担，风险很大。在市场压力下，寿险公司纷纷推出分红、投资连结、万能寿险等新型产品，并且增长速度快，2001 年这些产品的保费收入占人身险保费收入的 29.46%，2004 年增长到 57.43%。2005 年继续开发集投资、保障功能于一体的万能险组合险种，并且成立了专门的健康保险公司，医疗、重大疾病、意外伤害等新产品大量涌现。②期缴业务大量增加。各公司按照利润、效益和价值优先的原则，压缩保障成分低、缴费期限短的趸缴产品，停办亏损业务，更加注重发展期缴业务。2004 年个人寿险业务中新单期缴占新单保费的 22.1%，2005 年寿险公司新单期缴比例同比提高近 10 个百分点。③银行代理全面启动。银行代理于 2000 年开始启动，2001 年以后开始加速发展，2005 年实现保费收入 803.25 亿元，是 2001 年的 17.85 倍，占人身险保费收入的 21.72%。该渠道使寿险公司进入了银行强大的销售网络，大大促进了人身险的发展。

从财产险来看，我国财险市场的多极化竞争格局日益明显。市场主体逐渐显露出三大类公司群：一类是经营时间较长、机构和网络较为健全的大型财险公司；第二类是成立时间较短、正处于快速扩张阶段的中小型中资公司；第三类是外资财险公司。以市场份额占前三位的中国人保、太平洋、平安三家保险公司的保费收入占全部财产险保费收入的比重 CR3 来衡量市场集中度。从图 4-4 中可以看出，财险市场集中度正加速降低，2001 ~ 2006 年下降幅度分别为 1.09、5.11、7.74、9.87 和 4.84 个百分点。此外，中资中小型财险公司在迅速崛起，2001 年市场份额只有 2.82%，2005 年达到 8.44%，2006 年迅速上升为 11.5%。外资财险公司发展速度也在加快，2002 ~ 2006 年保费收入增速分别为 51.56%、50.96%、58.4%、23.97% 和 30.94%，大大高于财险市场平均水平，市场份额从 2001 年的 0.48% 上升到 2006 年的 1.23%，已成为财险市场中的新兴力量。

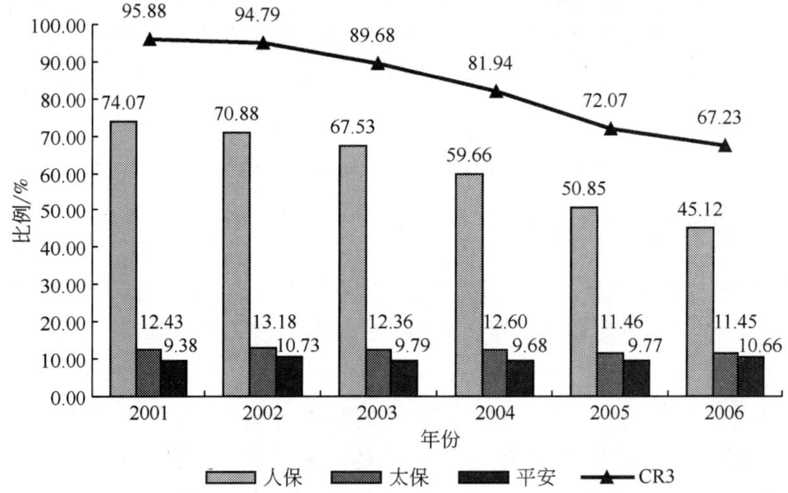

图 4-4 入世后我国财险三大公司的市场份额

资料来源：《中国保险年鉴》（2002 ~ 2007）

（三）资金运用状况逐步改善

中国的资金运用属于严格型监管。在《中华人民共和国保险法》实施之前，规定用于购买有价证券、发放流动资金贷款和拆出的资金只能来源于财产保险总准备金和人身保险责任准备金，其他资金只限于银行存款，资金运用规模采取金额总量控制方式。这样做比较符合中国保险业发展历史短、资金运用水平不高的客观现状。随着中国保险业开发程度的不断提高和保险市场的持续发展，保险资金运用渠道在不断扩展，同时也表现出良好的运行特征。

（1）保险资金运用规模扩大。入世后保险资金规模不断扩大，这种资金实力的不断增强对金融市场的影响力显著提高。如图4-5所示，入世后我国保险业资产规模逐年稳步增长，年均增长率为65.84%，2006年保险业总资产达到19 704.19亿元，资金运用余额为17 785亿元。

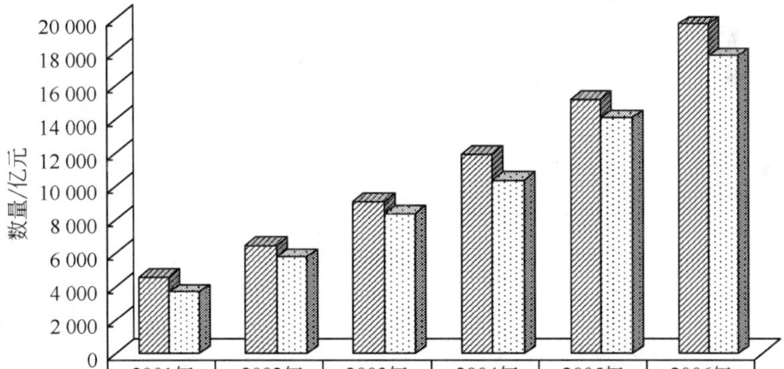

	2001年	2002年	2003年	2004年	2005年	2006年
▨保险业总资产	4 591.07	6 494.93	9 122.8	11 953.68	15 225.94	19 704.19
◻资金运用余额	3 702.79	5 799.25	8 378.53	10 389.53	14 135.84	17 785

图4-5 入世后我国保险资金运用情况

资料来源：《中国保险年鉴》（2002～2007）

同发达国家相比，中国的保险投资规模仍然非常小。然而，中国保险投资的增长速度非常快，近几年一直保持着30%左右的增长率，比发达国家几个百分点的增长速度要高得多。而且这种增长速度在发达国家保险业发展的历史上也是很少见的。例如，德国的保险投资在20世纪60年代的平均增长率为13.1%，70年代的增长率为12.9%，远低于中国入世后年均70%以上的增长率。

（2）保险资金运用结构改善。入世后，中国保监会加大力度拓宽保险投资渠道，在允许保险资金投资银行存款、国债、金融债的基础上，经国务院批准先后允许保险资金投资企业债券、证券投资基金、股票市场以及保险外汇资金境外运用等，使得保险业资金运用状况有了很大的改善。2001～2005年末资金运用结构状况如图4-6所示，保险资金的存款比例相对下降，从2001年末的52.4%

下降到2005年末的36.66%；国债投资比例在2002年和2003年有所下降后，从2004年开始又有了回升；金融债和基金的比例都有了一定的提高。截至2006年末，债券、存款、基金、股票（含股权）的投资余额分别为9452亿元、5989亿元、913亿元和929亿元，分别占53.14%、33.67%、5.13%和5.22%。由此看出，入世以来我国的保险业投资结构有所改善。

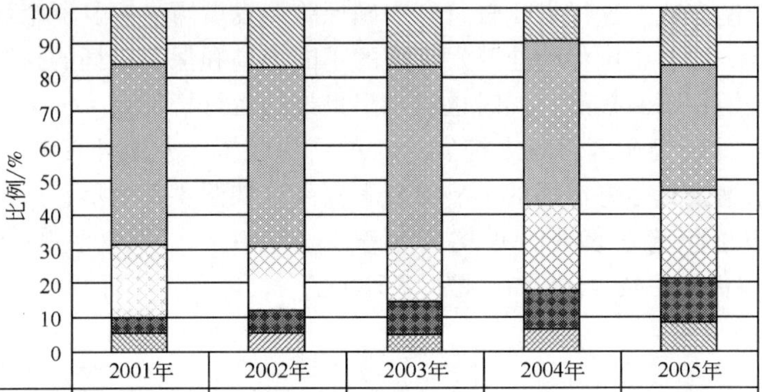

	2001年	2002年	2003年	2004年	2005年
其他	16.05	16.93	17.13	9.65	16.51
银行存款	52.40	52.07	52.06	47.56	36.66
国债	21.67	18.64	16.01	25.03	25.47
金融债	4.38	6.96	9.48	11.25	12.81
证券投资基金	5.50	5.40	5.23	6.51	8.55

图4-6　入世后我国保险业资金运用状况结构

资料来源：《中国保险年鉴》（2002～2006）

（四）保险中介发展迅速

保险中介作为保险市场体系的重要组成部分，对促进保险市场繁荣、提高保险市场专业化程度具有十分重要的、不可替代的作用，入世后其影响也逐渐增大。

（1）中介主体发展进一步加快。保险中介机构虽然起步晚，但发展快，入世以来发生了巨大变化。如表4-6所示，2001年底我国保险市场有专业中介机构170家、兼业代理机构5867家和保险营销员1 080 000名，到2006年这些数据分别是2001年的12.41倍、24.08倍和1.44倍。如图4-7所示，入世以来保险营销人员的持证率也在上升，由2001年的54.4%上升到2006年的95.43%，说明保险营销人员的素质也有了很大的提高。由此可见，我国保险中介主体发展速度较快，中介市场在不断完善，这标志着我国保险市场正逐步走向成熟。

表4-6　入世后我国保险中介主体变化情况

年份	2001	2002	2003	2004	2005	2006
保险专业中介机构/家	170（106）	208	1 037（331）	1 297	1 887	2 110

续表

年份	2001	2002	2003	2004	2005	2006
其中：保险代理机构/家	127（79）	131	714（206）	920	1 313	1 563
保险经纪机构/家	17（7）	20	165（82）	197	268	303
保险公估机构/家	26（20）	30	158（43）	180	219	244
保险兼业代理机构/家	5 867	92 430	117 000	120 640	120 650	141 278
保险营销员/名	1 080 000	1 180 000	1 280 000	1 490 000	1 467 882	1 558 089

注：2001 年括号内为筹建中的，2003 年括号内为待开业的。

资料来源：《中国保险年鉴》（2002～2007）

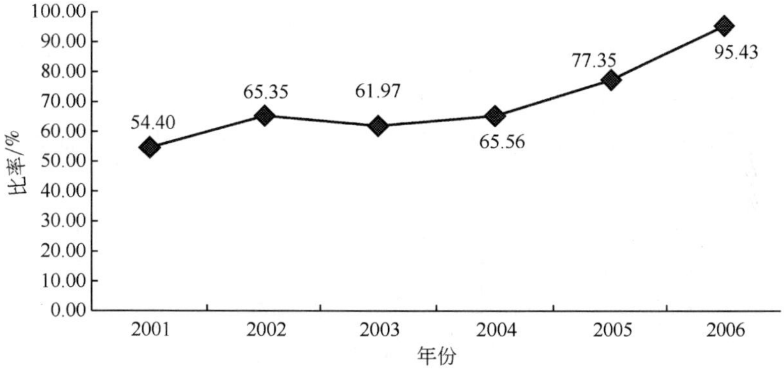

图 4-7　保险营销员持证率

资料来源：中国保险监督管理委员会.2006-03-29.2005 年保险中介市场发展报告.http：//www.circ.gov.cn/tabid/106/InfoID/31491/frtid/3871/Default.aspx；《中国保险年鉴》（2007）

（2）中介业务发展较快。随着中介市场主体的不断完善，通过保险中介实现的保费收入规模在不断扩大。如表 4-7 所示，2001～2006 年中介实现保费收入占全国总保费收入一直保持在 60% 以上，可见中介在保险市场上的地位越来越重要。另外，保险代理公司和保险经纪公司实现保费收入的比重在逐年增大，可见，我国保险市场专业中介机构的比重在不断加大，中介市场趋于正规化。

表 4-7　入世后我国保险中介实现保费收入规模及比重

年份	2001	2002	2003	2004	2005	2006
保费收入/亿元	1 764.88	1 963.4	2 893.61	2 916.09	3 596.73	4 477.51
比重/%	61.93	64.30	74.55	67.53	73.00	79.36
其中：保险营销员/%	30.89	35.45	41.56	36.45	43.20	46.99
保险兼业代理机构/%	30.38	27.38	30.50	28.13	25.64	28.24
保险代理公司/%	0.23	0.84	1.21	1.27	2.11	2.24
保险经纪公司/%	0.43	0.63	1.28	1.68	2.05	1.89

资料来源：《中国保险年鉴》（2002～2007）

（五）保险监管逐步国际化

随着中国保险业的快速发展和对外开放的逐步深入，原有的监管模式已越来越不能适应现实的保险业发展需求，中国保监会认真借鉴和吸收国际保险监管的先进经验，努力完善保险业对外开放的法律体系、制度体系，使中国保险监管逐步与国际接轨，突出表现在：

（1）改善条款费率管理制度和行政审批制度。监管机构推进了保险条款费率制度改革，放松了对保险条款、费率的管制，2005 年出台的《财产保险公司保险条款和保险费率管理办法》对其作出了明确的规定，使得保险产品种类逐步增加，费率趋于合理；并根据《国务院关于取消第二批行政审批项目和改善第一批行政审批项目管理方式的决定》的精神，进行了行政审批制度的改革，由原来的报批制转化为报批报备并行制。

（2）实现重市场行为监管向重偿付能力监管的过渡。中国保监会对 2001 年的《保险公司最低偿付能力及监管指标管理规定》进行了修订，并于 2003 年 3 月颁布了《保险公司偿付能力额度及监管指标管理规定》，初步建立了符合我国国情的偿付能力监管制度框架和指标体系，同时要求各保险公司提交有关偿付能力情况的报告，偿付能力监管开始进入实质性落实阶段。

（3）改革保险资金运用管理体制。2003 年 5 月，中国保监会颁布新的《保险公司投资债券管理暂行办法》，扩大了债券投资的范围，同年 7 月又明确保险公司可以投资中央银行票据；2004 年 4 月发布《关于印发〈保险资金运用风险控制指引（试行）〉的通知》，对保险资金运用风险控制的基本原则、组织环境、主要内容及检查、监督与评价作出明确规定；2005 年继续发布了《关于加强保险资金运用风险管理的通知》，推动保险公司、资产管理公司进一步加强保险资金的运用，防范投资风险。

这一时期，我国的保险监管制度创新对保险业的发展起到了积极的推动作用。

（六）保险业对外开放加快

入世以来，保险业对外开放的进程明显加快，对外开放的广度和深度不断扩大，呈现出以下几个特点：①外资保险机构不断增加。加入 WTO 前，我国保险市场上有 28 家外资保险公司。截至 2007 年底，15 个国家和地区的 48 家外资保险公司在华设立了 159 个营业性机构，有 19 个国家和地区的 128 家外资保险机构在华设立了 192 个代表机构和办事处。②外资保险公司业务发展迅速。如图 4-8 所示，外资保险市场份额在逐年提高，尤其是 2005 年有了很大的提高，这一年是我国保险业入世“前过渡期”结束后的第一年，外资保险公司保费收入为

341.2 亿元，占总保费收入的 6.92%，同比提高了 4.65 个百分点。对外开放较早的上海、广州等地，外资保险公司的市场份额分别达到 15.3% 和 8.2%。

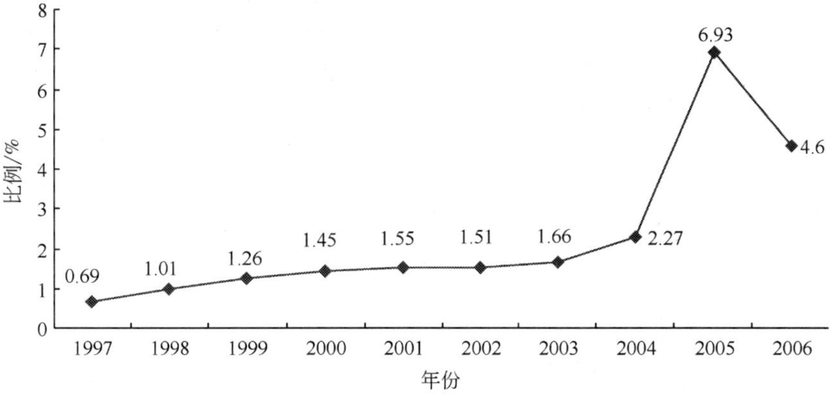

图 4-8 外资保险公司的市场份额变化

资料来源：《中国保险年鉴》（1998 ~ 2007）

在外资不断进入中国保险市场的同时，也有越来越多的中资保险公司开始走出国门。截至 2004 年 10 月底，中国人保、中国人寿、中国再保险、太平保险等中资保险公司已在港澳、东南亚、欧洲和北美等地区共设立 39 个营业机构和 9 个代表处。特别是中国保险业与国际资本市场加深融合的趋势正日益凸显，中资保险公司利用国际市场进行资本运作的速度也在加快。2003 年 11 月，中国人保在香港上市，创下香港当年的招股纪录，实现了保险公司上市零的突破；12 月，中国人寿在香港和纽约两地上市，成功融资 35 亿美元，创下 2003 年度全球资本市场融资纪录；2004 年 6 月 24 日，中国平安保险集团也在 H 股上市，融资规模超过 20 亿美元，并且同年 8 月允许保险公司自有外币的境外运用（国家信息中心中国经济信息网，2004）。同时，国内保险企业的战略规划多将海外作为发展方向，太平洋保险公司、新华保险公司、华泰保险公司、泰康保险公司等都与国外战略投资者签订了合作协议，中国保险公司的资本构成已经开始国际化。

三、入世对中国保险业产生的经济效应

中国保险业是在整个产业还相对弱小、中资保险企业尚未成熟之际就迎来了境外发达保险业的激烈竞争。入世后，中国政府严格履行入世承诺，外资在中国保险市场中的地位日益提高，为此产生了一系列的经济效应。

（一）市场准入的“福利效应”

入世以来，外资保险公司有限制性地进入中国市场，打破了原先由国内少数

几家保险公司垄断的格局。图 4-9 描述的是垄断造成的社会福利损失。为了分析简便，我们极端地假设入世以前，我国保险市场是个完全垄断市场；当国内保险市场全面开放以后，所有保险公司在中国市场上自由竞争，假设这是个完全竞争的市场。P_m、Q_m 分别代表完全垄断市场的均衡价格与均衡数量，P_c、Q_c 分别代表完全竞争市场的均衡价格和均衡数量。入世以前，国内保险公司根据 MR = MC 的原则，按照 P_m 的价格产出 Q_m 的量可以获得最大化的利润。而在完全竞争市场上，按照 P_c 的价格产出 Q_c 的量可以使每个保险公司都获得最大化的利润。在两种市场都分别使企业达到利润最大化均衡的情况下，垄断市场的均衡价格高于完全竞争市场的均衡价格，垄断市场的均衡产量却低于完全竞争市场的均衡产量，使消费者支付了较高的价格而获得了较少的保险服务。从图 4-9 中还可以看出，保险市场的开放使消费者剩余净增加 P_mABP_c，垄断者失去了经济利润 P_mACP_c，社会福利的净增加面积为 ABC。可见，保险市场的开放可以提高社会福利水平。

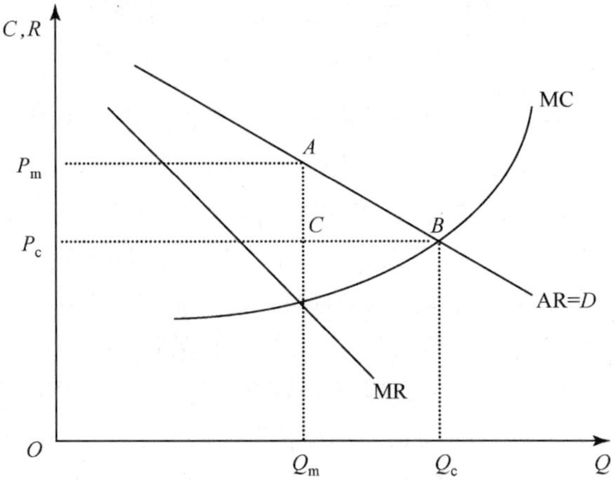

图 4-9 市场准入“福利效应”

目前，我国保险市场全面开放，将使社会福利最大化，但由于外资保险公司的经营历史、资本、技术水平、管理水平等都要高于国内保险公司，因此在全面开放的保险市场上，很有可能使保险市场上的大部分保费份额被外资保险公司所占有。为此，在入世初期对外资保险公司实行限制性进入政策，一方面促进了竞争，提高了社会福利；另一方面仍对国内保险公司有着一定的保护。

（二）环境突变效应

企业的生物学特性决定了企业将因内外两种因素的作用而发生变化和发展。国内保险公司内外部环境长期处于基本稳定，一般不可能形成对单个企业的变异压力和诱导因素，由此造成企业在经济中的地位相对固定。并且这种地位的固定性维持了较长的时间，也形成了企业对变异的惰性，使企业出现衰老特征，虽然期间也作过一定的改革，但由于企业生命周期特征所表现的企业对其前身的依恋性，以及由此导致的对变革的排斥，内部变革作用相对较弱（杨公朴，2005）。

中国已成为 WTO 组织成员国，保险市场对外开放，中外资保险公司参与市场竞争，必须遵守 WTO 规则，而根据要求，中国保监会必须积极清理与 WTO 规则和中国政府承诺不符的法律、法规。不论是实施“最惠国待遇”、“国民待遇”还是“透明度”原则，不论是取消地域、险种限制还是取消法定分保，都是在试图消除各种不公平竞争的因素。这对于长期处于稳定状态下的国内保险公司来说是一种外部环境的突变，这种突变不受单个企业行为的影响，也不由单个企业控制，但对导致企业变革的作用却是相当强烈，激励它们的变革发展。对绝大部分企业来说，适应环境成为基本的生存能力之一。而且资源和市场的有限性及企业对利益的追求冲动，必然造成企业之间对有限资源和市场的争夺，即使不考虑其他因素的影响，外资进入对市场的争夺会形成市场结构的变化，成为促使国内保险公司采取变革行动的最直接的因素。

（三）外资示范效应

外资保险公司涉足中国市场带来了先进的保险技术、丰富的管理经验和营销手段，也为国内保险公司提供了一个新的参照系，这些对国内保险公司起到了示范作用，其示范效应表现为两个方面：

（1）带来较高的经济效益。国内保险公司如果能很好地利用国外公司的技术外溢，可以使技术水平得到迅速提高，还可以大大节约科研探索的经费，使单位生产成本降低，获得更高的经济效益。如图 4-10 所示，由于示范效应，单位平均成本曲线由 AC_0 向左下方移动到 AC_1 ，单位成本大大降低。

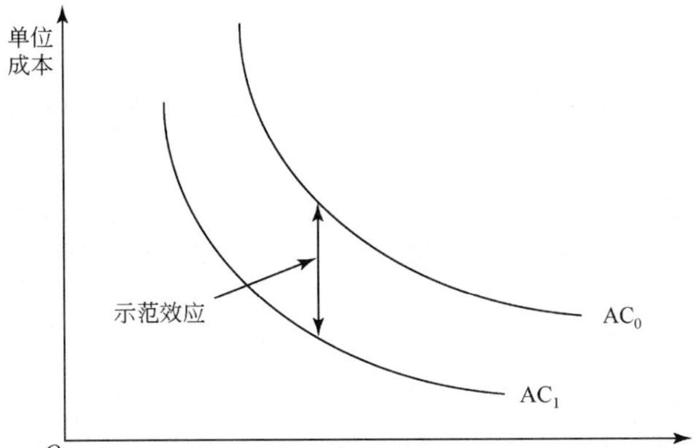

图 4-10　示范效应曲线

（2）促进国内保险公司的机制创新（Claessens et al.，2001）。外资保险公司与国内保险公司的市场竞争将淘汰一些低效率的企业，并且在巨大的外部竞争压力下，国内保险公司的技术学习和创新是主动的、积极的，从而促进了国内保险公司机制的创新，也保证了技术转移的有效性，促使国内企业改善服务和提高经营效率。

然而，在与外资保险公司存在较大文化背景差异、技术实力悬殊的情况下，不考虑实际，盲目地模仿，也会给国内公司带来危害，产生逆向示范效应。

（四）市场开发效应

入世后，越来越多的外资保险公司进入中国保险市场，在瓜分了保险市场份额的同时还推动了保险市场的开发。我国保险服务领域还十分狭窄，向社会提供适销对路的保险险种少，发展不平衡，如机动车辆险、企业财产险、人身意外险及养老金险等竞争过于激烈，而在责任险、信用险、医疗险上却十分冷清。随着保险市场的开放，一些有经验、有实力的外资保险公司开始在我国未开发的服务领域开垦拓荒，刺激我国保险经营消费向多样化发展。

在外资保险公司纷纷进入中国保险市场的同时，我国保险公司也同样可以以平等的身份开拓海外保险市场，在海外建立中资保险机构，可获得在中国得不到的保险资源和先进的保险经营技术，并且这种资源和技术的供应相对便宜、稳定。虽然初始阶段会减少国家的外资储备，但从长远来看，从国际保险市场经营中获得的利润会远远大于投入，从而改善国际收支状况。

（五）制度创新效应

加入WTO后，我国保险业面临生存和发展的压力，按照现行的制度安排已无法获得潜在的利益，便产生了对新制度安排的需求，加上政府具有制度供给的能力和意愿，这就意味着新一轮保险体制改革的开始。保险制度的创新能够使我国保险业获得巨大收益，与此同时，也带来社会效益的提升（Shiller，2005）。制度创新效应表现为：

（1）有助于保险监管制度的完善和社会信用基础的建立。按照国际惯例和规则监管保险业，为本国保险市场提供了一个规范的竞争环境，同时也减少了许多不确定性风险。而且一个规范的监管制度有利于增强投资者的信心，有利于建设社会信用基础。

（2）有助于保险监管人才的培育和监管技能的提高。外资保险公司有效的风险管理机制给我们提供了教材，其制度的不断创新给监管者提出了许多新课题。另外，一些突发问题迫使监管者迅速找出解决问题的方法。

（3）有助于国际监管合作。积极参与国际组织的活动，可促进保险业的国际监管合作，以应对经济全球化环境下保险业风险的国际性特征。

第三节 我国保险业尚需解决的问题

改革开放以后，我国保险业开始恢复新生，在短短的 20 多年中，得到了快速的发展，尤其是入世以后取得了重大成就。但由于我国保险业的发展起步晚、时间短，还处于发展初级阶段，因而还存在很多问题有待解决。

一、保险业需求不足

我国保险市场需求有了很大的提高，并且我们拥有占世界近 1/4 的人口，保险需求的潜力很大。但目前在需求方面仍存在一些问题，影响着我国保险业的发展。

（1）消费者的风险、保险意识薄弱。保险业的发展是和社会公众风险意识的崛起紧密相关的，只有社会公众具有良好的风险意识，才能形成对于风险保障的需求进而才会形成保险的潜在和现实的需求；反之，如果社会公众风险观念淡薄，则会降低保险业发展的空间。我国由于长期实行计划经济，国家和企业在很大程度上承担了社会成员的风险补偿功能，并且人们认识程度有限，文化水平的不足，经济条件的制约，致使广大民众的保险意识还很淡薄，从而导致我国人均保费偏低，民众购买保险的比例也偏低，使保险市场的规模不能迅速扩大。

（2）大多数居民投保能力较低，居民有效保险需求不足。由于我国市场秩序尚未完善，城乡居民收入不稳定，国有企业改革导致存在大量下岗人员，使人们对未来收入的预期水平也不断下降，而许多改革措施使人们对未来的支付水平的预期大涨。人们宁愿选择储蓄来寻求生活保障和预防性需求，因此总体的保险消费水平还很低。同时，由于贫富差距的存在，多数财富掌握在少数富人手中，而大多数居民只掌握了少量的财富，使得保险消费市场缺乏中产阶层。以寿险为例，我国城乡居民中具有高额寿险消费能力的约为 22%，具有普通消费能力的家庭约为 29%。也就是说，过半的居民家庭收入低，他们没有有效的保险需求。

（3）传统保险文化观念束缚了居民的消费。中国传统文化中风险化解基本上是依靠家庭或家庭成员共同抵御的，并由家庭结构中的下一代赡养上一代的血缘保障反馈机制来实现保险职能。随着社会的发展，这种反馈机制正在削弱，但这种机制在农村由于经济文化水平的限制仍很盛行。由于传统文化的惯性，人们没有建立起现代商业意义上的风险意识，依靠政府、组织、亲朋的帮助也能化解风险的意识，导致目前商业性保险不可能在短期内较大比例地取代传统的私人保险。

二、保险业供给水平低下

我国保险供给力量正在不断壮大，开发的险种日益丰富，各类法规不断健全，展业的方式也逐步增加。但在供给方面仍存在一些制约因素，影响着我国保险业的发展。

（1）市场险种结构单一。在险种设计上，我国保险产品虽然数量不少，各类新品不断，但国内保险市场中仍然不同程度地存在着产品结构雷同，费率设计、保障范围如出一辙，缺乏创新意识，同构现象严重等问题。目前，保险市场运行的许多险种针对性和适用性较差，条款设计缺乏严密性，不能很好地满足投保人多方面的需要，保险公司的经营都集中在数量有限的一些险种，如寿险、产险等。并且条款内容大同小异，险种结构相似率达90%以上，这种状态导致在某些险种上“重复建设”、过度竞争，而某些险种，如“责任险”、“信用险”等过度缺乏。缺乏险种创新意识，造成了社会生产力和资源的浪费，而针对特殊人群、特殊需求的险种却少之又少，适应不了社会多样化需求。国内保险的供需明显不平衡，表现为总体有效供给不足，一方面大量的新产品少人问津，部分传统险种供给过剩，导致局部险种竞争白热化，恶性竞争时有发生；另一方面，对于现有产品风险大、赔付高的保险人则往往限制开办或停办的做法，均造成供需不平衡。

（2）市场结构过于集中，竞争度比较弱。近年来，我国保险公司数目不断增加，1999年底共有28家，2001年为52家（含筹建11家），2004年底为68家。但与国外对比，差距很大。美国20世纪80年代就有5000多家保险公司，英国有800多家，德国有700多家，都比我国多得多。在中国香港平均每百万人口拥有保险公司30多家，是全球保险公司密度最高的地区之一。中国保险业的市场集中度在世界上排在前列，并且中国人民保险公司和中国人寿保险公司占我国保险市场的份额高达70%，部分省市以下地区处于独家经营格局，这说明中国的保险市场基本上处于寡头垄断状态。从表4-8中可以看出，从寿险市场看，中国人寿2004年的市场占有率为55.17%，其次为平安和太平洋，这三家保险公司的保费收入累计2655.47亿元，市场占有率达到83.15%；从非寿险市场看，2004年中国人保、太平洋、平安三家保险公司的保费收入累计898.16亿元，占非寿险公司市场份额的79.87%。由此可见，我国保险市场经营主体偏少，垄断程度又高，不能很好地开展公平竞争。

表 4-8 2004 年我国保险市场占有率

寿险			非寿险		
	保费收入/亿元	市场占有率/%		保费收入/亿元	市场占有率/%
中国人寿	1 761.8	55.17	中国人保	653.26	58.09
平安人寿	548.77	17.18	太平洋	138.49	12.32
太平洋	344.9	10.8	平安	106.41	9.46
其他中资公司	453.78	14.21	其他中资公司	212.68	18.91
外资公司	84.34	2.64	外资公司	13.71	1.22

资料来源：《中国保险年鉴》（2005）

（3）保险服务与市场严重脱节，服务水平低。在保险服务质量上，保险公司服务落后，并且诚信度较低，普遍存在重保费、轻服务的问题，对责任险、家财险等险种研究开发得还不够，对投保客户、企业的服务还不深入。人们对医疗、养老等保险的需求不能通过保险的快速发展释放，健康医疗保障险种还不够完善，财险产品结构还比较单一。众所周知，保险服务贯穿于保险经营活动的各个环节，任何环节出现保险服务不周都会影响和打击投保人的积极性，从而抑制保险业向良性循环发展的进程。据有关部门的调查，消费者对保险公司的售后服务不满意率达 73%，突出表现为：①保险产品设计开发只重视保险公司自身利益，而忽视消费者的利益，对被保险人的利益保障和心理需求缺乏应有的关注。②由于精算审核制度不严密，保险费率和多种保险责任的对应比例不明晰，以及受经营成本居高不下等因素的影响，保险费率和保费责任相比普遍存在畸高畸低现象。③保险公司对被保险人的售后服务、延伸服务业欠佳，服务的周到性和及时性不够。④保险代理人在保险合同订立前后的态度变化。投保时对任何条件都承保，而理赔时却否定了以前的承诺，提出许多意想不到的问题，甚至对于符合赔付条件的，也一拖再拖，使得投保人对保险业失去了信心。保险公司在经营理念上重规模、轻效益，重数量、轻质量，重承保、轻理赔，严重影响了保险业务的发展。

三、保险资金运用能力不够

随着我国保险资金运用法律、法规的不断完善，保险资金运用的渠道在不断拓宽，但目前存在的问题还很明显，主要体现在：

（1）保险资金的收益率明显偏低。2001 年保险资金平均收益率为 4.3%，2002 年减少至 3.14%，2003 年有所好转，但 2004 年上半年又出现下滑，主要原因在于外部环境的约束和政府的管制，使保险资金运用渠道狭窄并且存在较大的风险，进而导致保险资金的利用率低。当前我国保险资金运用仅限于银行存款、买卖政府债券、买卖金融债券、买卖中国保监会指定的中央企业债券、国债回购、买卖证券投资基金，以及投资股票市场。目前，我国各保险公司的资金主要用途之一还是银行存款，由于利率深幅下降，银行存款的利息仍远不能使保险资金增值；政府债券也是保险资金的另一个主要投放渠道，而债券市场风险凸显，交易所二级市场价格波动幅度接近20%；在中国的证券市场，由于结构性和市场基本面的原因，正经历漫漫熊市，各证券投资基金价格大幅下跌，对各保险公司的业绩影响很大。

（2）保险资金运用的潜在风险不断积累。一是现有资产组合的利率风险较高。从2004年12月保险公司投资的资产结构看，银行存款、债券加上回购在总资产中的占比高达83.92%，这些固定利率产品利率敏感度很高，受货币政策和利率走势的影响十分明显。二是系统性风险正在集中放大。由于投资渠道受限，保险资金运用集中在几个有限的品种上。协议存款占全部可运用资金的比例超过50%；保险业在基金市场的投资达300多亿元，约占基金市场现有规模的1/3；债券的中长期品种大部分为保险资金持有（牟傲雪，2004）。由此可见，单一品种在保险资金组合中的占比过高或占市场规模比例过大，系统性风险呈上升趋势，一旦发生市场波动，保险投资的安全和收益将受到严重影响。

（3）基础管理的压力开始显现。在资金压力不断增大、市场风险不断涌现的情况下，保险公司在资金运用中的投资决策、风险控制、人才队伍以及信息技术系统等方面都经受了考验，保险公司现有的资金运作体系在市场反应能力、风险控制、管理效率等方面也受到了严峻考验。

四、保险业中介不完善

中国的保险市场构成一直都非常简单，保险公司是卖者，投保人是买者，双方直接交易，无须任何中介。而一个发达的保险市场中最活跃的分子往往是保险经纪、保险公估等中介机构，保险公司只需作为纯粹的产品提供者，负责保险产品的开发推广、保险资金的运用收支等事务，把市场开拓、保险咨询等外部事物交给中介机构。中国保险市场这种单调的格局是历史的产物，长期以来城镇居民都习惯于让“公家”、单位来包揽一切，保险意识比较差，对保险的需求处于低级阶段，很少需要中介机构为其提供咨询等服务。而保险公司也承袭了“大而全”的思维方式，对保险业务的各个领域都不放弃，结果是力量分散，什么都不精。

我国恢复保险业以来，保险中介发展迅速，但在发展中也存在着许多问题：

（1）中介结构失衡。一个完善而成熟的保险中介市场不仅要有代表保险人利益的保险代理人，还应有足够规模的、代表被保险人利益的保险经纪人，而且保险代理人、经纪人、公估人之间要保持合理的结构比例。而我国目前保险个人代理、保险兼业代理取得了超常规的发展，但专业化的保险代理公司、经纪公司、公估公司数量却非常有限，发展也举步维艰。

（2）兼业代理违规行为突出。由于兼业代理机构网点分散，其主业五花八门，现有的保险中介监管制度对它们约束力低，以及保险公司对它们监管不严，使得兼业代理问题突出。

（3）专业化的保险中介公司经营管理水平低下，专业化优势未体现出来。公司治理结构不完善、管理体制尚待探索、专业人才缺乏，影响到行业的整体发展。

（4）个人代理人的整体素质偏低。保险个人代理人的素质偏低，职业水平跟不上形势的发展，对保险知识掌握不够。目前寿险市场上新型产品不断涌现，特别是与金融投资功能相结合的投资连结保险、分红保险、万能保险的推出，要求保险代理人了解更多金融投资方面的知识，为客户提供专业的服务。而目前许多的保险代理人专业知识仍相当缺乏，难以对客户的疑问提供准确完满的解答。在保险代理人的职业道德方面，现状也是令人担忧。个人代理人在利益驱使下，误导客户消费、欺骗客户的现象时有发生，引起投诉不断。

五、再保险市场落后

我国再保险市场尚处于发展的初级阶段，总体承保能力有限，技术手段落后，监管制度不健全，不能有力地支持直接保险市场的发展。具体问题表现如下：

（1）再保险市场有效供给不足。目前，随着我国再保险市场的逐步开放，我国再保险专业公司从无到有，再保险市场从小到大，到 2005 年底已有 6 家专业再保险公司，再保险对保险业发展的独特支撑作用日益突出，但距市场要求仍有很大差距。一个成熟的、多元竞争的再保险市场格局尚未形成，商业再保险的分出业务大量流向国际再保险市场。再保险市场主体的缺乏将影响直接保险市场的承保能力，成为制约我国再保险乃至我国保险市场整体发展的瓶颈。

（2）再保险市场技术服务水平落后。我国再保险市场的建立比国际市场晚了一个多世纪，而且再保险从业人员大多来自国内各保险公司，其经验与技术水平不仅落后于国际先进水平，即便与国内各直接保险公司相比也没有太多优势，管理水平和经营技术较低，再保险产品功能简单，因此很难在技术或经验上给予保险公司一定的支持和帮助。此外，我国的专业再保险公司主要职能是代国家行使法定分保的职能，在主营业务来源稳定和竞争动力不足的条件下，缺乏足够的提供精算、再保、核保等技术支持的服务意识和跟踪再保险市场发展变化规律进行产品创新的意识，很少主动地承担对保险公司进行业务培训、提供技术支持或者帮助保险公司进行创新等角色，更难成为保险市场承保条件与费率水平的引导者。由于国内市场与国际市场在这方面的差距，国内各家直接保险公司往往愿意与国际上大的再保险公司合作，以期享受优质的服务与先进的技术指导。

（3）再保险市场体系不健全。在国际上，大部分再保险人的业务都是通过再保险经纪人来办理的，这样能使分出公司进入一个更广的再保险市场，扩大其承保能力。我国直接保险市场中，保险经纪人已经以逐渐重要的角色成为保险市场体系中的一个重要组成部分，但是再保险经纪人发展却相当滞后，缺少有经验的再保险经纪人为分出公司进行再保险规划、争取更为有利的交易条件。此外，作为国际上通行的一种偿付能力监管方式，对再保险人进行信用评级是再保险信息市场上十分重要的组成部分，专业客观的信用评级结果是投保人和政府机构选择合适的公司投保和对公司进行偿付能力监管的重要参考信息。我国再保险市场在此方面几乎是空白，没有相应的信用评级体系。

（4）再保险市场监管法制不健全。现有对再保险业务的有关规定一般为原则性要求，并没有相应的技术性要求加以保障，相应的实施细则实为空白。此外，我国再保险业务一直以法定分保为主，法定分保的法律规定较为完善，相比而言，商业分保方面的有关法律制度却十分不完善，并且缺乏对再保险财务状况、再保险资本金水平、再保险自身风险防范、选择国外保险分入人标准以及对国外保险分入人偿付能力和审查评价等问题的监管要求，与国际再保险监管差距加大。缺乏与国际惯例相吻合的再保险法律环境以及再保险市场运行规则，对我国再保险市场的规范经营和有序竞争造成了一定的影响。

六、保险监管制度不健全

通过研究、制定和执行保险业的法律法规、方针政策、发展战略和行业规划，保险监管对保险业的发展产生着重大影响，但目前，我国保险业的监管还不够完善，主要存在以下一些问题：

（1）保险监管从业人员匮乏和监管人员流失并存。我国保险监管起步晚，发展快，保险监管从业人员匮乏且素质有待提高。在数量上，监管人才短缺，目前我国的保险监管人数还不及美国纽约一个州的监管人数；在专业上，我国监管人员中既懂保险又懂法律、工程、精算等专业知识的监管人才更是缺乏。同时，我国的保险监管人才流失严重。自 1998 年中国保监会成立以来，一批相对熟悉保险监管业务人才陆续离开了保险监管岗位。并且监管人员对市场经济和开放条件下的保险监管理念、技术和手段的了解、认识和掌握程度有限。在不少的观念中，还存留着计划经济和封闭经济体制下政府行为格式的烙印。人的观念不转变、素质不提高，就意味着中国的保险监管将失去生命力。

（2）保险立法滞后。自1995年颁布《中华人民共和国保险法》后，保险监管逐步法制化，经过多年的建设，已初步建立了以《保险法》为核心的保险法律体系，使保险监管有法可依、有章可循，在规范保险秩序、维护保险人和被保险人的合法权益方面发挥了重大作用。但应看到，我国保险立法还滞后于社会经济的发展，尤其是我国加入WTO后，外资保险机构的大量涌入对我国保险业提出了严峻挑战。其一，如何对外资保险机构进行监管，我国目前对外资保险机构监管的专门法规只有1992年发布的《上海外资保险机构暂行管理办法》，缺乏全国性的、专门性的针对外资保险机构监管的法规；其二，《保险法》的一些规定，如对偿付能力监管、再保险监管、保险投资监管，对保险公司高级管理人员任职资格的审查和保险违规的处罚过于笼统，又没有相应的配套措施或实施细则，所以，在保险实践中可操作性不强（梁平等，2004）。这些都表明，我国保险监管法律法规有待进一步完善。

（3）过度监管和监管不足并存。所谓过度监管就是管了不该管的事。正如前面所说，政府干预的领域应当仅限于市场失灵，而且政府能够提高市场公平程度和运行效率的部分。但是受计划经济习惯和思维模式的影响，我们的监管明显过多过细。当然，经过取消两批行政审批事项，这方面的问题有所减轻，但仍未从根本上得到解决。所谓监管不足是指该管的没有管好。例如，我们的偿付能力监管已经讲了好多年，但至今进展不大。

（4）保险行业自律急需加强。与保险立法、政府监管的外部监督不同，保险行业自律重在内部监管。行业自律具有经常性、及时性、专业性、低成本性的特点。它能有效地促进和保障保险业的规范运作和健康发展，提高保险业整体素质。迄今为止，我国尚未建立完善的、全国性的保险自律组织系统，北京、上海、大连只建立了地方类似机构。同时，我国保险行业自律组织还存在规章制度不完善、管理体制不完善的特点。这些对我国建立统一、规范的保险市场，与国际保险市场接轨起到了一定的制约作用。

第五章 我国保险业竞争力影响因素分析

影响一个行业国际竞争力的因素有多种，涉及该行业的成本、价格、生产要素配置、分工、供求、产品差异、企业市场定位、企业间关系、企业博弈策略、信息等因素，还涉及关税、汇率、要素的国际差异、国际流动以及经济开放程度、国际分工、经济发展水平等因素；更深入的研究还考虑到行业中各企业的区位特征，它们的自然资源、交通通信成本以及要素成本、空间网络关系以及产业集群这些因素。本章依据波特“钻石模型”，分析影响保险业竞争力的因素，并运用线性回归分析的方法对各影响因素进行实证研究。

第一节 保险业竞争力影响因素分析框架

前文综述中的分析表明，波特在对多国家的产业国际竞争力比较研究后提出了著名的“钻石模型”，其重要意义在于，提出了一个全面的、系统的产业国际竞争力分析框架。尽管这一模型迄今还没有得到完整的实证检验，国外也有学者将此模型在运用于其他国家或产业分析时对该模型进行了修正和改进，但总体看来，学者们对“钻石模型”中关于影响和决定产业国际竞争力的四个关键性因素和两个辅助因素的理论架构并不存在太多的疑问，对其修正或改进也没有脱离原有的框架。而更多的情况是，在实际的经济分析中，“钻石模型”已越来越多地被学者们作为“经济分析范式”，运用于不同产业的国际竞争力分析。

鉴于此，本书也将波特“钻石模型”作为理论参照系，运用于对保险业国际竞争力的分析，但有必要先结合我国保险业的特征对该模型作一些调整。

（1）调整要素条件。波特“钻石模型”是在20世纪90年代前构建的，同时该模型分析的参照系是发达国家的工业部门，模型中的生产要素指一个国家在特定产业竞争中有关生产方面的表现，如人工素质或基础设施的良莠不齐。对保险业来说，它的生产过程就是保险服务的供给过程，为此将模型中的生产要素改为供给要素，以使其更符合保险业的特点。

（2）在模型中凸显政府特别是监管的作用。由于中国保险业发展起步晚、基础差、整体水平不高，与发达国家相比，与中国经济社会发展的要求相比，与构建社会主义和谐社会的目标相比，还存在较大差距。保险业发展过程中还存在增长方式粗放、结构不合理、创新能力不高、诚信建设有待加强等问题，影响了保险功能和作用的充分发挥。要改善这个局面，除了要靠自身和市场外，目前更重要的是靠政府推动，充分发挥政府在支持保险业发展方面的重要作用；靠政策支持，为保险业发展创造良好的政策环境；靠规范制度，建立起完善的保险监管制度。为此，将政府这个关键性因素在模型中凸显出来。

保险业的健康发展可以保障社会再生产的顺利进行，促进社会生活的稳定，加快先进技术的运用和推广，保证社会财富的安全及维持国际收支的平衡。但是保险业是集风险性和金融性于一体的行业，这使建立完善的保险监管制度显得非常重要，主要体现在以下方面：①保证保险人的清偿能力。保险监管最主要的目标是保证保险人的清偿能力，清偿能力使保险交换的结果更明确和有预测性。可预测结果是保险活动的本质，促进和维护保险人的清偿能力是保险监管的关键所在。由于被保险人在这种交换活动中不具备自我保护能力，如果保险人一旦破产，被保险人的处境将非常严峻，特别是人身保险公司有责任归还用户的储蓄。②补偿不同的知识水平和能力。与投保人相比，保险人在技术上有相当的优势。保单上各种条款的含义，被保险人很难深刻地理解。保险是无形的商品，投保人想真正了解其质量是很困难的，因此有必要补偿这种不平衡。③维护合理的保险价格。在保险市场上，保险人必须在对成本完全了解前制定价格，但这是很难办到的，特别是人身保险，要等几十年才知其成本。投保人往往没有能力准确判断保险公司的水准，因此，在保险市场上自由价格的竞争并不能使投保人获得更多的利益。④产生一定的社会效应。保险监管的目的是为了让公众能够更容易地购买到保险，结束保险业被少数人歧视的局面，使保险业能够合理发挥其社会稳定器的功能。⑤提高保险市场的效率。在保险市场上，由于人们的知识水平和能力不同，个人行为、体制原因等信息不对称的情况是非常普遍的，这将产生逆选择、道德风险、保费偏高等不利投保的现象，增加市场的摩擦，导致至少交易一方蒙受损失，从而降低市场的效率。

虽然监管也属于政府职能的一部分，但监管在保险业中的重要程度显而易见，为此，这里将保险监管这个关键性因素在模型中凸显出来，同时也体现了保险业的独特性。

（3）考虑我国保险业所处的国际环境。波特“钻石模型”指出，一国的产业竞争优势源于其母国国内的经济环境。然而，对我国幼稚的保险业来说，还没成长起来就要面对全面开放的市场，它的发展受到国际保险业发展状况的巨大影响。鉴于此，把保险业竞争力影响因素分析放到国际范围中来考虑，在模型中加入国际保险业发展状况，试图更好地解释入世后我国保险业竞争力的影响因素。

根据上述调整，本书修正了波特“钻石模型”，形成了适合中国保险业竞争力分析的框架，如图 5-1 所示。

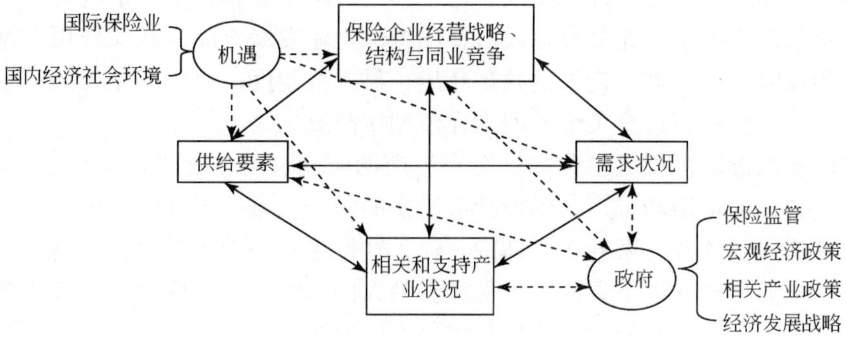

图 5-1 保险业竞争力影响因素分析框架

第二节 保险业需求因素

保险业竞争力与保险业需求紧密相关，只有建立在具有一定规模和持续增长的市场需求基础上的保险业，才能获得自身的发展，并不断借以提升自身的竞争力水平。保险业所提供的保险产品种类较为复杂，既包括财产保险所提供的基于风险分散和补偿的纯保险产品，也包括人寿保险所提供的具有一定投资品特征的金融产品。从这点可以发现，保险业的需求因素是建立在较为复合化的市场需求之上的一个复杂的需求因素集合，它与国民经济的诸多层面都有着或多或少的联系。具体包括如下细分因素：经济发展水平、产业结构、所有制结构、经济增长方式、经济运行效率、社会收入水平、社会收入结构、人口结构、居民金融资产结构等。

一、经济发展水平因素

经济增长在扩大经济规模的同时，一方面会诱发可保风险规模的扩张，从而为保险业发展创造潜在需求；另一方面也会形成投保人可支配收入的增长，从而为潜在保险需求向现实保险需求的转化奠定支付能力基础。因此，经济增长会直接促进保险业的发展，构成保险业发展的原动力（肖文，谢文武，2000）。

经济总量的扩张在绝对量上表现为一国 GDP 的增长，在相对量上表现为人均 GDP 的上升，而后者作为衡量经济增长所带来的居民福利水平上升的重要标志，更加具有分析价值。1980～2007 年我国 GDP 与人均 GDP 和保费收入与保险深度见表 4-1。

为了验证该观点，这里分别用 1980～2007 年我国 GDP 和人均 GDP 作为解释变量，分别对保费收入和保险深度进行回归分析，得到如下回归方程：

$$保费收入 = -457.505 + 2.790 \times 10^{-2} \times GDP \quad (5\text{-}1)$$
$$(-4.136) \qquad (24.183)$$

$R^2 = 0.957 \quad F = 584.810$

$$保险深度 = 0.405 + 1.796 \times 10^{-4} \times 人均GDP \quad (5\text{-}2)$$
$$(3.584) \qquad (11.821)$$

$R^2 = 0.843 \quad F = 139.740$

回归方程（5-1）拟合优度非常高，回归方程（5-2）拟合优度较高，而且所有参数都是充分有效的。相关系数 $r^{**} = 0.978$ 和 $r^{**} = 0.918$ 都大于 0.85，说明保费收入和 GDP、保险深度和人均 GDP 之间都高度相关；且通过显著性检验 $F > F_{0.01}(1, 26) = 7.72$，说明 GDP 和保费收入之间及人均 GDP 与保险深度之间存在显著的线性相关关系。因此，GDP 和人均 GDP 作为衡量经济增长的绝对值和相对值指标，对保险业发展具有显著的影响，且经济增长与保险业发展显著正相关，经济增长本身是保险业发展的强有力支撑。

二、产业结构因素

产业结构是指各产业部门之间以及每个产业部门内部的联系和比例，一般用三次产业来划分。“克拉克定理”表明，随着经济社会的发展，生产要素会由第一产业向第二产业再向第三产业依次转移。总的产业结构变化趋势是第一产业在国民经济中的比重逐渐下降，而第二、第三产业在国民经济中的比重逐渐上升（胡颖，李文溥，2006）。1980～2007 年我国第二、第三产业比重见表 5-1。

表 5-1 我国第二、第三产业产业结构统计 单位：%

年份	1980	1981	1982	1983	1984	1985	1986	1987	1988	1989	1990	1991	1992	1993
比重	69.8	68.1	66.6	66.8	67.9	71.6	72.9	73.2	74.3	74.9	72.9	75.5	78.2	80.3
年份	1994	1995	1996	1997	1998	1999	2000	2001	2002	2003	2004	2005	2006	2007
比重	80.1	80.0	80.3	81.7	82.4	83.4	84.9	85.5	86.3	87.2	86.6	87.8	88.7	88.7

资料来源：《中国统计年鉴》(2008)

产业结构的变动也会对保险业的发展产生影响，而且这种影响是多方面的。一方面，伴随着二元制经济结构的变迁，产业结构中第二和第三产业所占比重逐步上升，而包括保险业的金融服务业作为第三产业的有机组成部分，会直接受益于产业结构的升级而获得发展；另一方面，伴随着产业结构的升级，传统经济模式的改变有助于风险意识的培育，从而有利于诱发潜在的保险需求，加之三次产业的收入能力一般依次递进，这也有利于提升现实中保险的需求水平。为了验证该观点，用 1980～2007 年我国第二、第三产业在 GDP 中的占比作为解释变量，分别对保费收入和保险深度进行回归分析，得到如下回归方程：

$$保费收入 = -15\,912.698 + 221.090 \times GDP中第二、第三产业占比 \quad (5\text{-}3)$$
$$(-6.402) \qquad (7.007)$$

$R^2 = 0.654 \quad F = 49.097$

$$保险深度 = -8.892 + 0.131 \times GDP中第二、第三产业占比 \quad (5\text{-}4)$$
$$(-10.542) \qquad (12.215)$$

$R^2 = 0.852 \quad F = 149.216$

回归方程（5-3）拟合优度一般，回归方程（5-4）拟合优度较高，而且所有参数都是充分有效的。相关系数 $r^{**} = 0.809$ 在 0.6 至 0.85 之间，说明保费收入与 GDP 中第二、第三产业占比显著相关；相关系数 $r^{**} = 0.923$ 大于 0.85，说明保险深度与 GDP 中第二、第三产业占比高度相关；且通过显著性检验 $F > F_{0.01}$（1，26）=7.72，说明 GDP 中第二、第三产业占比和保费收入以及保险深度之间存在显著的线性相关关系。因此，产业结构升级与保险业发展呈正相关关系，即产业结构的高级化推动了保险业的发展。

三、所有制结构因素

所有制结构是指不同所有制的企业在国民经济中所占的比重和构成。伴随着我国改革开放进程的不断深入，以及对公有制实现形式在国民经济中地位的重新认识，公有制经济特别是国有经济在国民经济中的比重会逐步下降，并从原先国民经济的主体地位向主导地位转换。根据国务院研究室统计显示，在 2004 年的 40 个工业行业中，非公有制经济在 27 个行业中的比重已超过 50%，在部分行业已经占到 70% 以上；在商贸餐饮等传统服务业，非公有制经济已占主体地位（李树直，2005）。

非公有制经济在我国工业总产值中所占比重的统计见表 5-2，从中可以发现，改革开放以来非公有制经济逐年增加，2007 年达到 70.46%。

表 5-2 非公有制经济在我国工业总产值中所占比重统计 单位：%

年份	1980	1981	1982	1983	1984	1985	1986	1987	1988	1989	1990	1991	1992	1993
比重	0.58	0.66	0.79	1.01	1.44	3.06	4.21	5.65	7.06	8.25	9.77	10.84	13.41	19.03
年份	1994	1995	1996	1997	1998	1999	2000	2001	2002	2003	2004	2005	2006	2007
比重	24.94	29.44	24.29	30.26	33.35	36.42	52.66	55.57	59.22	62.46	64.76	62.33	68.76	70.46

注：非公有制经济工业总产值 1999 年以前指除国有和集体工业企业之外的其他经济形式的工业总产值，2000 年以后指规模及规模以上工业中除国有及国有控股工业企业之外的其他经济形式的工业总产值。

资料来源：根据《中国统计年鉴》（1981～2008）计算整理。

所有制结构的变迁也会对保险业发展产生一定的影响，具体表现在以下方面：一是保险（特别是商业保险）作为市场化的风险分散契约，需要以具有明晰的产权为前提，而我国公有制经济中普遍存在产权界定不清晰和所有者缺位现象，这制约了风险意识的形成；二是公有制经济中货币化程度低于非公有制经济，这既归因于作为集体经济的农业一定程度上自给自足的经济特征，也是国有工业中高福利、低工资的收入结构作用的结果，就后者而言，企业内部具有福利性质的就业、医疗、住房保障降低了个人实际的风险承担水平，体现出企业福利保障对保险保障的替代效应，因而潜在的保险需求水平较低；三是保险需要以保费缴纳为前提来缔结保险契约，公有制经济相对较低的经济效益水平也制约了其潜在保险需求向现实的转化。而就非公有制经济而言，其商业化运作机制一方面增加了员工的风险意识和寻求保险保障的动力，另一方面相对较高的货币化收入水平也增加了员工的保险支付能力。因此，伴随着非公有制在国民经济中占比的提高，保险业也会面临较大的发展机遇。下面用 1980 ~ 2007 年我国工业总产值中非公有制经济占比作为解释变量，分别对保费收入和保险深度进行回归分析，得到如下回归方程：

$$\text{保费收入} = \underset{(-2.237)}{-524.512} + \underset{(11.235)}{72.039} \times \text{工业总产值中非公有制经济占比} \quad (5\text{-}5)$$

$R^2 = 0.829 \quad F = 126.218$

$$\text{保险深度} = \underset{(3.976)}{0.291} + \underset{(19.816)}{3.972} \times 10^{-2} \times \text{工业总产值中非公有制经济占比} \quad (5\text{-}6)$$

$R^2 = 0.938 \quad F = 392.655$

回归方程（5-5）拟合优度较高，回归方程（5-6）拟合优度非常高，而且所有参数都是充分有效的。相关系数 $r^{**} = 0.911$ 和 $r^{**} = 0.968$ 都大于 0.85，说明保费收入和保险深度都与工业总产值中非公有制经济所占比重高度相关；且通过显著性检验 $F > F_{0.01}(1, 26) = 7.72$，说明工业总产值中非公有制经济占比和保费收入以及保险深度之间存在显著的线性相关关系。因此，所有制结构的变迁对保险业发展具有极为显著的影响，且所有制结构中非公有制经济所占比重与保险业发展呈正相关，非公有制经济的发展推动了保险业的发展，这验证了前述分析观点。

四、经济增长方式因素

经济增长方式有外延型和内涵型之分，两者分别是指依靠增加生产要素投入和依靠提升生产要素产出效率所形成的经济增长模式。经济发展的一般规律是经济增长方式会逐步由外延型向内涵型转变，而在这一进程中研发（R&D）投入水平既是经济增长方式的直接决定因素，也是衡量经济增长方式的重要指标（董辅礽，1996）。1990 ~ 2007 年我国 R&D 投入在 GDP 占比见表 5-3。

表 5-3 1990～2007 年我国 R&D 投入在 GDP 占比统计 单位：%

年份	1990	1991	1992	1993	1994	1995	1996	1997	1998
比重	0.71	0.74	0.72	0.62	0.50	0.50	0.6	0.6	0.7
年份	1999	2000	2001	2002	2003	2004	2005	2006	2007
比重	0.8	1.00	0.95	1.07	1.13	1.23	1.34	1.42	1.49

资料来源：《中国统计年鉴》（1996，2001，2008）

作为制度性因素，经济增长方式的转变会带来社会观念的转变，有利于保险观念的培育和保险业发展。在经济增长方式由数量型向集约型转变过程中，R&D 投入水平作为经济运行中科技因素的积聚形式，既是集约型增长方式的形成路径，也是其重要衡量标志。下面用 1990～2007 年我国 R&D 占 GDP 的比重来表示经济增长方式的变迁，选取该指标作为解释变量，分别对保费收入和保险深度进行回归分析，得到如下回归方程：

$$\text{保费收入} = -3355.016 + 6206.243 \times \text{R\&D 在 GDP 中占比} \quad (5\text{-}7)$$
$$\qquad (-6.622) \qquad (11.612)$$

$R^2 = 0.894 \quad F = 134.848$

$$\text{保险深度} = -0.281 + 2.428 \times \text{R\&D 在 GDP 中占比} \quad (5\text{-}8)$$
$$\qquad (-0.832) \qquad (6.822)$$

$R^2 = 0.744 \quad F = 46.543$

回归方程（5-7）拟合优度较高，回归方程（5-8）拟合优度一般，而且所有参数都是充分有效的。相关系数 $r^{**} = 0.945$ 和 $r^{**} = 0.862$ 都大于 0.85，说明保费收入和保险深度都与工业总产值中非公有制经济占比高度相关；且通过显著性检验 $F > F_{0.01}$（1，16）$= 8.53$，说明 R&D 在 GDP 中占比和保费收入以及保险深度之间存在显著的线性相关关系。因此，经济增长方式转变确实与保险业发展之间存在显著的正相关关系，前者既可以直接通过对传统风险观念的冲击诱发保险潜在需求，也可以间接受益于通过经济增长方式变迁带动经济增长所引发的保险支付能力上升。

五、经济运行效率因素

经济运行效率刻画的是经济运行中的投入产出关系，单位投入所形成产出的增加标志着经济运行效率的提升，这可以反映为单位资本收益率的上升或单位劳动生产率的提高。1980～2007 年我国第二产业劳动生产率见表 5-4，从其变迁轨迹不难发现，2007 年该指标是 1980 年的 20 倍，说明经济运行效率快速提升。

表 5-4 我国第二产业劳动生产率统计 单位：万元/人

年份	1980	1981	1982	1983	1984	1985	1986	1987	1988	1989	1990	1991	1992	1993
数额	0.284 4	0.281 8	0.285 5	0.304 9	0.323 8	0.372 4	0.400 6	0.304 5	0.542 1	0.607 7	0.557	0.649 5	0.815	1.099 5
年份	1994	1995	1996	1997	1998	1999	2000	2001	2002	2003	2004	2005	2006	2007
数额	1.465 9	1.832	2.088 2	2.268 9	2.349 7	2.498 8	2.808 8	3.040 5	3.415 5	3.883 6	4.367 9	4.813 5	5.368 4	5.878 7

资料来源：根据《中国统计年鉴》（2008）提供数据，按第二产业劳动生产率 =（GDP × 第二产业所占比例）/第二产业就业人数计算得出。

经济运行效率的提高对保险业发展的影响比较直观，主要是通过经济效益提升来增加企业和居民的可支配收入，在潜在保险需求客观存在的条件下，会通过保费缴纳转化成现实保险需求继而促进保险业的发展。下面依据 1980 ~ 2007 年的时间序列数据，用我国第二产业劳动生产率来反映经济运行效率变动对保险业发展的影响进行分析，分别建立其与保费收入和保险深度的回归分析方程：

$$\text{保费收入} = \underset{(-4.555)}{-654.539} + \underset{(19.509)}{1104.522} \times \text{第二产业劳动生产率} \tag{5-9}$$

$R^2 = 0.936 \quad F = 380.597$

$$\text{保险深度} = \underset{(3.135)}{0.322} + \underset{(13.691)}{0.555} \times \text{第二产业劳动生产率} \tag{5-10}$$

$R^2 = 0.878 \quad F = 187.449$

回归方程（5-9）拟合优度非常高，回归方程（5-10）拟合度较高，而且所有参数都是充分有效的。相关系数 $r^{**} = 0.967$ 和 $r^{**} = 0.937$ 都大于 0.85，说明保费收入和保险深度都与第二产业劳动生产率高度相关；且通过显著性检验 $F > F_{0.01}(1, 26) = 7.72$，说明第二产业劳动生产率和保费收入以及保险深度之间存在显著的线性相关关系。因此，这验证了经济运行效率与保险业发展呈正相关关系的结论，也说明了经济运行效率提高会有力地促进保险业发展。

六、社会收入结构因素

保险业的发展需要以具有一定市场规模的需求群体为支撑，在既定的社会收入总水平下，社会收入分配格局的变化也会对保险业的实际需求水平产生影响，这种影响可以从两个层面来进行。一方面，较小的社会收入分配差距和相对平均的社会收入分配格局，有利于形成市场需求群体的整体性扩张，只要当总体收入水平达到某一临界值之后，便会形成保险需求的集中性爆发，从而刺激保险业的快速扩张；另一方面，在全社会收入水平相对较低的格局下，较大的社会收入分配差距和相对倾斜的社会收入分配格局，有利于形成一部分具有较高支付能力的需求群体，就该群体而言，由于具有较高的收入和财富水平，其风险意识和金融投资意识会得到优先发展，并且其客观存在的支付能力也会为保险业的发展营造阶段性市场需求。基尼系数作为一种经济统计指标，可以衡量不同阶层收入的差距和整体收入分配的平均程度。1980～2005年我国城镇居民基尼系数见表5-5。

表5-5　1980～2005年我国城镇居民基尼系数

年份	1980	1981	1982	1983	1984	1985	1986	1987	1988	1989	1990	1991	1992
数额	0.15	0.15	0.15	0.16	0.19	0.19	0.2	0.23	0.23	0.23	0.23	0.24	0.25
年份	1993	1994	1995	1996	1997	1998	1999	2000	2001	2002	2003	2004	2005
数额	0.27	0.3	0.28	0.28	0.29	0.3	0.3	0.32	0.33	0.32	0.33	0.35	0.35

资料来源：中国统计局信息网

用我国1980～2005年城镇居民基尼系数作为解释变量，对保费收入作回归分析，得到如下回归方程：

$$\text{保费收入} = -3503.56 + 17\,904.79 \times \text{城镇居民基尼系数} \quad (5\text{-}11)$$

$$(-4.809) \qquad (6.446)$$

$R^2 = 0.634 \quad F = 41.549$

回归方程（5-11）拟合优度一般，而且所有参数都是充分有效的。相关系数 $r^{**} = 0.87$ 在0.6到0.85之间，说明保费收入与城镇居民基尼系数显著相关；且通过显著性检验 $F > F_{0.01}$（1，24）$= 7.82$，说明居民个人收入基尼系数和保费收入之间存在显著的线性相关关系。因此，保费收入与居民个人收入的基尼系数呈高度正相关关系，即现阶段城镇居民个人收入基尼系数的增长会促进保费收入的增长。

七、社会支出结构因素

保险不管是作为风险保障工具还是作为金融投资工具，都是在居民生活得到保障的基础上进一步延伸出现的，也就是说，保费支出应当是在居民收入扣除消费后的结余中列支的。因此，在既定的收入水平下，当居民生活消费支出比重上升时，保费支付能力会相对降低，从而制约保险业的发展；反之，当居民生活消费支出比重下降时，保费支付能力会相对提高，从而促进保险业的发展。对于居民支出结构的测度，可以选用恩格尔系数，该指标反映的是居民家庭食品消费支出占家庭消费总支出的比重，作为具有较强刚性的居民家庭食品消费支出可以认为是居民生活消费支出的有效替代。这种指标替代，一方面是基于这两个指标的变动趋势趋同，从而不会显著影响回归分析的准确性；另一方面这种替代本身能更好地揭示在居民生理需求得到满足后，可用于满足安全需求和投资需求的剩余收入比重，从而更加贴近基于需求层次理论的保险业需求分析框架。从长期来考察，随着经济的发展和社会的进步，恩格尔系数会呈现逐步下降的态势，这在理论上会增加保险业的需求水平。1980～2007年我国城市居民家庭恩格尔系数见表5-6。

表 5-6 1980~2007 年我国城镇居民家庭恩格尔系数

年份	1980	1981	1982	1983	1984	1985	1986	1987	1988	1989	1990	1991	1992	1993
数额	56.9	56.7	57.0	59.2	57.2	53.3	52.9	53	51.4	54.5	54.2	53.8	53.0	50.3
年份	1994	1995	1996	1997	1998	1999	2000	2001	2002	2003	2004	2005	2006	2007
数额	50.0	50.1	48.8	46.6	44.7	42.1	39.4	38.2	37.7	37.1	37.7	36.7	35.8	36.3

资料来源：《中国统计年鉴》（1989，2008）

用 1980~2007 年我国城市居民家庭恩格尔系数作为解释变量，对保费收入作回归分析，得到如下回归方程：

$$\text{保费收入} = \underset{(10.208)}{11\,990.137} - \underset{(-9.103)}{219.851} \times \text{城市居民家庭恩格尔系数} \quad (5\text{-}12)$$

$R^2 = 0.761 \quad F = 82.862$

回归方程（5-12）拟合优度一般，而且所有参数都是充分有效的。相关系数 $r^{**} = 0.872$ 大于 0.85，说明城市居民家庭恩格尔系数与保费收入高度相关；且通过显著性检验 $F > F_{0.01}(1, 26) = 7.72$，说明城市居民家庭恩格尔系数和保费收入之间存在显著的线性相关关系。该结果印证了保险业需求与居民生活消费支出负相关的观点，也进一步表明保险需求属于具有较高弹性和需求层次的金融投资范畴。因此，随着经济的发展和居民生活水平的不断提高，我国保险市场具有很大的发展潜力，这也解释了与国际比较我国保险市场现有规模虽相对狭小，但却吸引了众多国际保险巨头蜂拥渗透我国保险市场的动因。

八、人口结构因素

保险作为风险保障和金融投资的工具，投保人需要履行缴纳保费的义务，继而会形成其持续的现金流出，因此只有在收入货币化程度较高的居民群体中才会形成现实的保险需求。这也就解释了我国农村地区之所以保险发展滞后；一方面归结于农村地区相对较低的收入水平，另一方面也是受农村地区收入货币化程度较低制约的结果。因此，随着城市化进程的推进，城镇人口占总人口的比重不断上升，这种人口城乡结构的变化会直接形成现实保险业需求水平提升的强大动力。1980~2007 年我国城市化水平如表 5-7 所示。

表 5-7 1980~2007 年我国城市化水平 单位：%

年份	1980	1981	1982	1983	1984	1985	1986	1987	1988	1989	1990	1991	1992	1993
数额	19.39	21.10	21.42	21.85	23.49	23.71	24.64	25.21	26.09	26.21	26.41	26.94	27.46	27.99
年份	1994	1995	1996	1997	1998	1999	2000	2001	2002	2003	2004	2005	2006	2007
数额	28.51	29.04	30.48	31.91	33.35	34.78	36.22	37.66	39.09	40.53	41.76	42.99	43.90	44.94

资料来源：《中国统计年鉴》（2008）

这里用1980～2007年我国城市化水平代表人口结构变化作为解释变量，对保费收入作回归分析，得到如下回归方程：

$$\text{保费收入} = \underset{(-9.556)}{-5861.312} + \underset{(12.243)}{238.287} \times \text{城市化水平} \tag{5-13}$$

$R^2 = 0.852 \quad F = 149.885$

回归方程（5-13）拟合优度较高，而且所有参数都是充分有效的。相关系数 $r^{**} = 0.923$ 大于0.85，说明我国城市化水平和保费收入高度相关；且通过显著性检验 $F > F_{0.01}(1, 26) = 7.72$，说明城市化水平和保费收入之间存在显著的线性相关关系。该结果一方面反映出我国保险市场集中于城市的特征，另一方面也印证了城市化水平的提高可以在社会收入总水平既定的基础上，起到提升保险业需求和加速保险业发展的作用。

另外，随着我国1981～1990年第三次生育高峰的结束，我国人口老龄化步伐加快。我国第五次人口普查资料显示，我国60岁以上的老年人口在2000年末已经达到1.32亿人，其中65岁以上的老年人口已接近9000万，占总人口6.96%，已经基本达到国际上公认的7%的老龄化标志线，这也就意味着我国在2000年底就已经进入老龄化国家行列。老龄化的出现和不断发展，对于经济和社会的方方面面都会产生深远的影响。一方面，人口结构的老龄化也就意味着人力资源的逐步枯竭，这会降低社会和经济发展的动力。如前所述，经济的持续发展是保险增长最能动性的影响因素，老龄化会导致社会成员总体经济支付能力相对下降，这也会影响到其对于保险消费的需求。另一方面，老龄化也会形成保险支出特别是人寿保险给付的增加，因而造成保险业给付、清偿压力的增加，这会对保险业的经营形成巨大压力。与此同时，人口结构的老龄化也会在一定程度上唤醒社会公众的风险意识，这也会形成对保险潜在需求的激发功能，特别是在家庭结构日益小型化的今天，越来越多空巢家庭的出现，会逐步增加人们对于以后养老保障的风险保障要求，带给人寿保险良好的发展机遇。1990～2007年我国65岁以上人口占总人口比重见表5-8。

表5-8　1990～2007年我国65岁以上人口占总人口比重　　单位：%

年份	1990	1991	1992	1993	1994	1995	1996	1997	1998
数额	5.57	5.99	6.09	6.2	6.23	6.18	6.4	6.6	6.7
年份	1999	2000	2001	2002	2003	2004	2005	2006	2007
数额	6.9	6.96	7.1	7.3	7.5	8.56	9.07	9.20	9.36

资料来源：《中国统计年鉴》（1991～2008）

为了验证人口老龄化对保险业的影响，下面通过对保费收入和65岁以上人口占总人口的比重作回归分析，得出以下回归方程：

$$保费收入 = -10\ 111.567 + 1732.957 \times 65岁以上人口占总人口比重 \quad (5\text{-}14)$$
$$(-14.217) \qquad (17.538)$$

$R^2 = 0.951 \quad F = 307.584$

回归方程（5-14）拟合优度非常高，而且所有参数都是充分有效的。回归系数 $r^{**} = 0.975$ 大于 0.85，说明保费收入与 65 岁以上人口占总人口比重高度相关；且通过显著性检验 $F > F_{0.01}$（1，16） = 8.53，说明 65 岁以上人口占总人口比重和保费收入之间存在显著的线性相关关系。从回归结果中可以得出如下结论：一方面，我国保险业需求与人口老龄化呈现显著的正相关关系；另一方面，老龄化对于保险消费需求的负面影响基本不存在，或者虽然在一定程度上存在但是被正面影响所抵补。因而从总体上反映为人口老龄化对保险业需求水平的提高也有促进作用。

九、居民金融资产因素

居民收入满足即期消费之后的结余会形成居民资产，居民资产一般会以实物资产或金融资产的形式出现，实物资产一般一经形成便会形成价值沉淀，从而基本丧失流动性，因此基于流动性偏好，金融资产会被居民广泛持有。就居民的金融资产构成而言，一般包括银行储蓄存款、股票投资、国债投资、保险投资、外币投资等多项内容。就居民金融资产与保险业需求的关系而言，一方面，在居民金融资产结构不变的基础上，金融资产总量的扩张与收缩会形成保险投资和保险需求的同步增加或减少，具有一定的收入效应特征；另一方面，在居民金融资产总量不变的基础上，金融资产结构的变化也会引发保险需求的变化，保险投资需求和储蓄、有价证券投资等存在此消彼长的关系，具有一定程度的替代效应。由于我国居民金融资产统计资料缺乏连续性，加之我国居民金融资产中储蓄存款不仅占比很高而且稳定，多年来始终维持在 70% ~75%，因此既可以用储蓄存款作为近似替代指标反映金融资产总量的变化趋势，又可以用该指标反映与保险需求相替代的其他金融资产需求水平。1980 ~2007 年我国储蓄存款余额见表 5-9。

表 5-9　1980 ~2007 年我国储蓄存款余额　　单位：亿元

年份	1980	1981	1982	1983	1984	1985	1986	1987	1988	1989
数额	399.5	523.7	675.4	892.5	1 214.7	1 622.6	2 238.5	3 081.4	3 822.2	5 196.4
年份	1990	1991	1992	1993	1994	1995	1996	1997	1998	1999
数额	7 119.8	9 241.6	11 759.4	15 203.5	21 518.8	29 662.3	38 520.8	46 279.8	53 407.5	59 621.8
年份	2000	2001	2002	2003	2004	2005	2006	2007		
数额	64 332.4	73 762.4	86 910.6	103 617.7	119 555.4	141 051.0	161 587.3	172 534.2		

资料来源：《中国统计年鉴》（2008）

通过对1980~2007年我国储蓄存款余额与保险保费收入作回归分析，得到如下回归方程：

$$保费收入 = -190.770 + 3.679 \times 10^{-2} \times 储蓄存款余额 \quad (5\text{-}15)$$

$$(-2.363) \quad (31.040)$$

$R^2 = 0.974 \quad F = 963.460$

回归方程（5-15）拟合优度非常高，而且所有参数都是充分有效的。相关系数 $r^{**} = 0.987$ 大于0.85，表示储蓄存款余额与保费收入高度相关；且通过显著性检验 $F > F_{0.01}$（1，26）=7.72，说明我国储蓄存款余额和保费收入之间存在显著的线性相关关系。结果表明：一方面，我国保险业需求与居民金融资产总量呈现显著的正相关关系；另一方面，储蓄等金融资产需求对保险业需求的替代效应基本不存在，或者虽然在一定程度上存在，但是被收入效应所抵补。因而从总体上反映为，随着居民金融资产的扩张和储蓄存款的增加，保险业需求水平也同向扩张。这也从一个侧面反映出，我国金融投资偏好结构的相对稳定，同时也为保险业发展提供了一个契机，即如果对保险产品加以精心设计以突出其相较于储蓄的金融投资优势，会诱发在金融资产中具有较大规模和比重的储蓄存款形成分流和漏出，通过替代效应为保险业需求的增加提供有力支持。

第三节 保险业供给因素

保险供给是指整个保险产业为社会提供的保险产品总量。制约保险供给的主要因素包括（孙祁祥，贲奔，1997）：第一，市场经济水平，假定其他条件不变，市场经济水平越高，保险的供给能力越强；第二，社会用于经营保险业的资本量，假定其他条件不变，经营资本与保险供给能力呈正相关关系，经营资本越多，供给能力越强；第三，保险从业人员的数量和质量，这里主要指保险经营所需的专业人才，如精算师、承保员、理赔师、风险评估人员等；第四，保险业的技术水平，包括对技术的投入；第五，保险业市场能力，反映保险业对市场的分析能力和保险产品、服务的市场延伸能力。

一、市场经济水平

在我国长期实行的计划经济条件下，经济主体的风险保障主要依靠国家和企业。前者表现为国家对于国有经济的资金支持，这既可以通过财政拨款投资，也可以通过银行信贷的国家分配向国有企业倾斜，在这种格局下，国有企业最终的各类风险，包括经营风险和财产损失风险，都会由国家通过财政和金融系统予以承担，因而削弱了国有企业通过保险承担各种损失的压力和动力；后者表现为企业雇佣制度的终身制特征和低工资、高福利的薪酬制度，企业不仅是一个经济实体，需承担经济职能，而且作为社会管理的基本单位，要承担职工及其家庭疾病、养老、教育等多种社会职能。

随着社会主义市场经济体制的确立和逐步完善，原有计划经济体制下的社会保障职能逐步弱化，取而代之的是市场经济条件下社会保障体系的逐步建立。在这一转轨过程中，社会保障的范围和重点也有所不同，从原先的大包大揽式的全方位的保障转向对社会成员基本生活需求的保障，其间存在的缺口为商业保险提供了广阔的市场。一般情况下，市场经济水平越高，经济货币化程度越高。金融深化程度 M2/GDP（%）反映了一国的金融增长水平和金融抑制程度，实际衡量的是在全部经济交易中以货币为媒介进行交易所占的比重，因而可以描述一国的市场经济水平。1988～2007 年我国金融深化程度见表 5-10。

表 5-10　1988～2007 年我国金融深化程度 单位：%

年份	1988	1989	1990	1991	1992	1993	1994	1995	1996	1997
M2/GDP	0.676 6	0.706 7	0.824 6	0.895 1	0.953 6	1.007 1	1.003 5	1.038 9	1.120 9	1.217 0
年份	1998	1999	2000	2001	2002	2003	2004	2005	2006	2007
M2/GDP	1.313 6	1.461 2	1.505 6	1.623 5	1.644 9	1.884 8	1.853 3	1.640 0	1.652 3	1.634 1

资料来源：《中华人民共和国国民经济和社会发展统计公报》（1988～2007）

通过对 1988～2007 年我国金融深化程度与保险保费收入作回归分析，得到如下回归方程：

$$\text{保费收入} = -3680.871 + 4424.614 \times M2/GDP \quad (5\text{-}16)$$
$$(-3.741) \qquad (6.011)$$

$R^2 = 0.667 \quad F = 36.127$

回归方程（5-16）拟合优度一般，所有参数都是充分有效的。相关系数 $r^{**} = 0.817$ 介于 0.60～0.85，说明保费收入与我国金融化程度显著相关；且通过显著性检验 $F > F_{0.01}(1, 18) = 8.29$，说明金融深化程度和保费收入之间存在显著的线性相关关系。以上分析证明，市场经济水平的深化能够刺激保险业的发展。

二、保险业资本、资产规模因素

保险业作为收取保费、经营风险的产业，其供给水平取决于诸多因素，而资本金水平的高低对于保险业持续经营能力的培育至关重要。这是因为资本金本身是保险业业务拓展的物质基础，其高低直接决定着公众对保险业的信心。因此，保险业资本金水平在很大程度上决定了保险业保险产品的提供能力和市场接受水平，这对保险业发展和保险业竞争力的提升具有重要作用。

我国保险业经历了 20 多年的发展，保险业资本金水平也不断壮大，既包括原有保险公司资本金的扩充，也包括新保险公司进入该行业所带来的资本的不断注入。由于保险业资本金水平既是保险业发展的前提，也是在保险业良性发展基础上新增流量滚存的结果，因此保险业资本金水平应当与保险业发展本身呈显著的正相关关系。

保险业资产水平作为衡量保险业供给能力的最直接的指标，从绝对量上反映了保险业可供利用的资金。这既是保费收入的转化形式，也是保险业运用资金获取收益从而壮大自己的重要途径。因此，保险业资产水平的上升和保险基金运用效率的提升都能促进保险业的发展，增进其竞争能力。在保险业承保利润逐步降低并呈负向发展的格局下，保险资产规模和保险基金利用效率对于保险业投资利润形成和保险发展潜力的评价具有突出的现实意义。1997～2007 年我国保险业总资产见表 5-11。

表 5-11　1997～2007 年我国保险业总资产　　单位：亿元

年份	1997	1998	1999	2000	2001	2002	2003	2004	2005	2006	2007
数额	1 646	2 038.2	2 724.2	3 373.9	4 591.07	6 494.93	9 122.8	11 953.68	15 225.94	19 704.19	29 326.69

资料来源：《中国保险年鉴》（1998～2008）

用 1997～2007 年我国保险业总资产与保费收入作线性回归，得出以下回归方程：

$$\text{保费收入} = 1140.332 + 0.224 \times \text{保险业总资产} \quad (5\text{-}17)$$
$$(5.16) \qquad (12.927)$$

$R^2 = 0.949 \quad F = 167.118$

回归方程（5-17）拟合优度非常高，而且所有参数都是充分有效的。相关系数 $r^{**} = 0.974$ 大于 0.85，说明保险业总资产和保费收入高度相关；通过显著性检验 $F > F_{0.01}(1, 9) = 10.56$，说明保险业总资产和保费收入之间存在显著的线性相关关系。结果显示，保险业总资产是保险业的重要供给因素。

三、保险业人力资源因素

保险业作为金融服务业的一个分支，其产品设计、业务拓展、价值传递和风险控制在很大程度上取决于优秀的人力资源，具有较为明显的知识密集型产业特征，而且在现有服务手段下，依托保险代理人的展业模式，使得保险业的人力资源规模和素质成为保险业总量扩张和质量提升的主要途径和源泉。

一般地，随着保险业人力资源总量的扩张和结构的优化，保险业的发展潜力会得到提升。首先，保险业人力资源总量的扩张会在保险业现有技术手段下，由于生产要素总量的扩张导致产业供给能力的上升，而保险业所具有的规模经济特征也会使人力资源要素的投入导致产业平均成本水平的下降，这有利于保险产品和服务价格水平的下降并继而增加产业竞争力水平；其次，人力资源结构的优化，会使整个保险生产运行由专业化的人才进行有效的运作，也会在产品设计、价值传递等方面创新的基础上更好地满足市场需求，从而增加保险产业供给的市场接受能力和水平，这对于保险产业的发展具有直接的推动作用，并且也会逐渐成为保险业发展的原动力系统。因此，保险业从业人员数和从业人员学历对保险业的竞争力有很大影响。1997～2007 年我国保险从业人员数和保险人员本科以上学历比例如表 5-12 所示。

表 5-12　1997～2007 年我国保险从业人员数和保险人员本科以上学历比例

年份	1997	1998	1999	2000	2001	2002	2003	2004	2005	2006	2007
从业人员数/个	170 421	172 892	171 865	166 602	177 512	222 480	251 073	293 180	344 234	415 078	529 937
学历比例/%	11.07	11.22	18.26	18.17	21.20	24.84	26.35	30.00	30.63	33.48	36.88

资料来源：《中国保险年鉴》（1998～2008）

分别用 1997～2007 年保险从业人员数和保险人员本科以上学历比例作为解释变量，与保费收入作回归分析，得到如下回归方程：

$$\text{保费收入} = \underset{(-2.420)}{-985.699} + \underset{(11.463)}{1.617\times10^{-2}} \times \text{保险从业人员数} \tag{5-18}$$

$R^2=0.936$　$F=131.412$

$$\text{保费收入} = \underset{(-3.801)}{-2041.156} + \underset{(10.523)}{224.130} \times \text{保险人员本科以上学历比例} \tag{5-19}$$

$R^2=0.925$　$F=110.735$

回归方程（5-18）和（5-19）拟合优度非常高，而且所有参数都是充分有效的。相关系数 $r^{**}=0.967$ 和 $r^{**}=0.962$ 都大于 0.85，说明保费收入与保险从业人员数和保险人员本科以上学历比例都高度相关；通过显著性检验 $F>F_{0.01}(1,9)=10.56$，说明保费收入与保险从业人员数和保险人员本科以上学历比例之间都存在显著的线性相关关系。回归结果表明，保险业人力资源的总量和质量都能刺激保险业发展潜力的提高。

四、保险业技术因素

保险技术是特殊的技术，它由许多学科综合而来，有自己的规律和特点，从险种设计、承保、理赔、资产负债管理等无不包含着对科学技术的运用，其中尤以精算技术和风险管理技术为重。因此，保险技术成熟与否是保险业竞争力高低的重要影响因素。

技术因素会对保险业的供给水平和效率的高低产生影响。首先，技术水平的改进能够提高保险业价值传递的效率和深度，使保险产品和服务能够更好地满足顾客需求，这反映在保险产品的顾客需求满意度的提升上，即在对顾客需求科学分析的基础上，运用更为高效的服务方式推出合理的保险产品，使顾客的潜在需求向现实需求转化；其次，技术水平的改进能够更好地将现有资源加以充分利用，并利用范围经济和规模经济所带来的效率收益来降低保险产品和服务的价格水平，从而在刺激保险需求扩张基础上进而增加保险产品的供给能力和水平。在这方面，从原先单一的基于人际关系推销的展业服务模式逐步向利用电话网络、互联网络、银行网络的网络化展业服务模式的转变，既增加了保险业服务的触及面，又使保险业能够与相关产业更好地融合，从而拓展保险业的适应能力。

经过2001年以来的持续投资，国内保险业以硬件投入为主要标志的信息化基础设施建设已基本完成，并由此进入了一个新的发展阶段。PC、小型机、网络设备等硬件产品的采购量稳中有降，而应用软件、存储设备、服务等投资额开始趋于上升。2000～2005年我国保险业的IT投资状况如表5-13所示。

表5-13　2000～2005年我国保险业的IT投资状况

年份	2000	2001	2002	2003	2004	2005
投资规模/亿元	8.02	11.3	10.9	12.9	13.0	13.8
占同期保费收入比重/%	0.503	0.54	0.36	0.332	0.301	0.286

资料来源：计世资讯研究报告.2004、2005年中国保险行业信息化建设及IT应用趋势报告，http://www.ccwresearch.com.cn/

从表5-13中可以看出，2000～2005年国内保险业IT投入呈现稳中有升的局面，然而与同期保费收入的快速增长相比，虽然近年来保险业在信息化方面的投入不断增加，但IT投资规模占同期保费收入的比重呈明显下降的趋势。可见，中国保险业的信息化建设严重滞后，信息化应用水平在整个金融系统内部明显偏低，这一薄弱环节已成为制约整个保险行业健康发展的“瓶颈”。

五、保险业市场能力因素

保险业的市场能力因素反映为保险业对市场的分析能力和保险产品、服务的市场延伸能力（关浣非，2000）。具有良好的市场能力会对保险业的发展起到积极的促进作用。一方面，保险业展业的基本形态在于了解和分析保险市场的需求，从而在立足于现有市场基础上更具有针对性地开展保险业务和发展保险业；另一方面，良好的市场能力也会在保险业和客户之间建立起更为高效、快捷的联系，使保险业能够更好地将产品和价值向顾客进行传递。这既有利于增加保险市场的有效供给，也有利于建立一个具有活力和市场根基的保险业，并不断提升保险业的竞争力水平。

从国家层面衡量保险业市场能力的指标主要有保险密度和保险深度。人均保费收入越高，保费收入占国内生产总值的比重越大，说明保险业在一国经济中所起的作用越大。入世后，我国的保险密度和保险深度都有了较大幅度的提高，表明我国保险业的市场能力有了很大的提高，但在国际上仍处于非常落后的地位，这严重制约了我国保险业竞争力的提升。

从企业层面衡量保险业市场能力的指标主要有市场集中度。在市场集中度高的保险市场上，通常保险公司数目较少、缺乏竞争，也就缺乏了对市场需求的分析、对新产品开发的动力；相反，在市场集中度低的保险市场上，竞争激烈，刺激了各保险公司的创新，提高了供给能力。1998～2007 年我国保险市场集中度 CR4 见表 5-14。

表 5-14　1998～2007 年我国保险市场集中度　　单位：%

年份	1998	1999	2000	2001	2002	2003	2004	2005	2006	2007
财产险市场 CR4	99.27	97.78	95.57	96.34	95.38	91.12	88.59	84.43	80.42	75.91
人身险市场 CR4	98.07	97.08	95.00	96.66	98.11	82.51	79.97	74.96	76.83	78.90

注：根据《中国保险年鉴》（1999～2008）提供的数据，并分别根据我国财产和人身保险市场中占市场份额最多的前四个保险公司计算整理。

用 1998～2007 年我国保险市场集中度和保费收入作线性回归，得到以下回归方程：

$$\text{保费收入} = \underset{(14.838)}{25\,493.728} - \underset{(-12.833)}{242.852} \times \text{财产险市场集中度} \tag{5-20a}$$

$R^2 = 0.954 \quad F = 164.689$

$$\text{保费收入} = \underset{(6.394)}{18\,950.568} - \underset{(-5.236)}{175.726} \times \text{人身险市场集中度} \tag{5-20b}$$

$R^2 = 0.774 \quad F = 27.415$

回归方程（5-20a）拟合优度非常高，回归方程（5-20b）拟合优度一般，所有参数都是充分有效的。相关系数 $r^{**} = 0.977$ 和 $r^{**} = 0.880$ 都大于 0.85，说明保费收入与财产险和人身保险市场集中度高度相关；通过显著性检验 $F > F_{0.01}(1, 8) = 11.26$，说明保险市场集中度和保费收入之间存在显著的线性相关关系。回归结果显示，我国保险业市场集中度与保费收入呈显著的负相关关系，进一步验证了保险业市场能力对保险供给的影响。

第四节　保险业相关和支持性产业

波特认为，当一国产业或企业与国际竞争对手比较时，相关及辅助产业是否健全是决定竞争优势的关键因素之一。通过自上而下的扩散流程和相关产业内部的提升效应，相关支持性产业之间能够形成一个休戚与共的优势网络，彼此牵动并刺激竞争力。保险业的支持性产业是能够形成对保险业供给和需求的产业，应当包括其上游产业和下游产业，前者如银行业、风险公估业，后者如金融投资业。

一、银行业

就银行业而言，该产业与保险业之间存在着较为复杂的联系。首先，二者作为向公众提供金融产品和金融服务的产业，它们之间存在着相互的竞争和补充，即两者会由于公众对金融产品不同的偏好，形成在既定金融资源总量结构下此消彼长的竞争关系，表现为对居民金融资产总量的分割。其次，银行业作为居民持有金融资产的初始形态，也是居民当期收入的转化起点，会随着居民当期收入的变动影响居民可支配收入和可支配资产水平，继而对保险业需求产生影响，也就是说，只有在居民具有稳定的银行资产增长背景下，才会形成不断扩张的保费支付能力，从而完成由传统的银行资产形态存在的居民财富向以保险资产形态存在的居民财富的转化。此外，在银行业与保险业渗透不断深入的背景下，银行业成为保险业发展的重要支撑，这表现为银行业作为保险代理人身份开办的保险展业及代收保费业务，会在银行业中间业务发展的基础上直接促进保险业业务的拓展，而基于信用卡自动转账投保等银行业务，则会在增加银行信贷规模的基础上实现保险消费需求的膨胀，这实际上是一种以银行业资产业务开展为基础的保险业联动发展模式（卫新江，2005）。综合以上银行业与保险业的关系，不难发现银行业与保险业发展之间既存在着负相关关系，也存在彼此增进的正相关关系。我国 1996～2007 年银行业总资产见表 5-15。

表 5-15　我国 1996～2007 年银行业总资产　　单位：亿元

年份	1996	1997	1998	1999	2000	2001	2002	2003	2004	2005	2006	2007
数额	75 624.6	92 341.8	109 462.3	122 834.9	137 434.1	159 439.5	204 371.1	276 394.5	315 989.8	374 696.9	439 499.7	525 982.5

资料来源：《中国金融年鉴》（1997～2008）

用 1996～2007 我国银行业总资产和保费收入作线性回归，得到以下回归方程：

$$\text{保费收入} = -145.649 + \underset{(35.678)}{1.370} \times 10^{-2} \times \text{银行业总资产} \quad (5\text{-}21)$$

（−1.374）　（35.678）

$R^2=0.992$　$F=1272.912$

回归方程（5-21）拟合优度非常高，而且所有参数都是充分有效的。相关系数 $r^{**}=0.996$ 大于 0.85，说明保费收入与银行总资产高度相关；通过显著性检验 $F>F_{0.01}(1,10)=10.04$，说明银行业总资产和保费收入之间存在显著的线性相关关系。从回归结果中可以得出如下结论：首先，银行业总资产作为衡量银行业规模的一个指标，对保险业的发展具有显著的影响；其次，银行业与保险业发展显著正相关，理论上的负相关关系可能不存在或被正相关关系所抵消；最后，银行业是保险业发展的强有力支撑，支持银行业的发展能够促进保险业发展，并增进保险业的竞争力。

二、风险公估业

风险公估业作为社会信用中介产业，对于具有风险经营特征、面临相当程度信用风险的保险业而言具有一定的支撑作用，这反映在保险业经营中普遍存在的信息不对称现象，即投保人在保险标的所面临的风险方面拥有相对较多的私人信息。在信息不对称的格局下，投保人基于信息优势隐瞒风险水平，并将风险转嫁给保险业，这会相应地增加后者期望外的风险水平并继而阻碍保险业盈利水平的提升；如果基于信息不对称而诱发逆向选择，会继而导致保险业提升费率水平和增加投保限制，这不利于保险业规模的扩张，也会限制保险业竞争力的提升。而风险公估业作为信息收集、分析、处理和提供的产业，能够为保险业提供相关保险标的较为充分的信息，以弥补保险业的信息劣势并减少基于信息不对称所可能导致的风险承担过度和逆向选择，而这相较于保险业自身非专业化的收集处理信息的效率一般要高，成本也相对较为低廉，因此会对保险业竞争力水平的提升起到良好的支撑作用（秦蓉蓉，2005）。目前我国的风险公估业还相当不发达，入世以前基本上由保险公司自己来核对风险，2001 年才成立了第一家保险公估机构，当年实现公估服务费 0.0991 亿元，以后逐年快速增长，到 2007 年达到了 7.2 亿元，如表 5-16 所示。但总的来说，我国的风险公估业尚处于起步阶段，保险业的风险评估还主要依托自身内部来独立完成，幼稚的风险公估业目前还难以以产业形式为保险业的发展和竞争力水平的提高提供有力的帮助。

表 5-16　2001～2007 年我国保险公估公司的公估服务费收入 单位：亿元

年份	2001	2002	2003	2004	2005	2006	2007
数额	0.099 1	0.39	0.48	1.28	2.97	4.33	7.20

资料来源：《中国保险年鉴》（2002～2008）

用 2001～2007 年保险公司公估服务费和保费收入作线性回归，得到以下回归方程：

$$\text{保费收入} = 3012.471 + 589.796 \times \text{保险公司公估服务费} \quad (5\text{-}22)$$
$$(9.789) \qquad (6.537)$$

$R^2 = 0.895 \quad F = 42.737$

回归方程拟合优度较高，而且所有参数都是充分有效的。相关系数 $r^{**} = 0.946$ 大于 0.85，说明保费收入与保险公司公估服务费高度相关；通过显著性检

验 $F > F_{0.01}$（1，5）=16.26，说明保险公司公估服务费和保费收入之间存在显著的线性相关关系。回归结果进一步验证风险公估业对保险业发展的支持，其发展将会有助于我国保险业竞争力的提升。

三、金融投资业

在分散收取保费基础上建立集中性质的保险基金，既是保险赔付的准备资金，也是保险业用于对外投资获取投资收益的来源。从保险业的国际发展趋势看，承保利润不断下降甚至为负数，投资利润对于保险业发展及其竞争力的提升具有突出的现实意义（许荣，毛宏灵，2006）。

保险业资金运用一般集中在金融投资领域，这既包括对具有较高流动性和稳定收益的短期金融资产，如国库券的投资，也包括对具有一定风险水平和较高收益水平的长期金融资产，如股票、债券的投资。从国外保险业投资来看，保险基金往往充当着金融市场中重要的机构投资者角色。因此，金融投资业的发展程度也会对保险业竞争力的提升起到关键作用。首先，金融投资业专业化程度的高低影响了保险业资金投资于金融市场可选择的中介机构类型和金融工具类型。在金融市场日趋复杂化的背景下，任何投资者要想获得最优化的投资风险收益组合，仅依靠自身的努力将是难以实现的，而必须在专业分工的基础上，依靠在某一领域具有专业化优势的金融投资机构来辅助完成，通过专业化的金融投资工具来实现，而这依赖于金融投资业的发展程度和细分程度。其次，金融投资业运行效率的高低影响了保险基金的增值。保险基金获取增值既可以建立在信托关系基础上由专业金融投资机构加以经营，也可以直接由保险公司充当金融投资机构中的一员直接经营，不论是何种方式，最终保险基金增值和运营效率的高低都直接由金融投资机构的专业判断、分析和控制能力来决定。只有具备高效率的卓越专业水准的金融投资业，才能对保险业在利润水平提升的基础上不断扩充实力并继而增进其竞争力水平。最后，金融投资业所依托的市场背景因素作为对保险业竞争的间接支撑因素，也会影响到保险业竞争力水平的提升。一般当市场具有较高的有效性、流动性和稳定性时，保险基金投资的系统和非系统风险水平会随之降低，而收益水平会随之增加，从而增进保险基金的投资收益和保险业竞争力。

我国1998～2007年保险资金投资及收益情况如表5-17所示。保险资金投资于基金的比重由2000年的0.8%上升到2007年的9.47%，但基金收益率持续下滑的倾向成为保险业竞争力提升的潜在障碍。与此同时，我国股票市场出现了连续多年下滑的局面，这直接对保险业投资于资本市场的收益率产生了负面影响。在银行存款市场方面，我国银行利率水平在持续下滑之后已经开始止跌回升，这对于持有大量银行存款投资的保险业而言，会增加其收益水平。但在债券市场方面，伴随着利率水平的上升和监管力度的加强，国债投资收益呈现萎缩状态，从而呈现出与存款市场此消彼长的关系。

表 5-17 1998～2007 年我国保险资金投资收益状况 单位：%

年份	1998	1999	2000	2001	2002	2003	2004	2005	2006	2007
基金投资比重	0	0	0.8	5.30	5.40	5.23	6.00	8.55	5.13	9.47
银行存款比重	49.10	52.00	51.00	48.70	52.00	52.06	49.20	36.66	33.67	24.39
投资收益率	7.50	4.66	3.59	4.30	3.14	2.68	2.40	3.60	5.8	12.17

资料来源：《中国保险年鉴》（1999～2008）

第五节 保险企业战略、结构与同业竞争

波特认为，不同国家的相同产业的企业在目标、策略及组织形式等方面是极不相同的，而这些差异条件的最佳组合就成为产业竞争优势。假如某一产业的公司在这些方面的选择迎合该国在该产业的竞争优势资源，则该国在该产业上的竞争优势就显而易见了。

一、企业战略

波特认为，任何产业和企业都受到五种竞争的作用力：潜在竞争对手的威胁、其他产品创新而使本企业产品被替代的威胁、供应商的议价能力、消费者的议价能力、产业内部现有企业之间的竞争。这五种竞争作用力综合决定了企业获取超出行业平均利润水平的盈利能力。企业在与五种竞争作用力的抗争中，产生了三种基本竞争战略：①成本领先战略。指企业采取一系列手段压缩成本费用支出，建立达到有效规模的生产设施，最大限度地减少研究、开发、生产、服务、推销、广告等方面的成本费用，实现以低成本取胜的目标。这样，当别的企业在价格竞争过程中已失去利润时，该企业依然可以获得利润。②标新立异战略。指企业在某些产品或服务上与其他企业保持鲜明的差别，使产品或服务在产业中具有独树一帜的特性，包括品牌形象、技术特点、外观特点、顾客特点、经销网络及其他方面的独特性等。③目标集聚战略。指企业在市场内部主攻某个特定的顾客群、某类细分的产品系列或某一地区市场，以更高的效率、更好的服务效果为某一狭窄的对象服务，从而超过在大范围内竞争的对手。

保险企业的战略对保险业竞争力有着很大的影响，比较中资与外资企业的发展战略可以发现，在目前竞争激烈的保险市场上，中、外资公司不约而同地选择了目标集聚战略，但从基本的经营理念和实施细节上来看，中、外资公司还存在

不小的差距。主要表现为：

（1）不同的创新策略。创新竞争包括人才、市场策略、运营和IT模式及产品的差异等方面。中资公司比较专注于产品创新和服务创新，而外资公司除此以外，还在营销模式和市场策略上实施了创新。

（2）战略的谨慎性和稳健性。外资保险普遍重视战略性的长期成长，实行“谨慎经验”战略。从经营思路来看，外资保险采取了与中资保险不同的发展道路，它们一般不急于扩大业务规模和市场占有率，不与中资公司采取价格战，绝不会为了一时的规模之争而牺牲信誉，更不会争揽低质量保单。外资公司着重品牌的逐步树立和推广，采取稳健的经营战略，期望在保持品牌形象的前提下适当占有市场。外资公司所采取的经营策略大多定位清晰，目标明确，根据自身特点对经营范围、经营区域和渠道建设进行设定。

（3）外资公司更注重成本控制。保险产品的利润来源于承保利润、投资收益和费差收益。在保险产品价格竞争激烈、保险资金运用收益率又无法大幅度提高的情况下，控制公司营运费用和严格核保核赔管理，成为保险公司增加利润的主要手段。与中资保险公司相比，不论是在硬件建设还是在制度建设上，外资公司都更加重视业务财务管理。外资公司一般都实施严格的财务预算体系，规定对费用的使用事前要预算，事中要控制，事后要反映。在业务管理方面，外资公司建立了严格的考核体系，对承保、理赔权限进行严格的控制，严格承保、理赔的业务流程。对财务信息系统的投入和维护，许多外资公司也毫不吝惜。

二、企业组织结构

企业作为产业的组成分子，其运行效率和竞争力水平会直接影响作为整体的产业竞争力水平。原则上，每一个企业的组织机构都是独一无二的，即组织机构具有个体性、独特性或差异性，特别是当考虑不同企业的发展战略、内外环境、人员素质、企业规模和企业所处的生命周期等组织机构的运行因素时更是这样。

公司战略在很大程度上决定了组织结构的设计，组织结构设计必须充分体现公司战略，并支持公司战略的实施。采用成本领先战略的保险公司，其组织结构强调较高的权力集中度、较高的资源共享程度、标准的运作流程，要求组织结构设计有利于提高经营效率。采用差异化战略的保险公司，其组织结构相对灵活，权力集中度较低，部门间横向协调能力较强，组织结构设计注重提高市场反应能力和创新能力。另外，一些保险公司依据自身的优势资源，制定了大力发展特定业务的战略，并在组织结构设置方面作出了相应的安排（段求平，2007）。

但是就组织结构的整体构架形式而言，传统的企业组织形式基本是金字塔式。随着信息技术的广泛应用，公司内部之间以及公司与外部社会之间信息交流传递速度加快，处理信息的时间缩短，传统的企业组织形式已经阻碍了保险公司效率的提高。随着现代企业制度的发展，各保险公司纷纷寻找适合自身发展并且能适应市场竞争的新的组织模式。概括起来，目前比较典型的组织机构基本上有职能式、矩阵式、事业部式、混合式等几种类型。

针对中小保险企业而言，适宜采用新型直线职能式。如今大多数中小型保险企业采用的是直线职能制的组织结构形式，即在各级直线指挥机构下设置了相应的职能机构从事专业管理，但明确规定职能机构只能对下级部门进行业务指导，而直接指挥权仍属于直线机构。在保险公司中其具体格局为：总公司、省市区分公司、地市分公司、县区支公司等，其上下级公司之间是直线管理关系，上级公司的职能部门对下级公司的职能部门只能是业务指导关系。各级保险公司又可根据其所在市场的情况，按照客户、产品、销售渠道等划分其内部部门（雷醒，2008）。尽管职能式有助于公司快速提高各职能的专业能力，实现职能规模经济，建立职能资源的共享机制，但是由于我国保险业市场集中度较高，中小型保险公司要争夺保险资源和提高运行效率，组织形式就应该向新型直线职能式发展。采取新型直线职能式组织机构的中小保险企业具有较大程度的灵活性，在密切联系市场、简化管理层级、提升管理效率、提高反应速度方面具有明显的优势，通常会在区域性保险业和保险业发展早期阶段体现出较强的活力和竞争力。

针对大型（跨国）保险企业集团而言，设置事业部式是比较理想的选择。西方保险公司普遍采用了事业部式组织结构，依据产品类型、客户类型和渠道类型设置事业部是常见的做法。比如，美亚保险公司（AIU）设置了两个按客户类型命名的事业部（商险事业部、个险事业部）和两个按产品类型命名的事业部（意外及健康险事业部、能源险事业部）；CGNU 保险公司下设了零售业务部、公司合作部和保险中介业务部。一些大型跨国经营的保险公司在集团层次也设立了地区事业部。国内一些规模较大的保险公司，比如，人保财险、平安寿险等公司也已经采用了事业部式。采用这种组织结构形式的大型（跨国）保险企业集团，使统一管理和专业化分工更好地结合起来，避免了过度集权导致的高层决策堆积和效率较低问题，便于衡量各事业部的经营状况，各事业部直接面对业务领域，具有良好的市场适应性，可以应对不稳定环境下的高度变化，通常会在区域性保险业和保险业发展中期阶段体现出较强的活力和竞争力。

另外，一些大型保险公司在集团层次引入了矩阵式组织结构。例如，苏黎世金融服务公司在集团层次设置了四个业务线和地域相结合的事业部，包括全球公司事业部、北美商险事业部、欧洲非寿险事业部和全球人寿事业部。采取矩阵式组织机构的大型保险企业，一般能够较好地适应单个企业规模的扩张，从而有利于在规模经济基础上降低自身经营成本和所承担的风险水平，并取得较为丰厚的收益，继而在进一步的竞争中取得竞争优势。特别是，在保险业本身承保风险只有在承保规模足够大的基础上才能符合大数定理所揭示的风险经营准则，继而提升保险业整体经营的稳健性和竞争力，这在保险业发展到一定阶段，即从单纯的数量型扩张到内涵型增长阶段表现得尤为突出。

总之，企业组织对产业组织及其产业发展有重要影响。一方面，企业组织行为是决定产业垄断程度的基本力量。在现代市场经济条件下，企业对规模经济的追求实质上就是对资源和市场的独占程度的追求，由此影响产业垄断程度。另一方面，企业组织行为也影响企业经营的效率和竞争力。不同类型的企业或者企业集团，根据自身的资本结构、人力资源、发展阶段，进行企业组织模式的改革和创新，不仅对企业的营运水平和经营效率有影响，而且对产业的市场、竞争和绩效都会产生重要影响。当前国际保险市场的兼并、金融控股公司的出现无疑将会影响某一国家、地区及国际保险市场的竞争格局，这也说明了企业组织对产业组织的影响。

随着中国人寿和平安集团的上市、新华控股公司的成立，我国保险企业集团化趋势开始显现；平安养老、太平养老股份有限公司的批准设立标志着专业化公司的发展方向；人保健康保险、华泰人寿等获准筹建标志着保险业内混业经营的开始。集团化的目的是为了集团内部资源和外部客户资源的综合使用，而专业公司的设立则提升了保险业的专业化经营水平，为细分市场和大力开拓市场提供了组织保证。这对于保险业中众多拥有不同资源背景的保险企业贯彻其战略、应对市场竞争和满足潜在市场需求提供了组织上的保证，也为保险业竞争力的提升奠定了良好的基础。

三、同业竞争

一个行业内不同企业间的竞争不仅会对企业的成长产生重要影响，而且随着企业能力的发展变迁也会促进该产业的活力和竞争力的提升，这在我国保险业发展中也有明显的体现。

（1）保险企业间同业竞争的程度。通常认为，一个产业的竞争程度弱，从一个侧面反映出其市场存在着一定程度的垄断，这个行业一般就会有较高的产业利润率，那么产业中的主体（企业）也就相对有可观的利润，也就拥有一定的竞争力。我国保险市场竞争程度不高，也就是说保险企业有可能获得一定的利润，而实际上较低程度的竞争往往会对保险业的资源配置产生负面影响，也会对保险企业活力的提升产生不良后果，导致保险业运行效率和竞争力水平的低下。自 2001 年末入世以来，我国保险市场开放的步伐越来越快，外资保险公司纷纷进入我国沿海经济发达城市。伴随着市场主体的增加，保险企业间同业竞争的程度加剧，从而刺激了中资保险公司改善经营机制、注重产品创新，这无形中推动了我国保险业竞争力的提高。

（2）保险企业间同业竞争的方式。在日益激烈的保险市场的竞争中，保险公司可采取的竞争方式基本上可分为价格竞争策略和非价格竞争策略。保险企业竞争方式选取的合理与否，很大程度上影响了保险业竞争力的水平。随着竞争程度的加剧，为了保持市场份额、保证拥有充足的业务量，保险公司纷纷以各种形式降低保险费率，主动或被动地牺牲现有的利润甚至亏损。这既有损于保险企业自身的成长，也不利于保险业的发展。事实上，价格战在我国保险业已有较长的历史，即使在价格受到严格管制的2003年以前，各家保险公司就各显神通，暗地以高返还、高回扣、高手续费争夺市场，虽然各家保险公司都在竞相降价中苦不堪言，但却身不由己。目前，许多国家仍然采用价格竞争的手段，并取得了很好的效果，主要的原因是这些国家有着成熟的投资环境，经验丰富的投资专家把吸引进来的保险基金通过股票、债券、不动产、贷款等渠道去赢取丰厚的回报。所以在总体上，投资利润不仅抵消了承保亏损还有一定的盈余。这当然也是我国保险公司经营模式的理想选择，因为这是一种双赢的局面，消费者可以在竞争中得到最低的价格，而保险公司也能够得到其应得的利润。但在我国，至少在目前还没有办法实现这种双赢。因此，基于以上价格竞争的限制和保险企业的不断成熟，国内众多保险企业逐步尝试非价格竞争的方式，既可以通过创新迅速发掘和占领潜在市场，如平安人寿不断加大产品开发力度，通过保险产品创新在寿险市场上不断巩固自身地位；也可以通过高效的管理建立卓有成效的市场需求满足能力，如人保财险压缩管理层级，通过扁平化来缩短企业对市场变化作出反应的内部时滞；还可以通过密切联系顾客，开展矩阵式的业务互动来抢占市场，如泰康人寿通过不断与重点客户建立战略合作伙伴关系，建立起卓有成效的客户关系管理系统，并深入客户组织内部建立起全方位的业务联系，从而形成基于深度联系的客户占有优势。与此同时，这种非价格竞争也提升了我国保险业的竞争力。

（3）保险同业竞争的范围。依据波特的竞争优势理论，同业竞争的范围需要从产品市场的角度来考虑，据此认为企业竞争优势来源于企业外部，即同业竞争的范围往往受制于产业发展阶段、企业发展导向和政府政策等因素。入世前，我国保险业发展不够成熟，低强度、中小领域和范围内的同业竞争，形成了保险企业成长的较为适宜的外部环境，又不失于一定程度的竞争和挑战，有利于确定其发展方向和树立良好的发展理念，这对于保险业竞争力基础的奠定具有积极意义。目前，我国的保险业获得了一定的发展，业已粗具规模，同业竞争范围就应是在加快产业发展节奏的同时，注重产业整体效率，因而在这一特定阶段应当逐步增加保险同业竞争的范围，这往往既是保险业整体发展规划的出发点，也是保险企业发展到特定阶段后出于扩大市场份额本能的正常选择。从扩大竞争范围来看，这对于保险业内部资源的重新整合、优胜劣汰具有积极的促进作用，也对于在此基础上保险业竞争力的提升具有帮助。

综上所述，保险企业战略、结构和同业竞争对保险业竞争力有着很大的影响，而其具体影响力主要体现在保险企业的偿付能力、资金运用能力和盈利能力等方面。

第六节 政 府

竞争优势取决于“钻石模型”框架中的决定因素，政府的重要性在于它能影响这些决定因素，但其作用毕竟是有限的，政策只有与决定因素相互协调时才能成功。许多人认为政府是行业的支持者，但政府试图帮助企业的许多措施实际上不利于企业的长期发展，如补贴、提供保证性的政府需求以及人为贬值等。这些政策意味着企业不会创造可持续竞争优势，政府的角色应是一个推动者和挑战者。政府应传递并放大“钻石模型”框架中的作用力并使这些决定因素升级，正确的政府决策要通过激励要素创造、刺激竞争来促成竞争优势的形成。图5-2反映了政府对保险产业政策的实施过程。

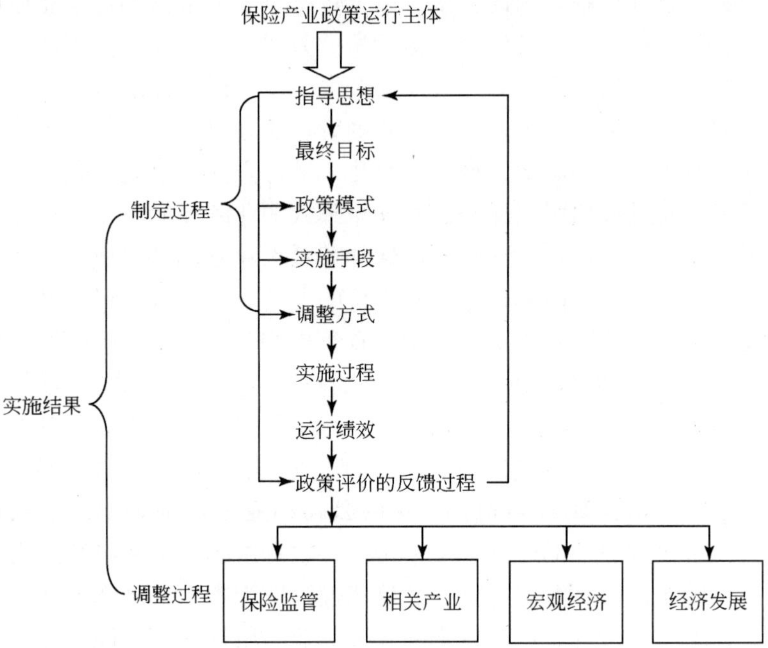

图5-2 保险产业政策的实施过程

从图5-2中可以看出，政府的指导思想决定了保险产业政策的实施过程，实施过程包括政策制定、实施、评价、反馈和调整五个阶段，并且政府对保险业的实施政策主要体现在保险监管、宏观经济政策、相关产业政策和经济发展战略调整四个方面。

一、保险监管

保险本身最重要的特点是保险的负债性、社会性和保障性。保险这种商品是一种虚拟商品，保险合同一经出售，购买人得到的只是对未来发生意外的承诺。保险企业通过出售保险产品集聚所有投保人的保险金，再按照市场方式进行投资运作，除掉企业的资本金，所运营的资金完全是负债的。保险企业联系千家万户，对社会提供保障功能，具有广泛的社会性和对社会的保障性。保险产品的设计以专门的统计技术为基础，其技术性强，一般不易为普通人所掌握，存在信息不对称现象，如不加强监管，很可能出现保险产品设计、核保核赔、售后服务等方面的投机现象。另外，在现有体制下，保险代理人不属于保险公司的正式员工，在其展业过程中屡屡发生误导客户的现象（赵利胜，2004）。

因此，良好的保险业运行状况会在一定程度上增加金融资源的配置效率，给公众提供良好的风险分散途径，并为社会资本提供存储向投资的转换路径，既可以使社会风险得到有效的分散和补偿，也会促进金融资源转换效率的提升，从而表现出良好的正外部性；反之，当保险业存在较多的运行弊端、运行效率低下时，则会使社会风险的分散补偿功能趋于下降，导致金融资源配置效率低下，并有诱发金融风险的可能，从而呈明显的负外部性。从这一角度分析，各国对保险业监管是必须的，但在监管的方式和程度存在多种选择的背景下，政府采取的具体监管思路、方式和举措会对保险业竞争力水平产生不同的影响。保险监管对保险业的影响主要体现在以下几个方面：

（1）影响保险业的承保能力和供求关系。保险业的承保能力和供求关系决定于保险业资本总量的大小，而保险监管的准入政策直接关系到各类资本能否直接进入保险市场。例如，入世前我国对民营资本、国际保险资本进入我国市场都有不同程度的限制，这从根本上决定了保险市场的资本结构、承保能力和供求关系。

（2）影响保险公司的经营范围。保险公司的业务范围必须按照法律法规的要求，经过监管机关的特许。例如，我国原《保险法》规定财产保险公司不得经营意外险和健康险，而修改后的《保险法》规定财产保险公司可以经营意外险和健康险，这是保险立法监管影响保险公司经营范围的最好例证。

（3）影响保险产品的可得性。保险产品的可得性是指投保人能够买到什么样的保险产品及其购买该产品的方便程度。通过对保险产品及其销售渠道的控制，监管者对保险公司销售什么（如是传统产品还是新型产品），以什么样的价格销售（如是统一价格还是市场价格），通过什么渠道销售（如是直接销售还是通过代理商销售）等进行管制和施加影响，从而最终影响到保险产品的可得性。

（4）影响保险公司的资金运用。对于现代保险业来说，资金运用的成功与否往往成为保险公司经营业绩好坏的关键，同时资金运用的成败也成为影响保险业偿付能力的关键因素之一。保险法和保险监管者对保险资金的运用渠道、结构比例都有比较严格的规定。监管政策的取舍对保险资金的流动性、盈利性和安全性有着重要的影响。

（5）影响保险公司经营管理者的队伍结构。保险监管者通过制定和执行高级管理人员任职资格制度，对整个行业经营管理者的素质进行整体的调控。由于任何经营管理活动都要经过人的行动表现出来，因此，从某种意义上说，保险监管目标能否实现其关键就在于，能否通过高级管理人员任职资格制度的制定和执行来挑选出一批合格的经营管理者。

总之，保险监管通过对保险业市场准入、经营范围、保险产品和保险经营者等诸多因素的控制，最终控制保险业的市场结构、经营管理、偿付能力和保险公司之间的竞争方式，从而影响保险市场的运行模式和运行效率。

二、宏观经济政策

经济的升级换代需要大量低成本的资金并通过银行系统和其他资本市场渠道投资到生产率最高的行业。低成本的资金对于创造和维持竞争优势都是十分有利的。政府主要通过货币政策和财政政策的方式来调整资金的供给。

（一）货币政策

中央银行货币政策的变动，尤其是利率的调整，将直接影响到人们在保险与其他金融产品之间偏好选择的机会成本。当市场利率上升时，居民可以将持有的保单向银行抵押或直接退保以获得流动性更强的现金来投向外汇市场或资本市场；反之，在市场利率下降时，由于保险公司调整保单利率具有滞后性，在此期间，人们通常会踊跃投保，利用时间差获得更高的投资回报率，这就是利率替代效应，即保费收入与市场利率和全社会储蓄存款之间应该具有负相关关系（王祺等，2003）。

在新的经济背景下，我国货币政策的取向主要是通过不断地下调利率刺激投资需求和消费需求的增长，支持国民经济发展。从表5-18中可以看出，1990～2004年，一年期存款利率下调了10次。但是实践表明，利率下调政策的实际效果却不是很理想。一是利率下调对投资需求的刺激作用微弱；二是利率下调对提高国有企业经济效益的作用不明显，虽然贷款利率的下降减少了企业贷款利率负担，但企业的经济效益并没有随之得到明显改善；三是利率下调对消费需求的刺激作用不明显，社会商品零售价格指数和居民生活消费物价指数持续回落，居民消费增长率持续下降，城乡居民储蓄持续增加。可见，近些年国家采取的货币政策对我国保险业的影响不是很大。

表 5-18 我国一年期存款利率变动 单位:%

时间	1990-04-15	1990-08-21	1991-04-21	1993-05-15	1993-07-11	1996-05-01	1996-08-23	1997-10-23	1998-03-25	1998-07-01	1998-12-07
利率	10.08	8.64	7.56	9.18	10.98	9.18	7.47	5.67	5.22	4.77	3.78
时间	1999-06-10	2002-02-21	2004-10-29	2006-08-19	2007-03-18	2007-05-19	2007-07-21	2007-08-22	2007-09-15	2007-12-21	
利率	2.25	1.98	2.25	2.52	2.79	3.06	3.33	3.60	3.87	4.14	

资料来源：中国人民银行网站

（二）财政政策

财政政策就是指由政府的各种活动引导总需求、总供给或价格，以达到充分就业、物价稳定、经济增长和国际收支均衡等既定目标的政策（财政部财政科学研究所课题组，2005）。其中，政府支出和税收处理是财政政策中对保险业有较大影响的因素。政府支出的增加将增加消费者及厂商所拥有的财产，并提高个人和厂商的所得额，随之将增加对保险保障的需要，从而增加对保险的投入，并会有更多的投资渠道；反之，政府支出的减少将会引起总需求降低，投保财产、投资机会及所得额的水平都将随之降低。税收处理对保险业有直接和间接的影响，如税法对保险利润和准备金课税的各项规定，都能直接地刺激对保险的需求；税法规定允许加速折旧或者投资抵扣应缴税额，可以促进资本投资的增加，因而间接地增加对保险的需求。1980～2007 年我国政府的财政支出和税收收入见表 5-19。

表 5-19 1980～2007 年我国政府的财政支出和税收收入情况 单位：亿元

年份	1980	1981	1982	1983	1984	1985	1986	1987	1988	1989
财政支出	1 228.83	1 138.41	1 229.89	1 409.52	1 701.02	2 004.25	2 262.18	2 491.21	2 678.74	2 823.78
税收收入	571.70	629.89	700.02	775.59	947.35	2 040.79	2 090.73	2 140.36	2 390.47	2 727.40
年份	1990	1991	1992	1993	1994	1995	1996	1997	1998	1999
财政支出	3 083.59	3 386.62	3 742.20	4 642.30	5 792.62	6 823.72	7 937.55	9 233.56	10 798.18	13 187.67
税收收入	2 821.86	2 990.17	3 296.91	4 255.30	5 126.88	6 038.04	6 909.82	8 324.04	9 262.80	10 682.58
年份	2000	2001	2002	2003	2004	2005	2006	2007		
财政支出	15 886.50	18 902.58	22 053.15	24 649.95	28 486.89	33 930.28	40 422.73	49 781.35		
税收收入	12 581.51	15 301.38	17 636.45	20 017.31	24 165.68	28 778.54	34 804.35	45 621.97		

资料来源：《中国统计年鉴》（1989，2006，2008）

分别用 1980～2007 年我国政府财政支出和税收收入作为解释变量，对保费收入进行回归分析，得到如下回归方程：

$$\text{保费收入} = \underset{(-5.566)}{-275.390} + \underset{(52.018)}{0.149} \times \text{政府支出} \tag{5-23}$$

$R^2 = 0.990 \quad F = 2705.909$

$$\text{保费收入} = \underset{(-3.818)}{-225.578} + \underset{(42.956)}{0.170} \times \text{税收收入} \tag{5-24}$$

$R^2 = 0.986 \quad F = 1845.175$

回归方程（5-23）和（5-24）拟合优度非常高，而且所有参数都是充分有效的。相关系数 $r^{**} = 0.991$ 和 $r^{**} = 0.991$ 都大于 0.85，说明保费收入与政府财政支出和税收收入都高度相关；通过显著性检验 $F > F_{0.01}(1, 26) = 7.72$，说明保费收入与政府财政支出和税收收入之间都存在显著的线性相关关系。从回归结果中可以得出如下结论：首先，政府财政支出和税收收入作为衡量政府政策的重要指标，对保险业发展具有显著的影响；其次，我国目前的宏观经济政策对保险业的发展起着正面作用，并且是保险业发展强有力的支撑。

三、相关产业政策

产业政策就是调整资源在产业之间的构成及其关联性的政策。与保险业相关的产业政策主要是政府对社会保障的投入，固定资产投资对保险业的发展也起到重要作用。

（一）社会保障

政府提供的社会保障，对于保险业具有显著的影响。一方面，社会保障系统的建立和不断完善，会形成对于社会成员的风险保障，从而降低社会成员对其他风险保障的需求程度，体现了社会保障对于保险保障的替代关系；另一方面，社会保障由于本身是一种低层次、基本需求的保障方式，它只能满足社会成员较低水平的风险保障需求，因此会在一定程度上通过社会保障唤醒人们的风险意识，增加人们对于高层次、全方位的保险保障的需求水平。可以用国家财政用于抚恤和社会福利的支出来衡量社会保障程度，如表 5-20 所示。

表 5-20　1980～2006 年我国财政用于抚恤和社会福利的支出 单位：亿元

年份	1980	1981	1982	1983	1984	1985	1986	1987	1988	1989	1990	1991	1992	1993
数额	20.31	21.72	21.43	24.04	25.16	31.15	35.58	37.40	41.77	49.6	55.04	67.32	66.45	75.27
年份	1994	1995	1996	1997	1998	1999	2000	2001	2002	2003	2004	2005	2006	
数额	95.14	115.46	128.03	142.14	171.26	179.88	213.03	266.68	372.97	498.82	563.46	716.39	907.68	

资料来源：《中国统计年鉴》（1989，2006，2007）

通过对1980～2006年保费收入和国家财政用于抚恤和社会福利的支出作回归分析，得到以下回归方程：

$$保费收入 = -75.865 + 7.106 \times 国家财政用于抚恤和社会福利的支出 \quad (5\text{-}25)$$

(−1.28)　　(35.137)

$R^2 = 0.980 \quad F = 1234.602$

回归方程（5-25）拟合优度非常高，而且所有参数都是充分有效的。相关系数 $r^{**} = 0.990$ 大于0.85，说明保费收入与国家财政用于抚恤和社会福利的支出高度相关；通过显著性检验 $F > F_{0.01}(1, 25) = 7.77$，说明保费收入和国家财政用于抚恤和社会福利的支出之间存在着显著的线性相关关系。从回归结果中可以得出如下结论：社会保障程度和保费收入显著正相关，从方程中无法看出社会保障对保险保障的替代关系，这种替代关系可能存在，但由于社会保障的水平较低，这种替代效应被促进效应所替代了。

（二）固定资产投资

政府通过增加固定资产投资，也对保险业具有显著的影响。固定资产投资作为一种资本品投资，既可以增加一国的生产要素总量，形成潜在产出水平的上升，又可以作为上游产业需求的扩张，形成对上游产业链条产出的拉动，表现为固定资产投资的增长会形成较为明显的引致需求，具有较高的投资乘数效应，因而成为拉动一国经济增长的重要方式之一。因此，固定资产投资规模的增加，一方面会形成基于自身财产保障的财产保险需求，另一方面也会形成由于国民经济扩张所引致的保险需求。这对于保险特别是财产保险，具有较强的拉动作用。1980～2007年我国固定资产投资额见表5-21。

表5-21　1980～2007年我国固定资产投资额　　单位：亿元

年份	1980	1981	1982	1983	1984	1985	1986	1987	1988	1989
数额	910.9	960	1 230.4	1 430.1	1 832.9	2 543.2	3 120.6	3 791.7	2 543.2	4 410.4
年份	1990	1991	1992	1993	1994	1995	1996	1997	1998	1999
数额	4 451	5 279	7 582	11 829	17 042.94	20 019.26	22 913.6	24 941.1	28 406.2	29 854.7
年份	2000	2001	2002	2003	2004	2005	2006	2007		
数额	32 917.7	37 214	43 500	55 566.6	70 477.4	88 773.6	109 998.2	137 323.9		

资料来源：《中国统计年鉴》（1996，2006，2008）

通过对1980～2007年我国固定资产投资额与保费收入作回归分析，得到如下回归方程：

$$保费收入 = -80.543 + 5.496 \times 10^{-2} \times 固定资产投资额 \quad (5\text{-}26)$$

(−1.085)　　(32.859)

$R^2 = 0.976 \quad F = 1079.7075$

回归方程（5-26）拟合优度非常高，而且所有参数都是充分有效的。相关系数 $r^{**} = 0.976$ 大于 0.85，说明保费收入与固定资产投资额高度相关；通过显著性检验 $F > F_{0.01}$（1，26）$= 7.72$，说明保费收入和固定资产投资额之间存在着显著的线性相关关系，即固定资产投资是保险业发展强有力的支撑。

因此，政府对社会保障的支出和固定资产投资都对保险业发展起到有力作用，即政府的相关产业政策也推动了保险业的发展。

四、经济发展战略

经济发展战略是对经济发展所作的带全局性和方向性的长期规划和行动纲领，它是根据社会制度、经济发展状况、国际环境和前期经济发展战略来制定的。保险政策是经济发展战略在保险业的具体化，经济发展战略规定了保险产业政策的指导思想和目标导向，决定了保险业的发展方向。

（1）小康战略。人民生活水平在 20 世纪末达到小康的战略目标的提出，深化了人民生活水平提高与经济发展战略之间的关系，使经济发展有了不懈的动力，体现了促使人民不断富裕是国家强盛的基础的战略思想。随着全面建设小康社会的顺利进行，各行业和人民群众对各种风险的保险需求进一步扩大，我国保险业继续保持着明显高于 GDP 平均增长水平的发展，同时也会继续高于金融业发展的平均增长速度。

（2）可持续发展战略。这个概念是国际环境和发展委员会在 1987 年《我们共有明天》的报告中提出的。所谓可持续发展有两层含义：一方面发展既满足当代人的需求，又不损害后代人满足需求的能力，让后代人的利益不受当代人的侵犯；另一方面发展要讲后劲，要确保发展能够持续发展下去，在保持资源永续利用的前提下实现经济和社会的发展（李静，2005）。它突出资源和环境的永续利用和发展的持续性。

保险业担负着补偿和给付职能，对调节经济运行起着重要的“稳定器”作用。为了保持经济的健康发展和社会的稳定，必须把可持续发展的思想作为保险运行的主导思想。实践证明，在孕育发展的保险市场里没有一定的增长速度，就不可能占领较大的市场份额，而且还可能失去一定的经济利益。因而速度和效益的矛盾恰恰是制约保险发展方式的重要因素。为此，必须破除盲目发展业务的观念，必须在效益的基础上扩大市场份额。速度和效益的统一，是商业保险公司的追求目标，因此，要建立、健全和提高商业保险公司经济效益的保障机制。破除小而全、大而全的发展观念，着眼于国家利益和保险公司的长远利益，树立保护本国保险事业发展的思想。

（3）地区协调发展战略。实施地区协调发展，核心是加快中西部地区的发展步伐。中央在资金和政策投入方面加大对中西部地区的倾斜力度，这是中西部发展的契机，也是缩小东西部差距的战略举措。随着国家实施西部地区大开发战略，加大对西部地区的直接投资，在国家政策扶持和东部地区的合作下，西部地区经济社会发展的前景看好，当地的社会经济发展水平将登上一个新的台阶。当地人们的收入水平也有了较大的提高，对保险业将是一个很好的发展机遇。做大、做强西部地区保险业，努力发挥保险的各项功能和作用，直接关系到扩大内需、促进经济增长、民族团结、社会稳定、边防巩固，关系到东西部地区协调发展和最终实现共同富裕。

（4）对外开放战略。我国的对外开放战略从建立经济特区开始向沿海开放城市、经济开发区、沿江沿海沿边、内陆开放城市等延伸，形成了全方位的开放格局。保险业从 1980 年开始尝试对外有限放开到今天，20 多年的实践经验已经表明：中国保险业的发展离不开世界，要把保险业做大、做强，必须始终不渝地奉行对外开放的基本国策。保险业的对外开放在加快保险业发展、提高整体竞争力、促进与国际惯例接轨等方面都发挥了重大作用。

第七节 机　　会

在波特“钻石模型”中，“机会”是一个很重要的角色。作为竞争条件之一的机会，一般与产业所处的国家环境无关，也并非企业内部的能力，甚至不是政府所能影响的。机会可以打破现存的竞争环境、竞争秩序，创造出竞争“断层”，这种断层的出现虽然可以是原有国家的竞争地位丧失殆尽，但也提供了新的机会，使原来竞争力弱的国家可以后来居上。

引发机会的事件虽然会影响到产业的竞争优势，但是国家的角色并非完全消极被动。钻石体系如果健全，往往能化危机为转机，原因是环境本身具有寻找资源、产生新优势的能力，压力也会促使厂商更努力地去争取新的资源。如两次石油危机对依赖进口石油的国家造成了深远的冲击，而日本由于在能源上尤其匮乏，所以石油危机对日本的最终影响是促成其产业的升级，大步迈向节约能源之路。

一、国际保险业

保险市场的开放使我国保险业融入国际保险业发展的浪潮中，为此，国际保险业的发展状况必将给我国的保险业发展带来很大的影响，尤其是我国保险业仍处于起步阶段，还没有形成规范的市场体系，很容易受到国际保险业的冲击。

(1) 国际保险业放松管制加大了我国保险业的竞争。从国际保险监管的发展趋势来看，放松管制已成为主流。放松管制首先表现为保险市场准入条件的放宽；其次表现为保险市场主体经营范围的放宽，保险业和其他金融服务业的融合就反映了这种监管的变化；最后表现为国际保险监管的核心已从全面监管转为偿付能力的监管，多数国家都在逐渐实现保险费率的自由化。这种国际性的放松管制意味着全球保险市场将更加开放，保险市场的一体化进程将进一步加快。

放松管制的指导思想是鼓励和推进竞争。从我国情况来看，过去对保险领域管制过严，造成保险企业数量过少，经营领域过于狭窄，经营手段欠缺，企业管理水平和效率低下。长此以往，我国保险业势必难以面对对外开放的挑战。为了提高我国保险业的竞争力，政府有必要放松对市场准入、经营范围和保险商品的管制，鼓励保险商品的创新。在保证市场秩序的前提下，积极鼓励和推动保险企业的竞争。

(2) 外资保险公司的进入增加了我国监管的难度。保险监管的主要内容是条款和费率的监管，国际上流行的偿付能力监管在我国刚开始不久。我国加入世界贸易组织以后，兼营寿险、非寿险和其他金融服务业的跨国保险公司的进入将进一步增加我国保险监管的难度。所以，当前应该尽快加强和完善我国的保险监管体制。首先要完善以偿付能力为核心的保险监管机制，建立一套规范的偿付能力指标体系，对保险公司进行监管；其次要加强对境内外资保险公司的监管，严格审批，并通过国际联合，对其偿付能力进行有效的监管。

(3) 国际保险业兼并重组给我国保险业带来压力。一个国家的保险实力、在国际保险市场的竞争能力主要体现在大型保险公司和保险集团的实力上。实力雄厚的保险公司也是抗衡国外跨国保险公司的主要力量。通过跨国跨行业的保险兼并，涌现出一批资金雄厚、优势集中的大型保险集团的世界范围内的保险兼并，是未来国际保险市场格局的变化趋势。我国的保险公司要想在开放的国际环境中获得生存和发展的机会，恐怕也得走这条路。到 2005 年底，我国共有保险公司 82 家，保险集团和控股公司 6 家，保险资产管理公司 5 家，专业保险中介机构达 1800 家，兼业代理机构达 12 万家，保险营销员达 152 万人，保险公司总资产 15 296. 3 亿元。从资产总额看，我国的保险公司相对较小，无法与国际上的大保险集团抗衡。以世界著名的 AIG 公司为例，其 2002 年的资产总额为 5612. 29 亿美元，相当于人民币 46 413. 6 亿元，一个公司的资产额远远大于我国保险业的资产总和。因此，中国的保险业要想在国际竞争中取得一席之地，恐怕只有并购重组，走集团化的道路。

二、国内经济社会环境

在当前国内良好的经济和社会环境影响下，我国的保险业已开始步入非常有利的发展时机。

（1）国家经济政策改革拓展了保险产品的市场吸引力。国家在推进社会主义市场经济体制建设中，按照市场经济要求改革出台的一些政策有利于我国保险公司产品的销售。如利息税的开征，使保险免税的优势显得很突出；国家开征遗产税，促使一些富裕阶层产生通过购买寿险产品的方式进行合理避税；国家大力发展教育事业，努力提高青少年的入学率，增加了家庭对子女的教育投入，使得家长提早考虑今后孩子教育费用的积累，对有关教育保险产品产生兴趣；国家加强中西部农村的医疗保险制度建设，增加了对农民医疗费的补贴，又为农民购买医疗保险产品提供了资金支持。这些国家政策的调整和改革，进一步激发了社会公众对保险产品的需求，为保险业的发展拓展了更多的产品开发空间。

（2）国家社会保障制度改革增加了人们对保障性产品的需求。我国已经建立了多层次的养老保险制度，逐步缩小国家提供基本养老人群的范围，并降低了基本养老金的标准，计划用二三十年的时间将养老金替代率调整为55% ~60%（相当于平均工资）。同时，国家鼓励用人单位和职工个人建立补充性养老保险。国家对基本医疗保险制度也进行了改革，主体思路是，在基本医疗费标准的起付线以下时由个人承担，起付线以上和封顶线以下时由单位和个人共同承担，封顶线以上时由个人承担。由于基本医疗保险水平比较低，国家也鼓励用人单位和职工个人建立补充性医疗保险，并政策导向逐步许可企业将4%的补充养老保险和补充医疗保险费用打入企业成本。由于社会保障制度改变了以往职工的养老、医疗，以及基本保险不能满足的需求要靠自己的收入进行自保的状况，广大职工对补充性养老和医疗保险产品的需求大大提高，适用对路的企业补充保险产品将有广阔的市场空间。

（3）经济快速发展提高了居民购买保险产品的能力。近些年来，国民经济快速发展，人们可支配收入明显增加，为社会公众潜在的保险需求转变为现实需求提供了较多的资金保证。同时，人们的保险观念也开始发生深刻的转变，不仅关注死亡保障问题，更多地思考生存期间的保障问题，同时对资本保值增值的期望也不断增强，将保险视为一种投资理财的工具。从近年来分红、投资连结类型保险产品热销市场的态势看，人们对非传统寿险产品产生了强烈的要求。另外，随着人们收入的提高和生活方式的转变，旅游成为一项蓬勃发展的新兴产业，同时带动了交通、娱乐、餐饮等行业的发展。为了获得安全保障，人们也开始主动购买各种类型的人身意外伤害险，这就为开发各种简易、便捷的短期保险产品增加了不少新的领域和渠道。

第六章　入世后我国保险业竞争力评价

我国保险业在开放的环境下与国外保险业展开竞争，如何在复杂的环境中生存和发展，需要对我国保险业的竞争力水平进行一个总体评价，深刻认识我国保险业发展的国际竞争差距和竞争态势，以便及时调整产业发展方向和发展重点。本章在对影响因素分析的基础上，构建竞争力评价指标体系，并采用模糊综合评判法对入世后我国保险业竞争力进行测评。

第一节　保险业竞争力评价指标体系设计

一、设计思路与原则

（一）设计思路

我国保险业是否具有国际竞争力及程度如何，需要进行评价和比较，这不仅是理论的具体化，也是发现问题的最好途径。根据保险业的实际情况和本书的目的，确定的设计思路如下：

（1）明确评价的目的。设计评价指标体系，首先需要明确评价的目的：①认识自我。保险业竞争力的实质是保险业发展的内在动力，所以保险业竞争力评价应该力求全面反映保险业发展的内在动力。②准确定位。在激烈的市场竞争中，保险业处于什么样的竞争地位非常重要，它的竞争位次决定它所采取的竞争策略。③规划未来。提高竞争力是保险业实施发展战略的必然选择，建立竞争力评价体系有利于科学制定和实施竞争战略。

（2）明确评价的对象。保险业竞争力是相对而言的，是通过比较而得来的，任何一个时间点上的孤立测度数值或评估判定都是无实际意义的。因此，保险业竞争力的测度一方面必须与其他国家保险业的竞争状况相比较，另一方面必须与我国保险业自身过去的竞争状况相比较。

（3）明确评价指标体系涵盖的内容。根据上述保险业竞争力影响因素分析结果，认为保险业竞争力评价指标体系需要考虑需求、供给、相关及支持性产业、企业、政府等各方面因素的一个较为完善的体系。

（二）设计原则

设计保险业竞争力评价指标体系是一个全面、复杂的过程，为此在设计过程中应遵循以下原则：

（1）科学性原则。指标体系的科学性是确保评价结果准确合理的基础，主要表现为：①指标不仅要能反映评价对象的特征，而且其概念要准确，不存在歧义。②指标体系要围绕评价目的，全面反映评价对象，既不能遗漏重要方面，也不能有所偏颇，否则评价结果就不能真实、全面地反映被评价对象的属性。

（2）可操作性原则。指标体系的设计应考虑到实际操作的可能性，主要表现为：①精练简明。指标不宜过于烦琐，个数不宜过多，以避免因陷入过多细节而未能把握评价对象本质，从而影响评价的准确性，同时指标的精练可以减少评价的时间和成本，使评价便于操作。②易于理解。在评价过程和评价结果的使用中，往往会涉及多方面的人员，如评价者、咨询专家、公众等，指标易于理解可以保证评价结果交流的准确性和高效性。③适应于现有的信息基础。指标数据应可以通过公开出版的统计年鉴、统计年报、统计汇编等获取，使评价建立在科学的基础上，保证评价结果的可信度。

（3）可比性原则。运用评价指标体系进行比较分析时，常要作横向、纵向的排序分析，为了使评价结果可比，选择的指标应该能普遍适用，指标所涉及的经济内容、空间范围、时间范围、计算口径以及计算方法等应该尽量一致。

（4）结构层次性原则。保险业竞争力评价所涉及的因素多而复杂，竞争力水平的高低受到需求和供给等因素的影响，也受到政府和机会等因素的制约。要准确、全面地反映保险业竞争力系统各方面的状况和特性，就要求将复杂的系统划分为若干个相对独立的子系统，以反映保险业竞争力的各个侧面。因而，评价指标体系应呈现出清晰的结构层次性。进行分层次评价不仅能得到总的评价结果，而且能够了解到各个层次的详细评价状况，从而给具体分析影响评价对象竞争力大小的原因提供参考。因此，保险业竞争力评价指标体系的设置应该主次分明、层次清楚、结果清晰。

二、评价指标体系构成

依据第五章基于波特“钻石模型”的影响因素分析，这里将从三个层次分析保险业竞争力，其中，目标层（X）表示保险业竞争力状况，基准层包括影响保险业竞争力的六个因素：保险业需求因素（X1）；保险业供给因素（X2）；保险业相关和支持性产业因素（X3）；保险企业战略、结构和同业竞争因素

（X4）；政府的作用（X5）；机会（X6），指标层具体指标的选取完全参照第五章影响因素分析中的29个指标，如图6-1所示。

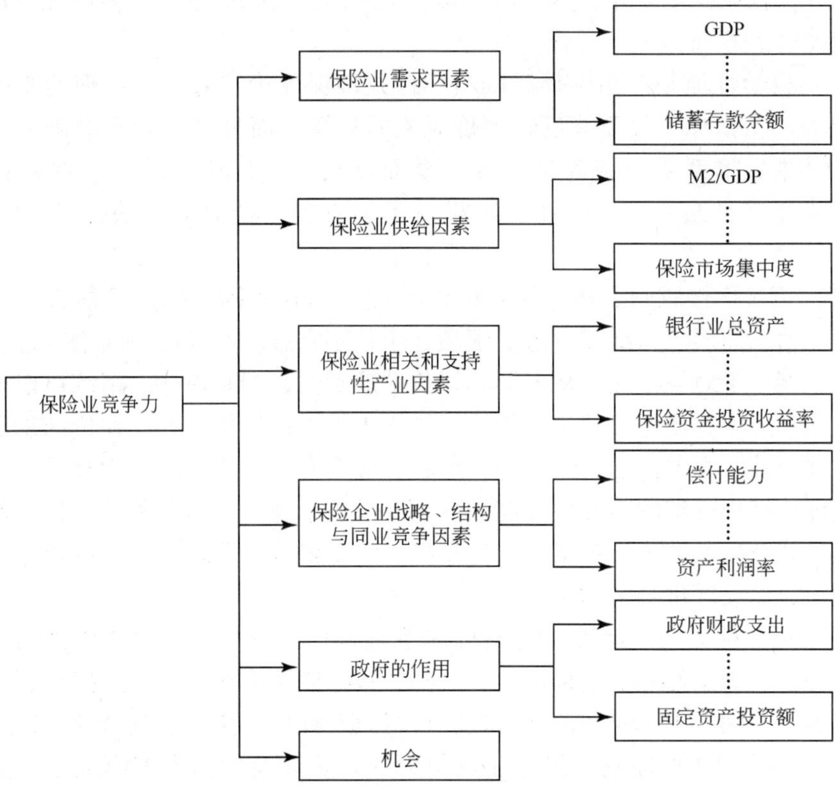

图6-1　保险业竞争力评价指标结构图

通过分析发现，上面的指标涵盖范围较广、较为完备，各项指标的分类指标设置较为全面并具有相当的代表性，但在实际中存在某些指标的国际数据难以获得等问题。考虑到评价指标的可比性和实用性，以保证可以进行具体的利用和测度，本章考虑采用下面的方式进行指标体系的修正。

（1）去除机会因素。机会因素通常是超出控制范围的突发事件，很难对其作定量的评价，为此在评价指标体系中忽略机会因素的影响。

（2）将无法获得国际可比数据的指标以近似指标替代。在分析指标统计数据的国际可比性时发现，很多数据不具国际可比性或受到条件限制难以获得。而有一些指标与它意思相近，且具有国际可比性，于是用这些指标来替代原有的指标。如由于各国的经济发展水平不同，无法用储蓄存款余额来比较各国居民的金融资产水平，于是这里用储蓄存款余额占GDP的比重来替代，类似的还有将保险业总资产替换为保险业资产占金融业总资产的比重、将保险从业人员数替换为保险从业人员占总人口的比重。另外，像 M2/GDP、CR4 和银行业总资产等都没有获得国际上的可比数据，于是用市场化指数替代 M2/GDP 反映市场经济水平，用银行实现保费收入占保费总额的比重替代银行业总资产反映银行业的实力。

（3）将仍然无法获得的国际可比数据的指标去掉。原有指标中非公有制比重、保险人员本科以上学历比例和保险市场集中度在国际上找不到可比数据及可替代的指标，于是将这三个指标舍去。实际上这三个指标也不会对保险业国际竞争力产生实质影响。

经过这样的调整以后，得到了一套新的保险业竞争力指标，包括 3 个层次、5 大类，共 26 个指标，如表 6-1 所示。

表 6-1 修正后的保险业竞争力评价指标

目标层	基准层	指标层	说明
保险业竞争力 X	保险业需求因素 X1	人均 GDP（美元/人）X11	衡量经济增长带来的居民福利水平的上升
		第二、三产业的比重（%）X12	反映经济结构的指标
		R&D 占 GDP 的比重（%）X13	测度经济运行中科技因素的积聚形式
		第二产业劳动生产率（美元/人）X14	反映经济运行投入产出的关系
		居民个人收入基尼系数 X15	反映社会收入结构
		城市居民家庭恩格尔系数（%）X16	反映居民支出结构
		城市化水平（%）X17	反映人口城乡结构
		65 岁以上人口占总人口的比重（%）X18	反映人口年龄结构
		储蓄存款余额占 GDP 的比重（%）X19	反映居民金融资产
	保险业供给因素 X2	市场化指数（%）X21	反映市场经济水平
		保险资产占金融业总资产比重（%）X22	反映保险业资本、资产规模
		保险从业人员占总人口的比重（%）X23	反映保险业人力资源状况
		保险业的 IT 投资规模占同期保费收入（%）X24	反映保险业技术水平
		保险密度（美元/人）X25	反映保险业市场能力
		保险深度（%）X26	
	保险业相关和支持性产业因素 X3	银行实现保费收入占保费总额的比重（%）X31	反映银行业的实力
		保险资金投资收益率（%）X32	反映金融投资业的实力
		保险资金投资于基金的比重（%）X33	
		保险资金用于银行存款的比重（%）X34	

续表

目标层	基准层	指标层	说明
保险业竞争力X	保险企业战略、结构和同业竞争因素X4	资金运用率（%）X41	资金运用率＝实际运用资金/可用资金＝（投资总额＋银行存款）/资产总额，反映企业运营能力
		赔付率（%）X42	反映企业到期能够支付自己所欠债务和承担责任的能力
		资产利润率（%）X43	资产利润率＝净利润/平均资产，反映企业盈利能力
	政府的作用X5	社会保障占财政支出比重（%）X51	反映政府的社会保障的投入程度
		固定资产投资额占GDP比重（%）X52	反映政府对固定资产的投入程度
		政府财政支出占GDP比重（%）X53	反映政府财政政策状况
		政府税收收入占GDP比重（%）X54	

第二节　保险业竞争力评价方法选取

根据前文研究综述中竞争力评价方法的概括可以发现，各种产业竞争力评价方法从不同侧面对产业竞争的形成和表现进行了概括，有的注重于产业竞争力的的输入因素，有的注重于产业竞争力的输出指标，有的则从产业竞争力的概念出发，不同类别评价方法之间并不存在本质上的矛盾，往往可以在实践中加以贯穿使用以相互补充。具体到保险产业竞争力评价，应当根据产业自身特点和分析起点约束等选择适用的分析方法。本章拟采用在影响因素剖析法的基础上建立多指标评价体系，并运用模糊综合评判法对保险业竞争力进行综合评价。这种评价方法选取的出发点如下：

首先，紧密结合产业竞争力的分析层次。竞争力分析的层次既有宏观层面的国家竞争力分析和微观层面的企业竞争力分析，也有介于二者之间的中观层面的产业竞争力分析。不同的竞争力评价方法具有不同的分析视角，而且不同的分析方法适用性也会有所差异，如指标综合评价法基于其软硬指标设计思路和全面性特征，一般在宏观层面的竞争力分析中较为适宜。而竞争结果评价法和标杆法等则在直接比较中较为理想，适宜于微观层面的研究，其结果较为直接和显性。在中观层面的产业竞争力分析中，影响因素剖析法则较为适宜，一般无须作出改进便可以直接运用于产业层面分析，这既是波特“钻石模型”的创新，也是目前被广泛接受的研究思路。本书第五章已经对影响我国保险业竞争力的因素进行了系统的分析。

其次，紧密结合保险业自身特点。保险业所提供的是不具有实物形态的金融服务，而且该服务的属性特征既包括风险保障又涵盖金融投资，这与传统第二产业基于单一属性的有形产品的竞争力分析存在一定的差异，加之保险业具有一定的规模经济特征，这也就为其产业竞争力分析设置了新的条件。在对保险业竞争力评价时，由于我国与外国之间产业竞争显性化程度难以准确计量，因而选取竞争结果评价法、全要素生产率法和标杆法将是不适宜的。

再次，结合现有保险资料数据的可获取性。在现有保险数据分布较为分散、数据整体的系统性和全面性有所欠缺的背景下，特别是国际数据获取具有一定的滞后性，采用模糊综合评判法比较合适。

模糊综合评判法是对受多种因素影响的事物作出全面评价的一种十分有效的多因素决策方法（蒋泽军，2004）。具体步骤是：

（1）建立因素集。因素集为 $U=\{u_1, u_2, \cdots, u_n\}$，其中元素 u_i $(i=1,2,\cdots,n)$是影响评判对象优劣的因素，它的选取应客观真实地反映评判对象的各个方面。

（2）建立评价集。评价集为 $V=\{v_1,v_2,\cdots,v_m\}$，其中，元素 $v_i(i=1,2,\cdots,m)$是对评判对象规定的模糊等级，这是根据实际问题需要由人们主观规定的。

（3）确定权重集。一般而言，各因素的重要性是有差异的。为反映各因素的重要程度，准确地评判某事物或现象，对各因素 $u_i(i=1,2,\cdots,n)$赋予一定的加权系数 $a_i(i=1,2,\cdots n)$，由各加权系数组成的集合 $A=(a_1,a_2,\cdots,a_n)$称为权重集。其中，$a_i \in [0,1](i=1,2,\cdots,n)$，且 $\sum_{i=1}^{n} a_i=1$。各加权系数 $a_i(i=1,2,\cdots,n)$可视为各因素 $u_i(i=1,2,\cdots,n)$对“重要程度”的隶属度，即权重集 A 可看做因素集 U 上的模糊子集。

（4）建立模糊评判矩阵。评判矩阵为 $\boldsymbol{R}$，又叫隶属度向量矩阵，它是对评价项目集内各评价项目评定的一种模糊影射，对 U 中的每个单因素评定的隶属度向量矩阵形式为

$$\boldsymbol{R}=\begin{pmatrix} r_{11} & r_{12} & \cdots & r_{1m} \\ r_{21} & r_{22} & \cdots & r_{2m} \\ \vdots & \vdots & & \vdots \\ r_{n1} & r_{n2} & \cdots & r_{nm} \end{pmatrix}$$

式中，$r_{ij}(i=1,2,\cdots,n;\quad j=1,2,\cdots,m)$表示对 U 中第 i 个因素为第 j 评价等级的隶属度，相应地，（r_{i1}，r_{i2}，…，r_{im}）就为第 i 个因素的评判模糊子集。多因素的评判模糊子集则构成一个模糊评判矩阵。

（5）建立模糊综合评判的数学模型。将权重集与模糊评判矩阵相乘得到模糊综合评价，即

$$\boldsymbol{B}=\boldsymbol{A}\cdot\boldsymbol{R}=(b_1,\ b_2,\ \cdots,\ b_m) \tag{6-1}$$

式（6-1）即为模糊综合评判的数学模型，又称为模糊综合评判向量。其中，$b_j=\sum_{i=1}^{n} a_i\cdot r_{ij}$ $(j=1,\ 2,\ \cdots,\ m)$，其含义是综合考虑某因素的全部下层因素所作出的该因素对第 j 等级的隶属度。若 $\sum_{j=1}^{m} b_j \neq 1$，则进行归一化处理得 $B'=$

$(b'_1, b'_2, \cdots, b'_m)$，其中，$b_j' = b_j / \sum_{j=1}^{m} b_j \ (j=1, 2, \cdots, m)$。

第三节　数据收集和处理

本章所用的数据主要来源于2002～2008年的《中国统计年鉴》、《中国保险年鉴》和《中国金融年鉴》。将原始统计数据汇总之后，进行整理、计算和归纳，按照保险业竞争力指标体系的具体指标设置，最后得到2001～2007年我国保险业竞争力指标体系的原始数据，见表6-2。

表6-2　2001～2007年我国保险业竞争力指标体系的原始数据

指标	2001年	2002年	2003年	2004年	2005年	2006年	2007年
人均GDP（美元/人）X11	1 041.63	1 135.46	1 273.65	1 490.38	1 714.85	2 027.34	2 488.99
第二、三产业的比重（%）X12	85.6	86.3	87.2	86.6	87.8	88.7	88.7
R&D占GDP的比重（%）X13	0.95	1.07	1.13	1.23	1.34	1.42	1.49
第二产业劳动生产率（美元/人）X14	3 673.45	4 126.56	4 692.01	5 277.24	5 895.18	6 729.84	7 734.89
居民个人收入基尼系数X15	0.33	0.32	0.33	0.35	0.35	0.496	0.48
城市居民恩格尔系数（%）X16	38.20	37.70	37.10	37.70	36.70	35.80	36.30
城市化水平（%）X17	37.66	39.09	40.53	41.76	42.99	43.9	44.94
65岁以上人口占总人口的比重（%）X18	7.10	7.30	7.50	8.56	9.07	9.20	9.36
储蓄存款余额占GDP的比重（%）X19	67.27	72.23	76.29	74.78	76.99	76.25	69.14
市场化指数（%）X21	69	72.8	73.8	73.3	78.3	77.7	80.1
保险资产占金融业总资产比重（%）X22	2.96	3.53	2.73	2.90	5.10	3.29	4.79
保险从业人员占总人口的比重（%）X23	0.013 9	0.017 3	0.019 4	0.022 6	0.026 3	0.031 6	0.040 1
保险业的IT投资规模占同期保费收入的比重（%）X241	0.54	0.36	0.313	0.301	0.286	0.301	0.704
保险密度（美元/人）X25	20.42	28.71	34.72	40.11	45.84	54.09	70.07

续表

指标	2001 年	2002 年	2003 年	2004 年	2005 年	2006 年	2007 年
保险深度(%)X26	2.2	3	3.33	3.4	2.8	2.8	2.85
银行实现保费收入占保费总额的比重(%)X31	2.13	12.72	17.71	16.14	18.76	21	34.31
保险资金投资收益率(%)X32	4.30	3.14	2.68	2.40	3.60	5.80	12.17
保险资金投资于基金的比重(%)X33	5.30	5.40	5.23	6.00	8.55	5.13	9.47
保险资金用于银行存款的比重(%)X34	48.70	52.00	52.06	49.20	36.66	33.67	24.39
资金运用率(%)X41	79.35	85.16	91.84	90.11	92.84	90.14	92.13
赔付率(%)X42	27.87	23.16	21.67	23.26	22.99	25.97	32.70
资产利润率(%)X43	0.77	1.13	0.74	0.85	1.02	1.12	3.41
社会保障占财政支出的比重(%)X51	10.51	11.95	10.78	10.94	10.90	10.79	10.25
固定资产投资额占GDP比重(%)X52	33.94	36.15	40.91	44.08	48.45	51.91	55.03
政府财政支出占GDP比重(%)X53	17.24	18.33	18.15	17.82	18.52	19.07	19.95
政府税收收入占GDP比重(%)X54	13.95	14.66	14.74	15.12	15.71	16.42	18.28

第四节 保险业竞争力测度

一、模糊评判矩阵的计算

根据全面模糊评价方法的具体步骤，首先计算模糊评价评判矩阵。

（1）建立评价因素集。根据评价指标体系，建立评价因素集为

$$U=\{u_1,\ u_2,\ u_3,\ u_4,\ u_5\}$$

式中，u_1 表示保险业需求因素；u_2 表示保险业供给因素；u_3 表示保险业相关和支持性产业；u_4 表示保险企业战略、结构与同业竞争；u_5 表示政府对保险业的影响。其中，$u_1=(u_{11},\ u_{12},\ \cdots,\ u_{19})$，表示影响保险业需求的各个指标；$u_2=(u_{21},\ u_{22},\ \cdots,\ u_{26})$，表示影响保险业供给的各个指标；$u_3=(u_{31},\ u_{32},\ u_{33},\ u_{34})$，表示影响保险业相关和支持性产业的各个指标；$u_4=(u_{41},\ u_{42},\ u_{43})$，表示影响保

险企业战略、结构与竞争方式的各个指标；$u_5=(u_{51}, u_{52}, u_{53}, u_{54})$，表示政府对保险业影响的各个指标。

（2）确定评价集。评价指标按“强、一般、弱”确定三个等级，达到发达国家平均水平为强，达到世界平均水平为一般，达到发展中国家平均水平为弱。三个水平分别设定为 v_1，v_2，v_3。据此所建立的模型评价集为 $V=\{v_1, v_2, v_3\}$，并给三个等级分别赋予量化值90、60、30。

在这里参照国际评价机构和国际国内行业协会提供的研究结果，分别依照发达国家平均水平、世界平均水平和发展中国家平均水平，为各个指标制定评价标准，并通过行业专家进一步修订得出，见表6-3。

表6-3　各因子评价集

序号	评价因子	v_1（90）	v_2（60）	v_3（30）
1	u_{11}	9 385 美元	3 035 美元	900 美元
2	u_{12}	80%	60%	35%
3	u_{13}	2%	1.6%	1%
4	u_{14}	8 万美元	6 万美元	1 万美元
5	u_{15}	0.5	0.4	0.2
6	u_{16}	40%	50%	59%
7	u_{17}	75%	60%	50%
8	u_{18}	7%	5.5%	4%
9	u_{19}	15%	11%	7%
10	u_{21}	80%	60%	40%
11	u_{22}	30%	20%	10%
12	u_{23}	0.8%	0.6%	0.1%
13	u_{24}	6%	4%	1%
14	u_{25}	2 500 美元	500 美元	200 美元
15	u_{26}	10%	8%	4%
16	u_{31}	20%	15%	5%
17	u_{32}	8%	6%	3%
18	u_{33}	70%	30%	10%
19	u_{34}	10%	20%	30%
20	u_{41}	90%	70%	50%
21	u_{42}	100%	70%	30%
22	u_{43}	10%	4%	1%
23	u_{51}	50%	30%	10%
24	u_{52}	30%	20%	15%
25	u_{53}	50%	30%	20%
26	u_{54}	30%	20%	15%

注：①u_{11}：国际粮食和农业贸易政策理事会（IPC）具体建议发达国家人均GDP大于9385美元，高、中收入发展中国家人均GDP大于3035美元小于9385美元，低、中收入发展中国家人均GDP大于901美元小于3035美元，最不发达国家人均GDP小于901美元。②u_{12}：李冠霖，辛红．2005．我国第三产业比重国

际比较的陷阱与出路．财贸经济，(2)：53～59。③u_{13}：胡志坚，冯楚健．2006．国外促进科技进步与创新的有关政策．科技进步与对策，(1)：22～28。④u_{14}：中华人民共和国国家发展和改革委员会．2006－03－20．从国际比较看我国劳动力价格水平的优势和趋势．http://www.ndrc.gov.cn/jyysr/zhdt/t20060320_63529.htm。⑤u_{15}：联合国有关组织规定：若低于0.2表示收入绝对平均；0.2～0.3表示比较平均；0.3～0.4表示相对合理；0.4～0.5表示收入差距较大；0.6以上表示收入差距悬殊。⑥u_{16}：联合国粮农组织提出的标准，恩格尔系数在59%以上为贫困，50%～59%为温饱，40%～50%为小康，30%～40%为富裕，低于30%为最富裕。⑦u_{17}：杨帆，李宏谨，李勇．2005．泡沫经济理论与中国房地产市场．管理世界，(6)：64～75。⑧u_{18}：根据联合国提出的标准，按照65岁及以上老年人口占总人口比重的不同，将人口年龄结构类型区分为年轻型、成年型和老年型三类：老年人口占总人口的4%以下——年轻型，老年人口占总人口的4%～7%——成年型，老年人口占总人口的7%以上——老年型。⑨u_{19}：孙建中．1999．对我国保险业发展的历史分析和前景预测．保险研究，(9)：12～16。⑩u_{21}：国际上认为市场化程度在15%以下可称为非市场经济或坟墓经济，市场化程度在80%以上可称为成熟或标准的市场经济，市场化程度为60%～70%可称为准市场经济，市场化程度为40%～50%可称为转轨中经济，市场化程度为50%～60%可称为接近准市场经济或转轨中经济。⑪u_{22}：毛晓梅．2006－07－10．保监会主席吴定富首次"诊脉"南方省区市保险业．金融界．http://insurance1.jrj.com.cn/news/20060710/000000078514.htm。⑫u_{23}：黄鸿珊．2002．新产品开发要注重经济效益．中国保险，(10)：16～17。⑬u_{24}：计世资讯研究报告．2004．2005年中国保险行业信息化建设及IT应用趋势报告，http://www.ccwresearch.com.cn/。⑭u_{25}、u_{26}：许婕．2003－04－28．中国保险业研究报告．国务院发展研究中心信息网，http://www.drcnet.com.cn。⑮u_{31}：鲁明易，汤华．2006．银行保险的跨国比较与分析．国际金融研究，(1)：47～53。⑯u_{32}：徐剑．2006．保险资产结构调研．中国保险，(5)：48～51。⑰u_{33}：朱俊生，尹中立，庹国柱．2005．对保险资金入市的若干思考．财贸经济，(6)：49～54。⑱u_{34}：卢晓平．2004－12－13．全面开放考验保险公司业绩．上海证券报，（第4版）。⑲u_{41}：程小云．2004－03－04．国外保险公司的资金运用模式．中国保险网，http://www.china-insurance.com/。⑳u_{42}：参照中国保险监督管理委员会令2003年第1号《保险公司偿付能力额度及监管指标管理规定》。㉑u_{43}：安洪军，毕姝晨．2004．论保险投资资产证券化．保险研究，(7)：27～31。㉒u_{51}：李若愚．2006－06－19．我国国民收入分配正向政府倾斜．上海证券报，（第A12版）。㉓u_{52}：汪洋．2005－07－12．投资膨胀过后如何应对跨境资本退潮．经济参考报，（第21版）。㉔u_{53}：戴己平．2006．财政支出结构的国际比较及借鉴．中国林业经济，(1)：42～44。㉕u_{54}：岳树民，安体富．2003．加入WTO后的中国税收负担与经济增长．中国人民大学学报，186(2)：50～57。

(3) 计算赋值矩阵。根据表6-3的评价标准，计算入世后我国保险业竞争力的赋值矩阵，见表6-4。

表6-4 入世后我国保险业竞争力的赋值矩阵

评价因子	2001年	2002年	2003年	2004年	2005年	2006年	2007年
u_{11}	31.990 1	33.308 6	35.250 4	38.295 7	41.449 9	45.840 8	52.327 7
u_{12}	92.80	93.15	93.60	93.30	93.90	94.35	94.35
u_{13}	28.5	33.5	36.5	41.5	47	51.00	54.50
u_{14}	11.020 4	12.379 7	14.076 0	15.831 7	17.685 5	20.189 5	23.204 7
u_{15}	49.5	48	49.5	52.5	52.5	88.8	84
u_{16}	90.450	90.575	90.725	90.575	90.825	91.050	90.925
u_{17}	22.596	23.454	24.318	25.056	25.794	26.340	26.964
u_{18}	90.333 3	91.000 0	91.666 7	95.200 0	96.900 0	97.333 3	97.866 7
u_{19}	96.149 4	96.732 9	97.210 6	97.032 9	97.292 9	97.205 9	96.369 4
u_{21}	73.50	79.20	84.44	79.95	87.45	86.55	90.30

续表

评价因子	2001 年	2002 年	2003 年	2004 年	2005 年	2006 年	2007 年
u_{22}	8. 88	10. 59	8. 19	8. 7	15. 3	9. 87	14. 37
u_{23}	4. 17	5. 19	5. 82	6. 78	7. 89	9. 48	14. 37
u_{24}	16. 20	10. 80	9. 39	9. 03	8. 58	9. 03	21. 12
u_{25}	3. 063 0	4. 306 0	5. 208 4	6. 016 8	6. 875 7	8. 113 8	10. 509 9
u_{26}	16. 50	22. 50	24. 98	25. 50	21	21	21. 38
u_{31}	12. 78	53. 16	76. 26	66. 84	82. 56	90. 38	95. 37
u_{32}	43	31. 4	26. 8	24	36	58	90. 45
u_{33}	15. 9	16. 2	15. 69	18	25. 65	15. 39	28. 41
u_{34}	21. 985 7	20. 571 4	20. 545 7	21. 771 4	27. 145 7	28. 427 1	46. 830 0
u_{41}	74. 03	82. 74	91. 84	90. 11	92. 84	90. 14	92. 13
u_{42}	27. 87	23. 16	21. 67	23. 06	22. 99	25. 97	32. 03
u_{43}	23. 1	31. 3	22. 2	25. 5	30. 2	31. 2	54. 1
u_{51}	30. 770 9	32. 930 9	31. 161 8	31. 408 0	31. 352	31. 185 6	30. 380 8
u_{52}	90. 562 9	90. 878 6	91. 558 6	92. 011 4	92. 635 7	93. 130 0	93. 575 7
u_{53}	25. 860	27. 495	27. 225	26. 730	27. 795	28. 605	29. 925
u_{54}	27. 90	29. 32	29. 48	30. 72	34. 26	38. 52	49. 68

（4）确定隶属函数。在模糊数学中，隶属度是建立模糊集合论的基石，隶属函数是描述模糊性的关键。在实际中，这个函数无法直接得到，而是或多或少地包含了人的某种心理因素，即具有一定的主观性。根据各评价因子对评价等级的隶属关系，建立三个等级的隶属函数如下：

$$R_1(x)=\begin{cases}0 & x\leqslant 60\\ \frac{1}{30}(x-60) & 60<x<90\\ 1 & x\geqslant 90\end{cases} \quad (6\text{-}2)$$

$$R_2(x)=\begin{cases}0 & x\leqslant 30 \text{ 或 } x\geqslant 90\\ \frac{1}{30}(x-30) & 30<x<60\\ \frac{1}{30}(90-x) & 60<x<90\end{cases} \quad (6\text{-}3)$$

$$R_3(x)=\begin{cases}1 & x\leqslant 30\\ \frac{1}{30}(60-x) & 30<x<60\\ 0 & x\geqslant 60\end{cases} \quad (6\text{-}4)$$

式中，x 为因子赋值数。

（5）计算模糊评判矩阵。将各评价因子赋值代入线性隶属函数式（6-2）、式（6-3）、式（6-4），求得总模糊评判矩阵分别为

$$R^T_{2001}=\left\{\begin{matrix}0 & 1 & 0 & 0 & 0 & 1 & 0 & 1 & 1 & 0.4500 & 0 & 0 & 0 & 0 & 0 & 0 & 0 & 0 & 0 & 0.4677 & 0 & 0 & 0 & 1 & 0 & 0\\ 0.0663 & 0 & 0 & 0 & 0.6500 & 0 & 0 & 0 & 0 & 0.5500 & 0 & 0 & 0 & 0 & 0 & 0 & 0.4333 & 0 & 0 & 0.5323 & 0 & 0 & 0.0257 & 0 & 0 & 0\\ 0.9337 & 0 & 1 & 1 & 0.3500 & 0 & 1 & 0 & 0 & 0 & 1 & 1 & 1 & 1 & 1 & 1 & 0.5667 & 1 & 1 & 0 & 1 & 1 & 0.9743 & 0 & 1 & 1\end{matrix}\right\}$$

$$R^T_{2002}=\left\{\begin{matrix}0 & 1 & 0 & 0 & 0 & 1 & 0 & 1 & 1 & 0.6400 & 0 & 0 & 0 & 0 & 0 & 0 & 0 & 0 & 0 & 0.7580 & 0 & 0 & 0 & 1 & 0 & 0\\ 0.1103 & 0 & 0.1167 & 0 & 0.6000 & 0 & 0 & 0 & 0 & 0.3600 & 0 & 0 & 0 & 0 & 0 & 0.7720 & 0.0467 & 0 & 0 & 0.2420 & 0 & 0.0433 & 0.0977 & 0 & 0 & 0\\ 0.8897 & 0 & 0.8833 & 1 & 0.4000 & 0 & 1 & 0 & 0 & 0 & 1 & 1 & 1 & 1 & 1 & 0.2280 & 0.9533 & 1 & 1 & 0 & 1 & 0.9567 & 0.9023 & 0 & 1 & 1\end{matrix}\right\}$$

$$R^T_{2003}=\left\{\begin{matrix}0 & 1 & 0 & 0 & 0 & 1 & 0 & 1 & 1 & 0.8147 & 0 & 0 & 0 & 0 & 0 & 0.5420 & 0 & 0 & 0 & 1 & 0 & 0 & 0 & 1 & 0 & 0\\ 0.1750 & 0 & 0.2167 & 0 & 0.6500 & 0 & 0 & 0 & 0 & 0.1853 & 0 & 0 & 0 & 0 & 0 & 0.4850 & 0 & 0 & 0 & 0 & 0 & 0 & 0.0387 & 0 & 0 & 0\\ 0.8250 & 0 & 0.7833 & 1 & 0.3500 & 0 & 1 & 0 & 0 & 0 & 1 & 1 & 1 & 1 & 1 & 1 & 1 & 1 & 1 & 0 & 1 & 1 & 0.9613 & 0 & 1 & 1\end{matrix}\right\}$$

$$R^T_{2004}=\left\{\begin{matrix}0 & 1 & 0 & 0 & 0 & 1 & 0 & 1 & 1 & 0.6650 & 0 & 0 & 0 & 0 & 0 & 0.2280 & 0 & 0 & 0 & 1 & 0 & 0 & 0 & 1 & 0 & 0\\ 0.2765 & 0 & 0.3833 & 0 & 0.7500 & 0 & 0 & 0 & 0 & 0.3350 & 0 & 0 & 0 & 0 & 0 & 0.7720 & 0 & 0 & 0 & 0 & 0 & 0 & 0.0469 & 0 & 0 & 0.0240\\ 0.7235 & 0 & 1.6167 & 1 & 0.2500 & 0 & 1 & 0 & 0 & 0 & 1 & 1 & 1 & 1 & 1 & 0 & 1 & 1 & 1 & 0 & 1 & 1 & 0.9531 & 0 & 1 & 0.9760\end{matrix}\right\}$$

$$R^T_{2005}=\left\{\begin{matrix}0 & 1 & 0 & 0 & 0 & 1 & 0 & 1 & 1 & 0.9150 & 0 & 0 & 0 & 0 & 0 & 0.7520 & 0 & 0 & 0 & 1 & 0 & 0 & 0 & 1 & 0 & 0\\ 0.3817 & 0 & 0.5667 & 0 & 0.7500 & 0 & 0 & 0 & 0 & 0.0850 & 0 & 0 & 0 & 0 & 0 & 0.2480 & 0.2000 & 0 & 0 & 0 & 0 & 0.0067 & 0.0451 & 0 & 0 & 0.0120\\ 0.6183 & 0 & 0.4333 & 1 & 0.2500 & 0 & 1 & 0 & 0 & 0 & 1 & 1 & 1 & 1 & 1 & 0 & 0.8000 & 1 & 1 & 0 & 1 & 0.9933 & 0.9549 & 0 & 1 & 0.8580\end{matrix}\right\}$$

$$R^T_{2006}=\left\{\begin{matrix}0 & 1 & 0 & 0 & 0.9600 & 1 & 0 & 1 & 1 & 0.8850 & 0 & 0 & 0 & 0 & 0 & 1 & 0 & 0 & 0 & 1 & 0 & 0 & 0 & 1 & 0 & 0\\ 0.5280 & 0 & 0.7000 & 0 & 0.0400 & 0 & 0 & 0 & 0 & 0.1150 & 0 & 0 & 0 & 0 & 0 & 0 & 0.9333 & 0 & 0 & 0 & 0 & 0.0400 & 0.0395 & 0 & 0 & 0.2840\\ 0.4720 & 0 & 0.3000 & 1 & 0 & 0 & 1 & 0 & 0 & 0 & 1 & 1 & 1 & 1 & 1 & 0 & 0.0667 & 1 & 1 & 0 & 1 & 0.9600 & 0.9605 & 0 & 1 & 0.7160\end{matrix}\right\}$$

$$R^T_{2007}=\left\{\begin{matrix}0 & 1 & 0 & 0 & 0.8000 & 1 & 0 & 1 & 1 & 1 & 0 & 0 & 0 & 0 & 1 & 1 & 0 & 0 & 1 & 0 & 0 & 0 & 1 & 0 & 0\\ 0.7443 & 0 & 0.8167 & 0 & 0.2000 & 0 & 0 & 0 & 0 & 0 & 0 & 0 & 0 & 0 & 0 & 0 & 0 & 0.5610 & 0 & 0.0677 & 0.8033 & 0.0127 & 0 & 0 & 0.6560\\ 0.2557 & 0 & 0.1833 & 1 & 0 & 0 & 1 & 0 & 0 & 0 & 1 & 1 & 1 & 1 & 1 & 0 & 0 & 1 & 0.4390 & 0 & 0.9323 & 0.1967 & 0.9873 & 0 & 1 & 0.3440\end{matrix}\right\}$$

二、指标权重的确定

（一）权重计算方法选择

权重是评价指标在综合评价中其重要程度差异的反映，取决于该指标本身在评价决策中的作用及其价值大小。在保险业竞争力的评价过程中，由于各评价指标对总目标的重要程度不同，必须确定它们的权重。目前，对于指标权重的确定常用的方法有：

（1）专家咨询法。即由若干专家根据经验设定权重，这些专家所设定权重的平均值即为各指标的最终权重。

（2）Delphi 法。这是一种客观地综合多数专家经验与主观判断的信息整理方法。它不需要专家们填写判断矩阵，专家们只需根据前一轮所得出的均值和离散度来修正自己的意见，从而使均值逐次接近最后的评价结果。

（3）层次分析法。通过对系统多个因素的分析，划分出各因素间相互联系的有序层次；再请专家对每一层次的各因素进行比较客观的判断，给出各因素相对重要性的定量表示；进而建立数学模型，计算每一层次各因素相对重要性的权重系数。

（4）熵值法。根据各项指标观测值所提供的信息量的大小来确定指标权数的方法。某项指标的指标值差距越大，则该指标在综合评价中所起的作用越大；如果指标值全部相等，则该指标在综合评价中几乎不起作用。亦即该指标包含和传输的信息越多，被赋予的权重也将越大。

（5）变异系数法。变异系数法反映了各个指标数值的差异程度。假如某个指标的各个数值差异较大，就意味着该指标发展不稳定（时间数据）或不均衡（截面数据），从而对于实现预期目标的把握性较差。

上面所列的几种方法中，层次分析法、专家咨询法、Delphi 法属于主观赋权法。主观法是由决策分析者对指标的主观重视程度而进行赋权的方法，它体现了决策者的意向，但同时也具有较大的主观随意性。一方面，当指标较多时，主观赋权往往会导致对某一因素过高或过低估计，从而使评价不能完全反映真实情况；另一方面，主观赋权权数一旦确定，就很少变动，而评价者选择的考察对象却是随机变动的，这也影响综合评价的客观性（王靖，张金锁，2001）。

熵值法、变异系数法属于客观赋权法。客观赋权法是指单纯利用属性的客观信息而确定权重的方法，具有较强的数学理论依据，但没有考虑到决策者的主观意愿，且有时得出的结果会与各属性的实际重要程度相悖，难以给出明确的解释。

本研究的评价指标体系指标较多，涉及范围广，采用主观赋值法容易产生较大偏差。为规避主观赋权法的随机性，采用客观赋权法中的熵值法。

熵原是热力学的一个物理概念。在信息系统中的信息熵是信息无序度的度量，信息是系统有序程度的度量，两者绝对值相等，符号相反。信息熵越小，信息的无序度越低，其信息的效用值越大，指标的权重也越大；反之，信息熵越大，信息的无序度越高，其信息的效用值越小，指标的权重也越小（张成科，1998）。据此性质，可应用信息熵反映系统信息的有序程度和信息的效用值，进行客观赋权从而作出综合评价。

（二）指标权重计算

假设有评价对象 n 年的发展状况，评价指标体系包括 m 个指标，形成评价系统的初始数据矩阵 $\boldsymbol{X}=\{x_{ij}\}_{m\times n}(0\leqslant i\leqslant m,\ 0\leqslant j\leqslant n)$，其中 x_{ij} 表示第 j 个样本第 i 项评价指标的数值。利用熵值法进行综合评价的步骤如下：

（1）数据标准化处理。由于各指标的量纲、数量级及指标正负取向均有差异，需对初始数据作标准化处理。设评价指标 i 的理想值为 x_i^*，其大小因评价指标性质而异。对于正向指标，x_i^* 越大越好，记为 $x_{i\max}^*$；对于逆向指标，x_i^* 越小越好，记为 $x_{i\min}^*$。评价指标的理想值可以从初始数据矩阵 $\boldsymbol{X}$ 中找到，评价指标的极值也可以根据横向对比，从其他渠道获得。

定义 x'_{ij} 为 x_{ij} 对于 x_i^* 的接近度。对于正向指标，$x'_{ij}=\dfrac{x_{ij}}{x_{i\max}^*}$；对于逆向指标，$x'_{ij}=\dfrac{x_{i\min}^*}{x_{ij}}$。定义标准化矩阵：$\boldsymbol{Y}=\{y_{ij}\}_{m\times n}$，其中，

$$y_{ij}=\frac{x'_{ij}}{\sum_{i=1}^{m}x'_{ij}}\quad(0\leqslant y_{ij}\leqslant 1)\tag{6-5}$$

（2）计算指标信息熵值 e 和信息效用值 d。第 i 项指标的信息熵值为

$$e_i=-K\sum_{j=1}^{n}y_{ij}\ln y_{ij}\tag{6-6}$$

式中，常数 K 与系统的样本数 n 有关。对于一个信息完全无序的系统，有序度为零，其熵值最大，$e=1$，n 个样本处于完全无序分布状态时，$y_{ij}=\dfrac{1}{n}$，此时 $e_i=-K\sum_{j=1}^{n}\dfrac{1}{n}\ln\dfrac{1}{n}=K\sum_{j=1}^{n}\dfrac{1}{n}\ln n=K\ln n=1$，于是得到 $K=\dfrac{1}{\ln n}$（$0\leqslant e\leqslant 1$）。

由于信息熵 e_i 可用来度量 i 项指标的信息（指标的数据）的效用价值，当信息完全无序时，$e_i=1$，此时 e_i 的信息（也就是 i 指标的数据）对综合评价的效用值为零。

定义 d_i 为第 i 项指标的信息效用价值，则有

$$d_i=1-e_i\tag{6-7}$$

（3）定义评价指标权重。利用熵值法估算各指标的权重，其本质是利用该指标信息的价值系数来计算，其价值系数越高，对评价的重要性就越大（或称权重越大，对评价结果的贡献越大）。第 i 项指标的权重为

$$w_i = \frac{d_i}{\sum_{i=1}^{m} d_i} \tag{6-8}$$

利用熵值法公式（6-5）～式（6-8），计算得到信息熵、效用值和指标权重，如表6-5所示。

表6-5 保险业竞争力评价指标体系权重表

指标	信息熵 e_i	效用值 d_i	指标层权重 w_i	基准层权重 w'_i	
X11	0.200 4	0.799 6	0.051 5	X1 0.286 4	0.179 8
X12	0.754 0	0.246 0	0.015 9		0.055 5
X13	0.520 2	0.479 8	0.030 9		0.107 9
X14	0.097 8	0.902 2	0.058 2		0.203 2
X15	0.595 5	0.404 5	0.026 1		0.091 1
X16	0.749 1	0.250 9	0.016 2		0.056 6
X17	0.487 4	0.512 6	0.033 0		0.115 2
X18	0.788 1	0.211 9	0.013 7		0.047 8
X19	0.365 9	0.634 1	0.040 9		0.142 8
X21	0.689 0	0.311 0	0.020 1	X2 0.301 0	0.066 8
X22	0.155 4	0.844 6	0.054 4		0.180 7
X23	0.049 9	0.950 1	0.061 2		0.203 3
X24	0.096 8	0.903 2	0.058 2		0.193 4
X25	0.030 1	0.969 9	0.062 5		0.207 6
X26	0.308 7	0.691 3	0.044 6		0.148 2
X31	0.611 0	0.389 0	0.025 1	X3 0.161 7	0.155 2
X32	0.482 9	0.517 1	0.033 3		0.205 9
X33	0.125 3	0.874 7	0.056 4		0.348 8
X34	0.271 9	0.728 1	0.046 9		0.290 0
X41	0.709 0	0.291 0	0.018 8	X4 0.129 9	0.156 7
X42	0.274 9	0.725 1	0.046 7		0.389 2
X43	0.154 9	0.845 1	0.054 5		0.454 2
X51	0.249 7	0.750 3	0.048 4	X5 0.130 9	0.369 7
X52	0.888 0	0.112 0	0.007 2		0.055 0
X53	0.366 9	0.633 1	0.040 8		0.311 7
X54	0.464 9	0.535 1	0.034 5		0.263 6

三、测度结果

将权重集与模糊评判矩阵相乘得到模糊综合评价，即 $\boldsymbol{B} = \boldsymbol{A} \cdot \boldsymbol{R}$，得

$B_{2001} =$ (0.1156 0.0533 0.8311)

$B_{2002} =$ (0.1210 0.0648 0.8142)

$B_{2003} =$ (0.1427 0.0498 0.8075)

$B_{2004} =$ (0.1318 0.0749 0.7933)

$B_{2005} =$ (0.1499 0.0788 0.7713)

$B_{2006} =$ (0.1806 0.0972 0.7222)

$B_{2007} =$ (0.2121 0.1653 0.6226)

从评价值可以看出：

（1）2001 年有 11.56% 的把握说中国保险业竞争力强，有 5.33% 的把握说 2001 年中国保险业竞争力一般，有 83.11% 的把握说 2001 年中国保险业竞争力弱，根据最大隶属度原则，2001 年中国保险业竞争力弱。

（2）2002 年有 12.10% 的把握说中国保险业竞争力强，有 6.48% 的把握说 2002 年中国保险业竞争力一般，有 81.42% 的把握说 2002 年中国保险业竞争力弱，根据最大隶属度原则，2002 年中国保险业竞争力弱。

（3）2003 年有 14.27% 的把握说中国保险业竞争力强，有 4.98% 的把握说 2003 年中国保险业竞争力一般，有 80.75% 的把握说 2003 年中国保险业竞争力弱，根据最大隶属度原则，2003 年中国保险业竞争力弱。

（4）2004 年有 13.18% 的把握说中国保险业竞争力强，有 7.49% 的把握说 2004 年中国保险业竞争力一般，有 79.33% 的把握说 2004 年中国保险业竞争力弱，根据最大隶属度原则，2004 年中国保险业竞争力弱。

（5）2005 年有 14.99% 的把握说中国保险业竞争力强，有 7.88% 的把握说 2005 年中国保险业竞争力一般，有 77.13% 的把握说 2005 年中国保险业竞争力弱，根据最大隶属度原则，2005 年中国保险业竞争力弱。

（6）2006 年有 18.06% 的把握说中国竞争力强，有 9.72% 的把握说 2006 年中国保险业竞争力一般，有 72.22% 的把握说 2006 年中国保险业竞争力强，根据最大隶属度原则，2006 年中国保险业竞争力弱。

（7）2007 年有 21.21% 的把握说中国竞争力强，有 16.53% 的把握说 2007 年中国保险业竞争力一般，有 62.26% 的把握说 2007 年中国保险业竞争力弱，根据最大隶属度原则，2007 年中国保险业竞争力强。

从以上评价值可以看出，虽然 2001 ~ 2007 年中国保险业都处于弱竞争力状态，但判断竞争力为弱的把握下降了 20.85%，说明中国保险业竞争力在逐年上

升，但仍然需要进一步努力。然而，我国保险业竞争力状况在需求、供给、相关和支持性产业、企业战略、结构与同业竞争等方面的水平到底如何，这里再选用2007年的模糊评判矩阵和权重计算指标体系中基准层各指标的评价值予以说明。

（1）我国保险业需求较强。有37.56%的把握认为中国保险业需求能力强，24.02%认为一般，58.42%认为弱，根据最大隶属度原则，可以认为中国保险业需求能力较强，超过发展中国家的平均水平。保险业需求因素评价值计算如下：

$$R_{需求因素}=\begin{pmatrix} 0 & 0.744 & 0.2557 \\ 1 & 0 & 0 \\ 0 & 0.8167 & 0.1833 \\ 0 & 0 & 1 \\ 0.8000 & 0.2000 & 0 \\ 1 & 0 & 0 \\ 0 & 0 & 1 \\ 1 & 0 & 0 \\ 1 & 0 & 0 \end{pmatrix}$$

$W_{需求因素}=$（0.1798　0.0555　0.1079　0.2032　0.0911　0.0566　0.1152　0.0478　0.1428）

得

$B_{需求因素}=$（0.3756　0.2402　0.3842）

（2）我国保险业供给能力很弱。有93.32%的把握认为中国保险业供给能力弱，低于发展中国家平均水平。保险业供给因素评价值计算如下：

$$R_{供给因素}=\begin{pmatrix} 0 & 0 & 0 \\ 0 & 0 & 1 \\ 0 & 0 & 1 \\ 0 & 0 & 1 \\ 0 & 0 & 1 \\ 0 & 0 & 1 \end{pmatrix}$$

$W_{供给因素}=$（0.0668　0.1807　0.2033　0.1934　0.2076　0.1482）

得

$B_{供给因素}=$（0.0668　0　0.9332）

（3）我国保险业相关和支持性产业能力弱。有47.61%的把握认为保险业相关和支持性产业能力弱，在我国主要是银行业起到了一定的作用，而风险公估业和金融投资业的影响力是微不足道的。保险业相关和支持性产业因素评价值计算如下：

$$R_{相关和支持性产业因素}=\begin{pmatrix}1 & 0 & 0\\ 1 & 0 & 0\\ 0 & 0 & 1\\ 0 & 0.5610 & 0.4390\end{pmatrix}$$

$$W_{相关和支持性产业因素}=(0.1552 \quad 0.2059 \quad 0.3488 \quad 0.2900)$$

得

$$B_{相关和支持性产业因素}=(0.3612 \quad 0.1627 \quad 0.4761)$$

(4) 我国保险企业战略、结构与同业竞争能力较弱。有13.67%的把握说我国保险企业战略、结构与同业竞争能力强，39.12%的把握认为一般，45.21%的把握认为弱，亦根据最大隶属度原则，我国保险企业战略、结构和同业竞争水平较弱，说明保险企业的竞争力低于发展中国家平均水平。保险企业战略、结构与同业竞争因素评价值计算如下：

$$R_{企业战略、结构、同业竞争因素}=\begin{pmatrix}1 & 0 & 0\\ 0 & 0.0677 & 0.9323\\ 0 & 0.8033 & 0.1967\end{pmatrix}$$

$$W_{企业战略、结构、同业竞争因素}=(0.1567 \quad 0.3892 \quad 0.4542)$$

得

$$B_{企业战略、结构、同业竞争因素}=(0.1567 \quad 0.3912 \quad 0.4521)$$

(5) 政府对保险业的作用较弱。有5.50%的把握说政府对保险业的作用能力强，而有76.74%的把握说其作用能力弱，说明政府对保险业支持的优势反映得不明显。政府作用因素评价值计算如下：

$$R_{政府因素}=\begin{pmatrix}0 & 0.0127 & 0.9873\\ 1 & 0 & 0\\ 0 & 0 & 1\\ 0 & 0.6560 & 0.3440\end{pmatrix}$$

$$W_{政府因素}=(0.3697 \quad 0.0550 \quad 0.3117 \quad 0.2636)$$

得

$$B_{政府因素}=(0.0550 \quad 0.1776 \quad 0.7674)$$

由此可见，中国保险业需求能力较强，而保险业的供给能力、相关和支持性产业能力、保险企业战略、结构和同业竞争水平以及政府作用能力都较弱，无法满足这种需求，一定程度上导致保险业竞争力水平低下。

第五节　结果分析与讨论

从以上2001~2007年的评价值可以看出，中国保险业经历了这么多年的发展和壮大，尽管积聚了一定的实力，而且竞争力在逐年上升，但竞争力水平仍然较弱。从2007年的我国保险业竞争力影响因素来看，除了有着较强的保险需求能力外，其他影响因素的作用都较弱，需要全方位的发展改进才能提高我国保险业竞争力的整体实力。

一、推动我国保险业竞争力上升的原因

评价结果表明，入世后我国保险业竞争力水平呈逐年上升趋势。原因是我国加入WTO之后，伴随着我国保险市场的逐步开放，在过渡期内保险业运作在一定程度上逐步适应了市场经济条件下的运行规则，并逐步与国外保险业开展合作和竞争，能够在依托自身实力和借鉴国外经验的基础上不断进行调整，并继而提升自身竞争力水平，这突出反映在我国保险业发展存在着诸多有利因素。

（1）国内经济持续快速发展。我国于2001年末加入WTO，在这五年间我国经济总量（用GDP加以衡量）由2001年的109 655.2亿元增加到2007年的249 529.9亿元，保持了较快的增长速度，这对于保险需求的诱发起到了积极的作用，也是我国保险业竞争力当前和今后进一步提升的重要支撑。

（2）经济结构不断优化。入世后，第二、第三产业在GDP中的比重由2001年的85.6%上升至2007年的88.7%，这也为保险业需求水平的扩张奠定了良好的基础；非公有制经济占整体经济的比重由2001年的55.57%上升至2007年的70.46%，具有相当活力的非公有制经济的不断壮大对保险业需求的增加起到了诱发作用。

（3）经济增长方式逐步优化。我国R&D占GDP的比重2001年只有0.95%，2007年已上升至1.49%，并呈现加速上升的态势，这说明我国经济增长方式正逐步转向以依靠科学技术为特征的内涵型增长道路上来，在一定程度上促进了我国保险业竞争力水平的提升。

（4）经济运行效率稳步提升。入世后，我国经济发展的集约化程度日益提高，第二产业劳动生产率保持着持续稳步上升的势头，2001年为3.0405万元/人，而2007年已达到5.8781万元/人，较2001年上升45.91%，这说明我国经济运行效率的提升正日益成为我国经济持续增长的强大动力，这对于我国保险业竞争力水平的增进也具有一定的帮助。

（5）社会支出结构有所改善。城市居民家庭恩格尔系数基本维持在相对较低的水平上，由2001年的0.382小幅下降到2007年的0.363，这会在城镇居民收入水平不断提升和支出结构逐步优化的过程中形成持续增长的保险需求，这对我国保险业竞争力水平的提升提供了一定的支持。

（6）城市化进程不断深化。我国城市化水平由2001年的37.66%上升至

2007 年的 44.94%，年均上升 7.28 个百分点，这在收入形式和水平上所引发的变革对于保险业发展和竞争力水平提升起到了积极的促进作用。

（7）居民金融资产快速增长。居民金融资产中的储蓄存款、股票投资、国债投资、保险投资、外币投资等几项指标内容之间存在着一定程度的互补和替代关系。用储蓄存款作为近似替代指标反映金融资产总量的变化趋势，2001 年我国储蓄存款总额为 73 762.4 亿元，而 2007 年已经增加到 172 534.2 亿元，年均增长 22.32%，这会形成一定的保险投资需求增长动力，继而刺激我国保险业竞争力水平的提升。

（8）市场经济水平不断提升。加入 WTO 对于我国市场化水平产生了积极的推动作用，经济生活的市场场化程度得到了提高。2007 年我国市场化水平（M2/GDP）为 1.634，较入世前的 2001 年上升 0.064，这说明我国经济运行的市场化程度有所上升，而这会在一定程度上为商业保险的发展带来契机并有助于提升我国保险业的竞争力水平。

（9）保险业资本、资产规模迅速扩张。随着我国保险业的快速发展，我国保险业滋生自身的资本和资产实力也在迅速扩张。我国保险业资产总额从入世前 2001 年的 4591.07 亿元增加到 2007 年的 29 326.69 亿元，年均增长 38.61%。保险业资产和资本总额的快速扩张对于我国保险业的发展实力具有积极的促进作用，也会直接提升我国保险业的竞争力水平。此外，保险资产运用范围也从较为单一的协议存款、国债等债券投资、基金投资、购买返售，拓展到直接证券投资和境外投资等领域。伴随着资产规模的上升和资金利用范围的扩张，保险业潜在的发展能力和竞争力也相应得到增加。

（10）保险业产品开发能力和市场能力得到一定的提升。入世后，我国保险业新产品开发和引进速度明显提高，突出表现为保险产品市场的迅速细分，各种具有相当针对性的保险产品层出不穷。如 2005 年，在寿险方面，分红保险、万能保险、投资连结保险、健康保险和银行保险产品开发都有了很大的突破，且操作性更强、收益率更高；在财险方面，各保险公司共开发设计了 210 个责任险产品，160 多个农险产品。同时，保险营销所使用的手段也逐步复合化，从原先单一的基于人际关系推销的展业服务模式逐步向利用电话网络、互联网络、银行网络的网络化展业服务模式转变。

（11）上游支持性产业良性发展。作为保险业的上游支持性产业的银行业和风险评估业在我国入世后得到了一定的发展和优化。就银行业而言，该产业面临着和保险业相类似的发展环境。由于银行业在金融业和国民经济中的突出地位，银行业的改革始终是我国金融业改革的前沿阵地。近年来，银行业以消化存量不良资产和控制新增不良资产为主基调的改革进行得较为顺利，且由于商业银行经营效率的改善和国家的直接注资以及吸收机构投资者资本，商业银行资本金水平也得到了一定的充实，由2001年末的1.59万亿元上升至2005年末的3.75万亿元。与此同时，商业银行现代企业制度的建立也提上议事日程，通过股份制和引入战略投资者，传统的国有商业银行的商业化进程正在稳步推进。这表明商业银行运行正逐步趋向稳定化、市场化和规范化，这能够为保险业发展提供资金和渠道上的有力支持。

目前在东部沿海地区已经有一些主营风险评估的企业从事运作，但就整体而言其规模还极为有限，尚处于起步阶段，保险业的风险评估还主要依托自身内部来独立完成，幼稚的风险评估业刚刚开始以产业形式为保险业的发展和竞争力水平的提升提供帮助。

（12）同业竞争逐步优化。入世后我国保险业的竞争程度在不断增加，一方面，不断有新的保险企业成立并加入到竞争中；另一方面随着原有保险企业产业投入的增加，其市场份额也在发生着变化，特别是原有市场垄断集团的市场份额正逐步趋于下降，市场分散化程度有所上升。在同业竞争程度上升的同时，同业竞争方式也由原先单纯的模仿和挖墙脚的低水平竞争向创新和行业自律转变，呈现出竞争的规范化、有序化和层次化发展的趋势。这突出体现为中国保险行业协会对行业基础建设与行业发展协助及指导作用日益突出，如中国精算工作委员会借鉴国外成功经验，结合中国具体国情，组织了中国精算师考试，积极培养优秀的精算人才；寿险工作委员会作为寿险公司的业务协调、交流、合作和反映寿险公司业务需求的平台，先后组织了多次同业会议，发布了《团体年金分红型/万能型产品销售自律公约》、《健康险经营活动行业自律公约》。

（13）固定资产投资快速扩张。入世以来，2001年全年全社会固定资产投资37 214亿元，2007年全年全社会固定资产投资1 373 239亿元，年均增长44.8%。固定资产投资的快速增长会派生出对于保险（特别是财产保险）的旺盛需求，这对于保险业整体竞争力水平的提升具有较强的拉动作用。

（14）保险业监管不断深化。入世对我国的保险监管提出了新的挑战，促使保险监管依法行政和科学监管的观念逐步增强，监管服务意识不断提高。按照WTO规则，结合保险业开放和发展的需要，保监会加快完善保险法规制度，稳步推进各项制度改革，积极借鉴和吸收国际保险监管的先进经验，加快保险监管与国际的接轨。保监会建立、健全了偿付能力监管、市场行为监管和公司治理结构监管“三位一体”的保险监管体系，进一步提高了保险监管的效率和透明度，不断提高执政能力，全面提高监管水平。

二、导致我国保险业竞争力不高的原因

尽管我国保险业竞争力在逐年上升，但竞争力水平不高，说明目前我国保险

业还存在一些不利因素。

（1）居民收入结构差距过大。我国现有居民收入结构存在着贫富差距不断拉大、收入结构不合理的问题。用城镇居民个人收入基尼系数加以衡量，该指标2007年已经达到0.48，相较于2001年的0.33有了一定的上升，并且已经超过国际公认的0.4的警戒水平，说明我国居民收入差距仍在不断上升，两极分化现象日趋明显，这对于我国保险业的持续发展和竞争力水平的不断提升形成了一定的制约。

（2）农村居民支出结构层次较低。在我国广大农村地区，农村居民整体收入水平增长仍相对缓慢，2007年农村居民人均纯收入为4140元，较城镇居民人均可支配收入低了9646元；且2007年农村居民恩格尔系数为0.431，比城镇居民恩格尔系数高0.068。从以上对比可以发现，农村地区经济发展水平相较于城市仍处在较低的阶段，农村居民整体收入和支出结构仍处于较低层次，这在很大程度上制约了农业和农村保险业的发展，这对我国保险业竞争力的提升形成了一定的制约。

（3）人口结构老龄化。我国人口老龄化步伐加快，65岁以上的老年人口2000年已接近9000万，2007年已占总人口的9.36%。随着新中国成立后50年代出生的第一次人口高峰的人口即将进入老年，我国的人口老龄化速度将进入快速发展时期，预计到2015年我国老年人总数将突破2亿人，2027年将超过3亿人，2044年将达到4亿人。在我国保险业仍处于发展的初级阶段背景下，人口结构的老龄化会在一定程度上制约保险业（特别是人寿保险业）的发展空间，这对于保险业竞争水平的提升也会形成一定的潜在障碍。

（4）保险业社会公信力有待提高。保险业在我国恢复和发展的时间目前仍相对较短，相关调查显示，人们对保险业的认知程度仍相对较低，这一方面与社会公众风险意识发展相对滞后有关，另一方面也与保险业整体服务层次相对低下和个别保险公司人员职业操守不高有直接联系。由于保险业具有金融服务业的突出特征，因此社会公信力对于保险业的长期发展具有突出的影响和意义，在目前相对较低的社会公信力水平下，保险业的进一步深入发展面临着突出的障碍。

（5）社会保障程度相对较低。我国现有社会保障的覆盖面主要集中于城市居民，广大农村地区社会保障事业存在着许多空白，农村居民和农村经济主要依托自保来防范和抵御风险，经济整体的脆弱性程度较高；即便在社会保障体系逐步建立的城镇地区，社会保障的程度也较为有限，再考虑到公众支付能力和国家财政实力的背景下社会保障基金存在着一定缺口的现实是客观存在的。这种覆盖面有限、保障程度不足的社会保障体系对于具有意外伤害性质的短期人身保险业务开展具有一定的诱发作用，但对于财产保险和具有投资功能的长期人寿保险往往具有一定的掣肘。从这个层面来说，要促使我国保险业竞争力水平提升，在现阶段需要不断提升社会保障的覆盖领域和深度，为保险业发展培养良好的外部环境。

（6）保险业人力资源问题不容忽视。入世后我国保险业人力资源总量得到了较快的扩张，但人力资源结构存在的问题也逐步突出。2001 年保险从业人员数为 177 512 人，2007 年增长到 529 937 人，年均增长 33.1%，而其中本科以上学历比例从 2001 年的 21.196% 增长到 2007 年的 36.88%，年均增长 12.33%。对比说明，保险公司在人力资源的迅速扩张过程中，由于新员工的快速扩充，虽然整体数量得到了较大的发展，在整体结构上人力资源的年轻化程度得到提升，但其知识化和能力化程度却增长较慢，保险公司人力资源结构存在着退化的倾向。由此可以看出，我国保险业在持续快速的扩张过程中，人力资源瓶颈开始逐步显现，并逐步成为保险业竞争力提升的重要障碍。

（7）保险综合服务能力仍有待提高。入世后我国保险业的服务水平得到了一定的提高，但其综合服务能力仍存在一定的不足。入世前存在的重产品推销、轻服务跟进的问题仍比较突出，这表现为保险产品销售后，对于理赔、产品服务跟进等方面普遍重视和投入不足，导致理赔难、运作不透明，继而引发客户对保险服务整体满意度评价不高，在个别市场上还引发了一定范围的退保现象。

（8）下游产业发展喜忧参半。作为保险业下游产业的金融投资业近年来的发展喜忧参半。以投资于基金业为例，可喜的一面是基金业作为入世前保险业投资于资本市场的主要支持性产业，在入世后获得了一定的发展，基金管理公司的数目和所发行的基金份额显著增加，基金种类获得了极大的丰富，在原先单一的股票型基金、债券型基金、混合型基金的基础上逐步衍生出伞形基金、交易所基金、货币市场基金，基金管理公司治理结构也逐步得到完善，这对于保险业的流动性、安全性和收益性的匹配提供了有力的支持，但基金收益率持续下滑的倾向也值得关注，这也成为保险业竞争力提升的潜在障碍。

（9）保险市场集中度过高。我国保险业市场的集中度不论是在财产保险还是人身保险市场上，在入世后都呈现逐步下降的趋势，其中 2001 ~ 2007 年财产保险市场集中度下降 20.43 个百分点，人身保险市场集中度下降了 17.76 个百分点。这说明入世后我国保险业竞争程度在逐步增加，其中人身保险市场竞争程度的增加尤为显著，但从市场集中度水平的绝对值上分析，保险业整体集中度过高及垄断特征仍很明显，这也就意味着保险业竞争力水平在显著提升的同时还存在进一步增长的空间。

（10）保险业企业战略趋同。由于我国保险市场起步较晚，伴随着原有潜在保险需求的集中式爆发，该市场在整体上正处在高速发展阶段，在这种大背景下，保险业随着市场需求的扩张获得了自我扩张的机遇，因此可以在较低的投入水平下获得一定的发展空间，导致就现有保险企业仍采用跑马圈地式的发展战略，将资源中的绝大部分投入到低水平的市场拓展上，不同企业的战略取向趋同，差异化特征不明显。这突出反映为保险公司对新产品的开发投入较少、相互模仿严重，在保险代理人培训和扩充上不遗余力，企业间人才流动频繁但缺乏具有独特性的市场定位，如在人寿保险业中，企业间盲目跟风扩展长期寿险，以做大现有市场为战略出发点，产品间缺乏明显差异，导致像分红保险的异军突起和盛极而衰等问题，而没有专注于某一细分市场进行专业化经营，企业间的竞争往往呈现正面冲突而缺乏对于市场的互补性开发；在财产险市场上也是集中于车险市场的相互竞争，而对于企业发展战略取向的定位较为模糊。这在相当程度上导致保险业扩张缺乏质量提升的支持，从而制约其竞争力水平的提升。

第七章 入世后我国保险业发展战略与对策

本章在全面认识入世后我国保险业面临的国内外环境、发展现状，特别是保险业竞争力状况及区域协调的基础上，展望中国保险业未来的发展趋势，据此制定出我国保险业发展的战略目标，作出正确的战略选择，提出进一步提升我国保险业竞争力的对策，使其在国际竞争中取得有利的地位。

第一节 我国保险业发展战略目标

一、我国保险业发展预测

我国保险市场规模很大已成为共识，但是我国保险市场潜力究竟有多大？未来我国保险业将会发展成怎样的规模？目前国内对此的解释大多停留在描述性的预测阶段，通常仅根据个别指标进行简单的推算，其预测带有很大的片面性。大部分学者利用聚类主成分线性回归模型对我国保险业的未来发展潜力作出了预测，但是这一模型存在一定的缺陷：首先，在选择变量时无法对一些重要的因素，如政府政策、国际经济形势的发展等进行量化；其次，该模型仅适用于短期预测，由于中长期保险业受到不确定性因素影响较大，因此对保险业的长期发展趋势，该模型不能作出有效的估计；最后，在预测各个外生变量时，预测值的偏差导致了最终预测值与实际值的误差加大，而且这种误差普遍偏大。

灰色理论是一种利用连续的灰色微分方程模型，对系统的发展变化进行全面的观测分析的方法理论。经验表明，二阶和二阶以上的灰色预测模型由于适应性差，很少在实际中使用；一阶二元模型或一阶多元模型由于要求不同变量的取值大体要同步，且用作预测时要知道预测变量的未来值，也不易在预测中取得好效果。因此，实际中通常采用一阶一元灰色模型作预测，即 GM（1，1）预测，它能根据实际情况进行不同长度的预测。

为此，这里采用灰色 GM（1，1）模型对我国未来 10 年的保费收入、保险密度以及保险深度进行预测。

（一）灰色 GM（1，1）模型

GM（1，1）模型是将离散的随机数经过一次累加生成算子（记为 1-AGO），

削弱其随机性，得到较有规律的生成数，然后建立白化式微分方程、解方程而建立的。

1. 数据处理

设 $X^{(0)}$ 为非负原始数据序列，即 $X^{(0)} = (x^{(0)}(1), x^{(0)}(2), \cdots, x^{(0)}(n))$。

设 $X^{(1)}$ 为 $X^{(0)}$ 的一次累加生成序列（1-AGO 序列），即 $X^{(1)} = (x^{(1)}(1), x^{(1)}(2), \cdots, x^{(1)}(n))$，其中，

$$x^{(1)}(k) = \sum_{i=1}^{k} x^{(0)}(i), \quad (k = 1,2,\cdots,n) \tag{7-1}$$

同时，$X^{(1)}$ 还应该满足准指数规律，这是建立 GM（1，1）指数模型的基础。

记 $x^{(0)}(k) + ax^{(1)}(k) = b$ 为 GM（1，1）模型的原始形式，a, b 表示参数。

设 $Z^{(1)}$ 为 $X^{(1)}$ 的紧邻均值生成序列，即 $Z^{(1)} = (z^{(1)}(2), z^{(1)}(3), \cdots, z^{(1)}(n))$，其中，

$$z^{(1)}(k) = \frac{1}{2}(x^{(1)}(k) + x^{(1)}(k-1)), \quad (k = 2,3,\cdots,n) \tag{7-2}$$

记 $x^{(0)}(k) + az^{(1)}(k) = b$ 为 GM（1，1）模型的基本形式。

2. 参数估计

若 $\hat{a} = (a, b)^{\mathrm{T}}$ 为参数列，则灰色微分方程 $x^{(0)}(k) + az^{(1)}(k) = b$ 的最小二乘估计参数列满足

$$\hat{a} = (B^{\mathrm{T}}B)^{-1}B^{\mathrm{T}}Y \tag{7-3}$$

式中，$Y = \begin{pmatrix} x^{(0)}(2) \\ x^{(0)}(3) \\ \vdots \\ x^{(0)}(n) \end{pmatrix}$，$B = \begin{pmatrix} -z^{(1)}(2) & 1 \\ -z^{(1)}(3) & 1 \\ \vdots & \vdots \\ -z^{(1)}(n) & 1 \end{pmatrix}$。

3. 模型的建立和检验

设 $\frac{\mathrm{d}x^{(1)}(t)}{\mathrm{d}t} + ax^{(1)}(t) = b$ 为 GM（1，1）模型 $x^{(0)}(k) + az^{(1)}(k) = b$ 的白化方程，求解得

$$x^{(1)}(t) = (x^{(1)}(1) - \frac{b}{a})\mathrm{e}^{-at} + \frac{b}{a} \tag{7-4}$$

据此，GM（1，1）模型 $x^{(0)}(k) + az^{(1)}(k) = b$ 的时间响应序列为

$$\hat{x}^{(1)}(k+1) = (x^{(0)}(1) - \frac{b}{a})\mathrm{e}^{-ak} + \frac{b}{a}, \quad (k = 1,2,\cdots,n) \tag{7-5}$$

还原得到

$$\hat{x}^{(0)}(k+1) = a^{(1)}\hat{x}^{(1)}(k+1) = \hat{x}^{(1)}(k+1) - \hat{x}^{(1)}(k) = (1-e^{a})(x^{(0)}(1) - \frac{b}{a})e^{-ak} \tag{7-6}$$

对于 GM（1，1）预测模型可通过求相对误差以及平均相对误差来判断预测的准确程度。记 k 时刻实际值 $x^{(0)}(k)$ 与计算值（预测值）$\hat{x}^{(0)}(k)$ 之差为 $\varepsilon(k)$，称为 k 时刻残差；它们之间的相对误差和平均误差分别为

$$\Delta_k = \frac{|\varepsilon(k)|}{x^{(0)}(k)} \tag{7-7}$$

$$\Delta = \frac{1}{n-1}\sum_{k=2}^{n}\Delta_k \tag{7-8}$$

4. 预测分析

在 GM（1，1）模型中，参数 $-a$ 称为发展系数，b 为灰色作用量。

当 $-a \leqslant 0.3$ 时，GM（1，1）模型可用于中长期预测；当 $0.3 < -a \leqslant 0.5$ 时，GM（1，1）模型可用于短期预测，中长期预测慎用；当 $0.5 < -a \leqslant 0.8$ 时，用 GM（1，1）模型作短期预测应十分慎重；当 $0.8 < -a \leqslant 1$ 时，应采用残差修正 GM（1，1）模型；当 $-a > 1$ 时，不宜采用 GM（1，1）模型。

（二）指标和数据的选择

评价一国保险业发展的关键指标有保费收入、保险密度和保险深度，三个指标从不同角度描述了一国保险业的发展情况。这些指标相互补充、相互联系，具有较大的共线性。目前，一般仅是利用它们来描述一国保险业的发展状况，而未发挥它们的预测功能。然而，准确地预测一国保险业的短期和长期发展，对合理地计划保险展业以及有效利用保险资金具有十分重要的作用。由于选择过多的数据会使计算过程复杂且没有必要，选择较少的数据会影响预测的精度，本章选择 2000～2005 年 6 年的数据，如表 7-1 所示，来预测未来 10 年我国保险业的发展规模。

表 7-1　指标及数据

项目	2000 年	2001 年	2002 年	2003 年	2004 年	2005 年
k	1	2	3	4	5	6
保费收入（亿元）$X_1^{(0)}$	1 595.9	2 112.28	3 053.1	3 880.4	4 318.1	4 928.4
保险密度（元/人）$X_2^{(0)}$	127.70	168.98	237.60	300.28	332.00	379.00
保险深度（%）$X_3^{(0)}$	1.80	2.20	3.00	3.42	3.40	2.70

资料来源：《中国保险年鉴》（2001～2006）

2000～2005 年，保费收入的增长幅度分别为 32.36%、44.54%、27.1%、11.28%和 14.13%，保险密度的增长幅度分别为 32.33%、40.61%、26.38%、10.56%和 14.16%。其中，2003 年和 2004 年保费收入和保险密度的增长幅度明显下降，而 2001 年和 2002 年则保持着较高的增长幅度，2005 年增长速度又有些回升。经分析认为，2000～2003 年的股市低迷造成资金过多地流向保险业，然而随着 2003 年我国股市走出低迷状态，再加上我国基金市场的快速发展，导致资金向股市和基金市场转移，从而使保费收入和保险密度的增长幅度出现了大幅下滑。2005 年之后，保费收入和保险密度不会再出现 2000 年和 2001 年高速增长的情况，但是会随着社会保障体制改革的深入、城镇居民收入水平的提高以及国家在政策上的扶持，保持适度增长的趋势。因此，在进行数据处理过程中，需要对原始数据进行弱化处理，以淡化或消除冲击扰动对系统行为数据序列的影响。

2000～2005 年，保险深度的增长幅度分别为 22.22%、36.36%、14%、-0.585%、-20.59%。其中，从 2003 年开始增长幅度明显下降，甚至在 2004 年和 2005 年出现了负增长，原因是这两年我国保费收入的增长率低于国民生产总值的增长率。我国当前经济的高增长主要依赖于高投入，GDP 约占世界各国 GDP 总和的 4%，这样的增长是难以持久的，今后我国经济将由高速增长阶段进入提高经济增长质量的转型时期。在这一阶段，经济增长的高速度将由经济增长内在质量的提高所取代，即 GDP 增长率将呈下降趋势，并随着保费收入的适度增长，保险深度也将呈现适度增长趋势。因此，在数据处理上，需要对保险深度的原始数据进行强化处理，突出其增长趋势。

（三）预测结果

根据表 7-1 的原始数据，得到原始数据序列为

$$X_1^{(0)} = (1595.9 \quad 2112.28 \quad 3053.1 \quad 3880.4 \quad 4318.1 \quad 4928.4)$$

$$X_2^{(0)} = (127.7 \quad 168.98 \quad 237.6 \quad 300.28 \quad 332.00 \quad 379.00)$$

$$X_3^{(0)} = (1.80 \quad 2.20 \quad 3.00 \quad 3.42 \quad 3.40 \quad 2.70)$$

然而，在对 GM（1，1）模型的实际运用中，需要根据对发展趋势的定性分析的结果，定义适当的算子 D，将算子作用于原始序列可以生成缓冲数据序列。

$$X^{(0)}D = (x^{(0)}(1)d, x^{(0)}(2)d, x^{(0)}(3)d, x^{(0)}(4)d, x^{(0)}(5)d, x^{(0)}(6)d)$$

其中，弱化算子为 $x(k)d = \left[x(k) + x(k+1) + \cdots + x(n)\right]/(n-k+1)$，强化算子为 $x(k)d = \dfrac{x(1) + x(2) + \cdots + x(k-1) + kx(k)}{2k-1}$。由上式可得原始数据序列的一阶缓冲数据序列为

$$X_1^{(0)}D = (3314.7 \quad 3658.46 \quad 4045 \quad 4375.63 \quad 4623.25 \quad 4928.40)$$

$$X_2^{(0)}D = (257.593 \quad 283.572 \quad 312.22 \quad 337.0933 \quad 355.50 \quad 379.00)$$

$X_3^{(0)}D = (1.8 \quad 2.067 \quad 2.6 \quad 2.4657 \quad 2.6689 \quad 2.7291)$

下面根据原始数据序列的一阶缓冲数据序列建模进行预测。

第一步，对一阶缓冲数据序列 $X_1^{(0)}D$，$X_2^{(0)}D$，$X_3^{(0)}D$ 作 1 – AGO，得

$X_1^{(1)} = (3314.7 \quad 6973.16 \quad 11\,018.16 \quad 15\,393.79 \quad 20\,017.04 \quad 24\,945.44)$

$X_2^{(1)} = (257.593 \quad 541.1653 \quad 853.3853 \quad 1190.4787 \quad 1545.9787 \quad 1924.9787)$

$X_3^{(1)} = (1.8 \quad 3.867 \quad 6.467 \quad 8.9327 \quad 11.6016 \quad 14.3307)$

检验 $X^{(1)}$ 是否具有准指数规律，由 $\sigma^{(1)}(k) = \dfrac{x^{(1)}(k)}{x^{(1)}(k-1)}$，得

$\sigma_1^{(1)}(2) = 2.10$，$\sigma_1^{(1)}(3) = 1.58$，$\sigma_1^{(1)}(4) = 1.40$，$\sigma_1^{(1)}(5) = 1.30$，$\sigma_1^{(1)}(6) = 1.25$

$\sigma_2^{(1)}(2) = 2.10$，$\sigma_2^{(1)}(3) = 1.58$，$\sigma_2^{(1)}(4) = 1.40$，$\sigma_2^{(1)}(5) = 1.30$，$\sigma_2^{(1)}(6) = 1.25$

$\sigma_3^{(1)}(2) = 2.15$，$\sigma_3^{(1)}(3) = 1.67$，$\sigma_3^{(1)}(4) = 1.38$，$\sigma_3^{(1)}(5) = 1.30$，$\sigma_3^{(1)}(6) = 1.24$

当 $k>3$ 时，$\sigma^{(1)}(k) \in [1,1.5]$，$\delta = 0.5$，准指数规律满足，故可对 $X^{(1)}$ 建立 GM（1，1）模型。

第二步，对 $X^{(1)}$ 作紧邻均值生成，有

$z_1^{(1)}(2) = 5143.93$，$z_1^{(1)}(3) = 8995.66$，$z_1^{(1)}(4) = 13\,205.975$

$z_1^{(1)}(5) = 17\,705.415$，$z_1^{(1)}(6) = 22\,481.24$

$z_2^{(1)}(2) = 399.3792$，$z_2^{(1)}(3) = 697.2753$，$z_2^{(1)}(4) = 1021.9320$

$z_2^{(1)}(5) = 1368.2287$，$z_2^{(1)}(6) = 1735.4787$

$z_3^{(1)}(2) = 2.8335$，$z_3^{(1)}(3) = 5.1670$，$z_3^{(1)}(4) = 7.6999$

$z_3^{(1)}(5) = 10.2672$，$z_3^{(1)}(6) = 12.9662$

$$于是，B_1 = \begin{pmatrix} -5143.93 & 1 \\ -8995.66 & 1 \\ -13\,205.975 & 1 \\ -17\,705.415 & 1 \\ -22\,481.24 & 1 \end{pmatrix}, \quad Y_1 = \begin{pmatrix} 3658.46 \\ 4045.00 \\ 4375.63 \\ 4623.25 \\ 4928.40 \end{pmatrix}; \quad B_2 = \begin{pmatrix} -399.3792 & 1 \\ -697.2753 & 1 \\ -1021.9320 & 1 \\ -1368.2287 & 1 \\ -1735.4787 & 1 \end{pmatrix},$$

$$Y_2 = \begin{pmatrix} 283.572 \\ 312.22 \\ 337.0933 \\ 355.5 \\ 379 \end{pmatrix}; \quad B_3 = \begin{pmatrix} -2.8335 & 1 \\ -5.1670 & 1 \\ -7.6999 & 1 \\ -10.2672 & 1 \\ -12.9662 & 1 \end{pmatrix}, \quad Y_3 = \begin{pmatrix} 2.0670 \\ 2.6000 \\ 2.4657 \\ 2.6689 \\ 2.7291 \end{pmatrix}$$

对参数列 $\hat{a} = (a,b)^{\mathrm{T}}$ 进行最小二乘估计，得

$\hat{a}_1 = (-0.0715 \quad 3359.3348 \quad)^{\mathrm{T}}$, $\hat{a}_2 = (-0.0697 \quad 260.63 \quad)^{T}$,

$\hat{a}_3 = (-0.0393 \quad 56.7644 \quad)^{\mathrm{T}}$

第三步，根据上述参数列 $\hat{a} = (a,b)^{\mathrm{T}}$ 的计算结果，可以得到以下保费收入、保险密度、保险深度的白化方程分别为

$$\frac{\mathrm{d}x_1^{(1)}}{\mathrm{d}t} - 0.0321x_1^{(1)} = 4137.4164 \tag{7-9}$$

$$\frac{\mathrm{d}x_2^{(1)}}{\mathrm{d}t} - 0.0697x_2^{(1)} = 260.63 \tag{7-10}$$

$$\frac{\mathrm{d}x_3^{(1)}}{\mathrm{d}t} + 0.0285x_3^{(1)} = 3.1884 \tag{7-11}$$

其时间响应式分别为

$$\hat{x}_1^{(1)}(k+1) = 50\,298.4035\mathrm{e}^{0.0715k} - 46\,983.7035 \tag{7-12}$$

$$\hat{x}_2^{(1)}(k+1) = 3996.8986\mathrm{e}^{0.0697k} - 3739.3056 \tag{7-13}$$

$$\hat{x}_3^{(1)}(k+1) = 56.7644\mathrm{e}^{0.0393k} - 54.9644 \tag{7-14}$$

求出 $X^{(1)}$ 的模拟值为

$\hat{X}_1 = (3314.7 \quad 7042.7247 \quad 11\,047.0636 \quad 15\,348.1967 \quad 19\,968.1219 \quad 24\,930.4674)$

$\hat{X}_2 = (257.5930 \quad 546.1150 \quad 855.4645 \quad 1187.1447 \quad 1542.7678 \quad 1924.0621)$

$\hat{X}_3 = (1.8 \quad 4.0753 \quad 6.4417 \quad 8.9030 \quad 11.4630 \quad 14.1256)$

还原出的 $X^{(0)}D$ 为

$X_1^{(0)}D = (3314.7 \quad 3728.0247 \quad 4004.3389 \quad 4301.1331 \quad 4619.9252 \quad 4962.3455)$

$X_2^{(0)}D = (257.5930 \quad 288.5220 \quad 309.3495 \quad 331.6802 \quad 355.6231 \quad 381.2943)$

$X_3^{(0)}D = (1.8 \quad 2.2753 \quad 2.3664 \quad 2.4613 \quad 2.56 \quad 2.663)$

第四步，检验误差。误差检验表如表 7-2 所示。

表 7-2 GM（1，1）模型误差检验表

序号	保费收入				保险密度				保险深度			
	缓冲序列数值	模拟值	残差 $\varepsilon(k)$	相对误差 Δ_1 /%	缓冲序列数值	模拟值	残差 $\varepsilon(k)$	相对误差 Δ_2 /%	缓冲序列数值	模拟值	残差 $\varepsilon(k)$	相对误差 Δ_3 /%
2	3 658.46	3 728.024 7	69.564 7	1.901 5	283.572	288.522	4.95	1.745 6	2.067	2.275 3	0.208 3	10.077 4
3	4 045	4 004.338 9	−40.661 1	1.005 2	312.22	309.349 5	−2.870 5	0.919 4	2.6	2.366 4	−0.233 6	8.984 6
4	4 375.63	4 301.1331	−74.496 9	1.702 5	337.093 3	331.680 2	−5.413 1	1.605 8	2.465 7	2.461 3	−0.004 4	0.178 4
5	4 623.25	4 619.925 2	−3.324 8	0.007 2	355.5	355.623 1	0.123 1	0.034 6	2.668 9	2.56	−0.108 9	4.080 3
6	4 928.4	4 962.345 5	33.945 5	0.688 8	379	381.294 3	2.294 3	0.605 4	2.729 1	2.663	−0.066 1	2.422

得出保费收入、保险密度、保险深度的平均相对误差分别为

$$\Delta_1 = 1.0610\%, \quad \Delta_2 = 0.9822\%, \quad \Delta_3 = 5.1485\%$$

通过以上计算可以看出，保费收入、保险密度、保险深度的发展系数分别为 -0.0715、-0.0697、-0.0393，即 $-a<0.3$，且模拟精度都在95%以上，可用GM（1，1）模型进行中长期预测。因此，利用此模型可以较为准确地预测10年以内的保费收入、保险密度和保险深度。

根据上述时间响应式，得出2006～2015年保费收入、保险密度和保险深度的预测值，如表7-3所示。

表7-3　2006～2015年保费收入、保险密度和保险深度的预测值

年份	保费收入/亿元	保险密度/(元/人)	保险深度/%
2006	5 330.145 4	408.818 5	2.769 3
2007	5 725.205 8	438.329 8	2.880 2
2008	6 149.547 6	469.971 2	2.995 8
2009	6 605.340 6	503.896 8	3.115 8
2010	7 094.914 2	540.271 3	3.240 7
2011	7 620.778 3	579.271 6	3.370 6
2012	8 185.616 4	621.078 7	3.505 7
2013	8 792.319 0	665.921 3	3.646 3
2014	9 443.989 6	713.991 8	3.792 3
2015	10 143.961	765.532 3	3.944 4

（四）结果分析

通过以上的预测可以看出，在未来的10年中，我国保险业仍将保持稳定的增长速度。这种增长态势主要基于我国保险发展存在的巨大潜力：

第一，人们对保险业重要性的认识正在随着经济的发展不断提高，相信随着经济发达程度和人民生活水平的提高以及保险业的深入发展，人们对保险业重要性的认同将上升到一个相当高的层次。

第二，我国的企业已被推向市场，今后国家和企业不再全部承担职工生、老、病、死的保障和自然灾害、意外事故所造成的经济损失，而是由国家、集体、个人共同承担，人们防范风险的意识不断增加。因此，保险成为社会保障不可或缺的必要补充。

第三，国民投资求稳的思想也会对保险业的增长产生积极影响。表现在：①银行存款利率一降再降，并被征收20%的利息所得税，这就迫使相当一部分居民改变投资理财的方式，保险逐渐成为重要的投资渠道之一；②经受了中国股

市多年动荡后的国民，纷纷把钱撤回，寻找一个安稳的“避风港”，这使得更多的人乐于选择低风险的保险产品。

第四，保监会放宽了保险公司在企业债券投资方面的限制，由过去的10%的投资比例提高到了20%，投资范围由只允许投资三峡、铁路、电力、移动通信等中央企业债券，扩大到自主选择购买经国家主管部门批准发行，且经监管部门认可的信用评级在AA级以上的企业债券，这是扩大保险资金运用渠道的一项重要变化。以后按照这个思路，保监会将在防范风险的基础上不断扩大保险资金的运用渠道，这对于保险业的发展是至关重要的。

第五，到2006年底，我国保险市场全面开放，保险市场的竞争加剧。在这种激烈的市场环境中，国外保险公司带来的成熟管理经验和营销模式，在一定程度上促进国内保险公司在运营体制、管理技术、市场营销、险种设置、费率水平、服务质量、人员素质等方面的改革与发展，从而带动整个保险市场的开发，保险市场规模也因此会有较大幅度的增长。

同时，我们也应该清醒地认识到，由于我国保险业的发展时间较短，自身还存在着许多急需解决的问题，随着保险业对外资的放开，保险市场的竞争将会更加激烈，因此，为了能够很好地发挥上述潜力，需要明确发展思路、制定战略，使我国保险业在激烈的竞争中能够健康、持续、稳定地发展。

二、我国保险业的发展思路

到2006年底我国金融业入世过渡期结束，中国保险业将面临更加严峻的国际竞争形势，突出表现为国际金融保险集团综合金融的绝对优势与中国保险业经营管理水平相对较低的矛盾。面对竞争的压力和挑战，中国保险业将在国际化和国际竞争的道路上知难而进，勇于迎接挑战。为此，我们的发展思路如下。

1. 进一步做大、做强保险业

世界经济全球化与我国保险业全面对外开放的强烈时代要求以及我国国民经济的发展，使我们清醒地看到，我国保险业只有做大、做强而没有退路和别的选择，除非我们自愿放弃潜力巨大和空间广阔的保险市场或者不顾我们的保险安全。保险业做大、做强是入世后我国保险业发展的必然要求。

2. 在更大范围内发挥保险的功能

我国国民经济与社会发展对保险业的要求是提高保险业在服务业中的比重，进一步提升保险业在金融业中的地位，促进保险业对国民经济的贡献，发挥保险业在和谐社会建设中的重大作用。保险业在量和质两方面的协调发展、惠及更多的消费者或者让消费者获得更多的消费者剩余等都是保险业作用进一步发挥的重要领域。

3. 加大保险业与相关行业和企业的关联性

保险业与相关行业和企业发展的关联度正在变得更加紧密，不仅表现在它们之间的资本关联与纽带上，更重要的是在保险业和相关行业与企业之间、产品功能交叉融合之间、业务互补之间等方面表现出的复杂与相互依存上。在保险业与相关行业的关联性上，银行业、证券业与保险业的融合、协同与联盟关系正在探索，并出现了新的景象和新的合作模式。

4. 重塑保险市场与保险业发展的诚信

保险市场与保险业发展的信心和诚信，是保险业发展坚实的社会基础和运行环境的重要内容。在经过一段时期保险业的粗放经营后，在面对国际化与标准规范不断增加的环境下，在和谐社会的建设中，我们应当清醒地认识到，在全社会逐步树立对保险业持续的信用度并减少信用危机，将是我国保险业下阶段需要重视的内容。保险业要关注并行动起来，加强赖以发展的社会基础的培育与完善，不仅要求消费者的诚信与信心，而且更要求保险公司、中介公司甚至个人营销员讲诚信，维护保险业最大诚信的行业基准是巩固保险业发展的基础。

三、我国保险业发展目标的制定

根据上述对保险业未来10年发展规模的预测，结合进一步发展的思路，制定我国保险业的发展战略目标。然而，要实现我国保险业发展的战略目标，不是“一蹴而就”的，需要有重点、分步骤地进行，为此，分别制定近期目标和远期目标。

1. 近期目标

根据前面对保险业发展趋势的分析和保险业规模的预测，制定近期的总体目标为：到2010年，基本建成一个业务规模较大、市场体系完善、服务领域广泛、经营诚信规范、偿付能力充足、综合竞争力较强，发展速度、质量和效益相统一，充满生机和活力的现代保险业。具体目标是：

第一，业务发展目标。2010年保费收入达到7000亿元以上，保险密度达到540元/人以上，保险深度达到3.3%以上。

第二，综合竞争力目标。基本形成主体多元化、竞争差异化的市场格局，培育一批具有国际竞争力的大型保险（金融）集团和具有自主创新能力的专业性保险公司。

第三，功能作用目标。承保金额在国民财富中的比重、保险赔付在全社会灾害事故损失中的比重等指标显著提高。

第四，风险防范目标。风险防范体系和制度基本健全。公司治理结构基本完善，内控制度有效发挥作用。偿付能力和资金运用实现动态化监管，现场和非现场检查水平不断提高。风险得到有效防范和化解，行业整体偿付能力充足，自我救助能力和抵御系统性风险能力显著增强。

第五，环境建设目标。保险法律法规体系更加完善，公共政策更加有利于保险业发展。保险理论不断丰富，指导作用更加突出。市场运行公开透明。诚信互助、和谐友爱的保险文化基本形成。公众保险意识明显增强。

2. 远期目标

远期目标是争取使我国保险业到2015年达到中等发达国家水平，保费收入达到10 000亿元以上，保险密度达到765元/人以上，保险深度达到4%以上。

第二节 入世后我国保险业发展战略选择

为适应国民经济发展的需要，特别是应对加入WTO后的竞争压力，只有作出正确的战略选择，我国保险业才能保持发展的持续性和良好的势头，才能在国际竞争中发展和壮大。具体可供选择的战略主要包括监管、市场、人才、国际化、一体化和创新等方面。

一、监管战略：发展与规范兼顾，为产业营造良好的氛围

实施监管战略的目的主要有三个：一是保护保险人和被保险人的合法权益，保障我国保险市场的稳定与发展；二是在国际上全面提升我国保险业的国际竞争力；三是兼顾保险市场的效率与公平。为达到监管目的，可以考虑从以下方面着手：

（1）转换保险监管方式。保险监管方式现代化，包括保险监管理念的现代化和保险监管技术的现代化。在保险监管理念上以适度监管为原则进行严格的实体监管；在监管技术上应加强现代化监管手段的运用，现场监管与非现场监管相结合，建立跟踪监管机制及与之配套的科学的保险风险预测指标体系和预警制度。同时，进一步完善防范和化解风险的手段和措施。

在现阶段，应以建立信息公开和披露制度为切入点，制定相应行业信息标准，建设保险行业公共信息网和各单位专用信息网。科学完备的保险业外部审计

制度和信息披露制度的建立是现阶段迫切的任务。保险监管信息披露制度是国际保险监管的发展趋势，保险信息的披露提高了保险经营的透明度，增强了保险服务的竞争力，使被保险人的利益得以充分保障。

与此同时，由目前注重市场行为监管逐步向国际通行的偿付能力监管方式过渡，减少行政审批，保险公司分支机构的设立、高级管理人员的任职资格管理等逐步过渡到备案制。建立市场准入与退出机制，彻底打破市场壁垒，同时对经营不佳的企业让其及时退出市场。建立保险监管制衡机制，成立监管制约机构，使监管者和保险人保持一定的联系。完善监管组织体系，充实监管力量，提高监管的权威性。加强与立法机关与司法机关的工作沟通，加强银监会和证监会的沟通与合作。

（2）提高监管效率。保险监管不应只是监管保险供给者和保险中介，同时也包括监管本身，因为它也是市场体系中的主要组成部分，而且会对其他的市场主体造成重大影响。监管必须适当，否则会影响产业发展与市场运作效率。监管过严，市场会缺乏活力，不利于保险经营主体开拓与创新；监管过松，市场必然会陷入混乱，保险的有效需求也无法产生和拉动。因此，监管并不是越严越好，监管必须适度，必须根据市场发展与规范的需要进行权衡与选择。为此，一方面，监管必须有利于产业发展，提高市场的活力，实现保险资源的有效配置与高效运转；另一方面，监管也必须注意成本，减少不必要的开支，避免监管资源的浪费与不恰当使用。

（3）完善保险投资监管。我国保险投资监管法律制度的完善要以保险业以及整个金融业发展的特点为基础。在我国的保险投资监管法制中，应体现以下安排：①确认和保护保险投资主体在投资方式上有一定的选择权。②在放松投资方式的同时，控制投资比例。投资比例控制包括对投资方式比例和投资主体比例控制两个方面，前者是通过规定风险比较大的投资方式所占总投资额的比例来控制高风险投资方式所带来的风险，后者是为了防止投资于某一筹资主体过多资金而导致较大风险。保险公司必须强调盈利，同时控制高风险，应规定高风险投资方式所占的比例。③应当对寿险和非寿险的保险投资作出区别性的规定。④在《保险法》对保险投资规定作出总体安排的基础上，制定一部保险投资的规章以进行详细规定。

二、市场战略：完善保险市场体系以促进竞争

完善的市场体系是有效竞争的前提，也是保险业走向成熟的标志。为了适应国际竞争的需要，必须大力加强中国保险市场的建设，打破垄断，促进竞争，实现保险产业的优化与升级。

（1）调整现有保险市场的主体格局。保险市场结构是决定保险产业组织竞争性质的基本因素。目前中国保险市场结构不尽合理，其表现在于：一是保险供给主体数量少且分散；二是保险商品差别化特征不明显；三是保险企业准入与退出存在着壁垒；四是缺乏保险市场需求的价格弹性等。解决这些问题的出路是对现有保险市场结构进行调整，包括以下三个主要方面：①增加内资保险公司的数量。据调查，我国内地外资保险公司数量超过了内资公司，这不仅不适应保险市场发展的需要，而且不利于民族保险业的发展。因此，保险市场的开放，首先应该是对内的开放。对内开放有利于培育中国保险市场的竞争机制，限制垄断的产生。增加内资保险公司数量的方式有两种：一是组建一定数量的新保险公司，但要关注新公司的资本状况，保证新公司的质量；二是将现有的大型保险公司中的部分省级分公司子公司化，即有选择地将部分符合条件的省级分公司改组为具有独立法人地位的子公司，以有效增加较成熟的主体数量。②放宽对内资保险公司组织形式的限制。保险公司的组织形式多种多样，但目前我国实行的保险公司只能采取国有独资公司和股份有限公司两种组织形式的规定，在一定程度上阻碍了保险市场的发展。因此，应继续尽快放宽对保险公司组织形式的限制。③改革现有内资保险公司的体制。一是对国有保险公司实行股份制改造。通过鼓励国有保险公司与国内大型产业集团、大型金融集团实行交叉持股的方式，提高国有保险公司的实力。逐步建立大型保险公司、大型产业集团、大型金融集团之间相互持股的保险经纪体制。二是重点扶持少数几个内资保险公司，使之成为能够主导国内保险市场、抗衡外资保险公司的大型保险集团。三是适当发展中、小型保险公司。这种公司的特点是专业性强、经营灵活，而且我国各地区经济发展不平衡，保险市场的需求也参差不齐，更需要中、小型保险公司的适度发展。四是继续贯彻内资保险公司分业经营的政策。分业经营是保险业客观发展的一个必然阶段，只有在专业保险业务领域的经营趋向成熟时，才能有条件地实施混业经营。

（2）进一步发展保险中介市场。保险中介机构的发展和保险中介市场的建立，能够为保险市场的发展注入新的活力，它不仅能够丰富保险市场主体的内容，进一步完善保险市场结构，而且能够提高保险服务水平，增强民族保险业的整体竞争实力。然而，我国保险中介市场一直处于变迁完善过程之中，它作为改革开放的新生事物，起步晚，时间短，发展还很滞后，还不能满足国民经济与保险业的发展要求，还存在着专业中介机构和兼业代理机构发展失衡、专业保险中介公司的专业化水平低下、中介机构从业人员的专业素质普遍偏低、保险公司与中介机构关系失调等一系列问题，困扰着保险业的发展。可以考虑从专业化建设、诚信建设、从业人员队伍素质建设等方面加强保险中介机构的自身建设，也可以通过加大对保险中介市场的监管力度来进一步发展保险中介市场。

（3）试办专属自保公司。专属自保公司是指由母公司设立的专门负责承保母公司、集团公司或其他相关联公司保险业务的保险公司。其经营范围一般只限于母公司的财产保险和责任保险，不包括法定或强制性的保险业务。母公司作为被保人向其子公司投保，可避免某些错误信息的传递。自保公司可直接参与成本较低的再保险市场，为其财务风险管理提供更多选择，降低净保险成本；也可向其母公司提供不断变化的、符合特定投保需求和承保范围较宽的保险服务；可通过损失控制安全指引以及风险分散等方法，取得较佳的风险管理效率；还可提高资金流通的效率。目前，我国保险行业的发展水平还很低，还不足以为企业提供较好的保障，由于企业的诸多风险得不到转移，其长期稳定经营也受到一定程度的威胁。而且从节约开支、降低经营成本的角度考虑，企业也有自我保险的客观需要。在企业投保倾向降低的形势下，建立自保公司有一定的可行性。在我国建立自保公司，应从以下两方面入手：①建立行业自保公司。与美国等发达国家相比，我国企业的资产和规模较小，只有一些大企业和跨国公司有能力建立自己的保险公司。而对大部分资产规模较小的企业，可以在本地区或本行业内采取合资方式联合起来，建立团体自保公司，既能达到风险分散的目的，又克服了资金等条件的制约。②组建股份制自保管理公司。对为数不多的大企业和跨国公司建立的自保公司，可以由母公司自己经营管理，通过专业自保公司参与再保险市场来转移风险，通过对其他企业相关风险的承包等渠道，增加利润来源。由于受资金、技术、经营成本等因素的制约，团体自保公司应由自保管理公司代管，而且世界上大多数自保公司均是由自保管理公司代管。自保管理公司可以由企业和保险公司共同出资建立，这样一方面可利用保险公司的专业技术和经营管理经验，另一方面又可对企业内部的预防控制形成制约。

（4）培育民族再保险市场。再保险市场的稳定与发展能够促进和保证整个保险业健康稳定地发展。与发达国家相比，我国再保险市场经营主体单一，安排方式单一，分保意识淡薄，专业人才缺乏，这些不利因素直接影响着我国保险业的健康发展。因此，我国保险业要在不久的将来能在国际再保险业中占有一席之地，就要改变目前外资再保险公司数量多于中资再保险公司数量，且再保险公司主体数少的现状，成立各家中资公司共同参股的分保集团，抑制分保费外流，有条件地引入外资再保险公司并分出高风险业务。针对以上问题，借鉴国外同行的经验和根据自身的实际情况，应主要从以下方面加强对我国再保险市场的培育：①对中国再保险公司进行股份制改造。对其进行股份制改造并实现内地和香港两地上市是短期内实现增资的有效途径。②充分发挥各商业保险公司的再保险作用。在再保险运作模式上使再保险业务不再由少数几家再保险公司来承担主要责任，而是由整个保险业（包括保险公司的再保险部门和专业再保险公司）共同从事这一领域的业务，从而使风险能得到更广泛的分摊。③坚持国家再保险制度。国家执行的应是宏观调控的管理职能，通过法律及行政法规来规范实际业务操作而不应直接介入商业性的业务中去，使得再保险业遵循市场的规律，国家专业再保险公司应继续充分发挥宏观经济政策、保险政策、社会政策三个方面的作用。④成立再保险交易中心。再保险市场是为再保险商品提供交易的场所，以存在大量再保险商品的买方和卖方为前提。在国家专业再保险公司之外，应成立其他类型的再保险公司，形成再保险市场主体的多元化，通过竞争促进我国再保险市场的发展与完善。建议在上海和北京分别成立再保险中心。⑤允许外资再保险公司在中国再保险市场设立分支机构。因为再保险本身具有广泛的国际性，随着商务活动日益国际化，国内风险规模扩大，损失程度加强，可以说世界上没有一个国家的保险市场可以提供足够的承保能力，单靠自己国家的保险公司为炼油厂油轮、海上钻井平台、卫星、喷气式飞机、环境损害等风险提供保障是不够的。另外，外资再保险人进入中国市场，能够扩大中国再保险市场的承保能力，又给中资保险公司和再保险公司提供学习国际先进承保技术、经营管理方法以及掌握国际再保险信息的便利。与外国再保险人竞争，有利于国内再保险市场达成最佳均衡，降低成本，节减对外分保费用。

（5）推进费率市场化。费率市场化是国际保险业发展的趋势。从市场效率来看，对于某一特定风险的保险费率，即应该体现其风险损失的平均程度，又能反映保险供求关系和竞争关系。我国的统一费率管制，使费率不能真正反映供求关系。首先，抑制了保险公司经营的灵活性，使保险公司不能根据风险单位的划分来提供相应的保险产品和不同程度的风险保障，使得保险公司不得不采取违规经营方式来变相适应供求的变化。其次，费率管制使保险公司不关注自己产品的价格和承保质量，也不关注培养自己的承保人队伍。再次，费率管制扼杀了保险经纪人的中介作用。另外，利用统一费率的方法对我国保险业进行保护，将弱化其竞争压力，助长其对政府的依赖思想，不利于中资保险公司的长远发展。我国应顺应国际潮流，逐步放开对保险费率的管制，积极推进费率市场化。然而，我国保险市场的现状决定了我国对费率的放开必须持谨慎的态度，必须对费率的幅度设定限制，避免一旦放开之后产生混乱局面。我国应当转向“以偿付能力为中心”的监管模式，但也不能完全放开对所有险种的费率管制，只是应当适当扩大放开费率的险种范围，对于不能放开费率限制的险种决不能放开。

三、人才战略：坚持内部提高和外部引进并举

保险市场全面开放后，保险业的竞争归根到底是人才的竞争，是人才、知识、技术、能力的比拼。现代保险企业中的人才，不仅是一种生产要素，而且是一种能够能动地支配和调动其他经济要素的资本要素，是赢得竞争优势、推动业务增长的首要因素。保险全球化、信息化、集约化发展更加剧了全球保险业人才

资源配置过程的竞争，导致人才资源跨国流动的迅速增加。解决目前保险人才的问题，主要可从以下几个方面考虑：

（1）建立广纳人才的良好环境。坚持以人为本，努力营造让人才施展才华的环境。鼓励人才脱颖而出，把才干、实绩作为人才选拔的首要标准，尤其不要轻易舍弃敢于挑战但非常敬业的人才，使尊重人才成为行业的一种风气。开阔选拔人才的新视野，建立选人用人的新机制。人才选拔要公正透明，具有开放性。保险监管部门应该按《保险法》及相关法律规定严格要求保险企业聘用相当数量的保险专业人才，推动保险企业吸收专业人才建设。并且应在目前的保险中介人考试基础上，借鉴和引进国外其他保险人才的培训和考试方式，积极为保险企业"输血"。

（2）加强人才培养。加强高等院校相关专业的培养教育和现有员工的在职培训，强化和完善精算师资格、代理人资格等保险业的各类资格考试制度，建立起有效的保险专业人才培养机制。对企业内部的中高层骨干应花大力气制定进修计划并切实执行，对基层工作人员要形成定期培训机制，从现有人员中择优选拔业务骨干出国培训，实地学习国外的先进技术和管理经验。对于资金实力较雄厚的大中型保险企业，可以考虑自建保险专业人才培训基地，按企业文化和经营管理的需要，打造自己的员工。做好人才储备工作和进一步培养的准备。

（3）重视人才引进。注重人才引进，更新观念，加大投入，根据保险业发展的需要，积极引进各类专业人才，采取公开招考的方式，从其他行业及政府有关部门引进监管部门和保险公司急需的专业性人才和综合性的经济管理人才，包括优秀的数学人才、演讲人才、计算机人才、法律人才、财会人才等；从海外聘请专家，充实到保险高级管理岗位和技术岗位。

（4）建立经理人市场。为了充分使用人才，切实调动广大管理人员的积极性，加快建立保险经理人才市场，鼓励管理人才的合理流动，逐步形成职业经理阶层，为人才有用武之地创造条件。

四、国际化战略：引进国外技术和经验，建立海外保险机构

根据世界各国经验，发展外向型经济，实现国内保险市场与国际保险市场接轨，在引进外资保险机构及其经营技术一定时间后，必须同时向海外投资，建立海外保险机构。也就是说，建立开放型的保险市场必须坚持"两条腿走路"，既要引进外资保险机构及其经营技术和管理方法，又要到海外直接投资，打入国际保险市场。要做到这些需要考虑以下两个方面：

（1）建立与国际惯例一致的保险制度。我国在建立保险制度时，既要考虑我国的国情，也要遵循国际惯例。①建立符合国际规则的审慎的监管规章框架体

系。保险监管法律、规章和标准的推行，使市场参与者确信保险市场的规则和做法是可靠的，进而增加市场的透明度和参与者的信心。由于中国的保险监管正处于新旧体制和观念交替掺杂的特殊阶段，因此在制定适合市场环境的法律制度方面，也面临着特殊的挑战。从内容上讲中国的保险监管法规，虽然在很多方面已经基本符合保险监管核心原则的评估标准，但是还没有形成一个系统、清晰的保险监管法律和监管规章体系框架。当前摆在我国保险业面前的一个非常重要的任务，就是根据审慎监管的概念，参照《中华人民共和国保险法》的要求，对现行纷繁杂乱的监管规章和各种规范性文件进行彻底清理、归类、调整和归并，尽快建立一个适合我国保险业经营与监管需要、符合国际惯例、比较完备的保险监管法律规章体系，给经营者和监管者一个清晰的线索，以便大家能够很容易地了解和掌握，使我国的保险经营和监管活动完全纳入有法可依、有法必依、执法必严、违法必究的法制化轨道。②建立符合国际规则的保险会计、审计和精算制度。为了能让投资者、消费者、经营管理人员和其他一些对保险公司拥有实际或潜在利益的有关各方对公司的运营效率作出合理的评价，并对其未来前景作出理性预测，就应当向他们提供所必需的信息。在这个方面，会计制度发挥着主要作用。能够反映保险业特殊性的保险会计制度，是实施有效监管的基本条件，是保险机构内部管理的有效手段，对其他有关各方而言，也是一种重要的资源。事实上，只有当拥有了实施法规所必需的有效信息时，保险法规才能发挥应有的作用。如何确保能够获得保险机构的可靠信息，是中国保险监管机构面临的一个突出问题，因为如果缺乏这种获取可靠信息的机制，就很难及时发现保险隐藏的财务问题，一旦到了恶化的地步，就会付出很大的代价。会计制度和相关规定应该适用于所有的保险机构，并且与国际认可的会计标准保持一致。会计核算应当能够真实反映保险公司的经营状况，准确披露公司的经营业绩，为此应当对每个会计项目进行明确的界定，而且还要阐明准确的评估方法。为确保保险机构遵守会计制度和有关规定，遵守内部控制程序，应当建立有效的外部、内部审计、保险精算和信息披露制度。要充分发挥保险机构内审部门和精算师的作用，从制度上保证内审和精算工作的独立性和超脱性。保险机构必须聘请符合资质要求的专业会计、审计机构，对其报送监管机构和对公众披露的报表资料的公允性进行独立审计。

（2）建立与国际惯例相吻合的市场环境。与国际惯例相吻合的市场环境包括适应市场经济体制的企业组织形式，保险公司经营状况的基本评价指标，保险公司的评估机构、竞争原则、税收政策等。①保险公司的组织形式多元化。保险市场上不仅应当有股份制公司，也应当允许相互保险公司或其他适合我国经济发展状况和人们需要的组织形式的存在。实践证明，各种组织形式的保险公司是各有所长的。②评价经营状况全面化。评价保险公司经营状况的基本指标应当包括企业的财务状况、价格水准、合同条款、理赔实践、承保能力和服务等项内容。③保险市场竞争规范化。保险公司的竞争应当遵循市场经济的竞争原则，即竞争主体的参与原则、竞争规则的公正原则、竞争过程的透明原则和竞争结果的有效原则。无论是内资公司还是外资公司，无论是国有企业还是股份制企业，无论是大公司还是小公司，它们都应当在平等的竞争环境中进行经营。④税收政策合理化。税收政策通常是一国政府用来鼓励保险业发展的一项重要措施，它一般通过免税、迟延纳税等方式来进行。我国在运用税收政策来鼓励保险业，特别是个人寿险、年金保险的发展方面做得还不够，因此，政府应当尽快制定出相应的政策。

五、一体化战略：通过战略联盟或企业兼并实现保险业的一体化

要实现保险企业的一体化战略，就要推进保险公司的战略性重组。我国保险公司战略性重组主要可以采用战略联盟和企业兼并这两种方式进行，一方面，有利于保险公司通过其他金融机构的营业网点来扩展自己的保险服务，达到网络效应；另一方面，加强了保险公司和其他金融机构的渗透与互动，为保险公司最终发展成为全能型的金融风险管理公司打下基础。

（1）以战略联盟方式一体化。随着我国加入 WTO，已经进入和准备进入的综合性跨国金融服务集团不仅资本运行效率高、成本低，而且能够直接向消费者和投资者同时提供银行、证券、保险等多种金融产品与服务，这无疑将对我国实行分业经营的银行、证券、保险业形成冲击。面对入世所带来的外资机构进入的严峻挑战，求生求变显然已是时不我待。因此，跟上国际保险业发展的主流，逐步实行战略联盟无疑是一种必然的选择。

战略联盟可以使保险公司在其联盟伙伴的经验基础上，有效渗入一个新市场，并利用伙伴的分销网络节省大量的人力物力，优势互补，实现双赢。战略联盟的形式主要有两种：①联营协议。联营协议安排是索赔－理赔这一关系发展的自然结果，这种方式灵活方便，在临时个案或者是长期保险中都简便可行。联营协议安排进一步延伸，还可以包括市场信息和专门知识的交换；互换培训人员、提供互惠的教育计划；增加再保险的业务往来；扩大存在共同利益的领域，等等。联营协议可以解决保险人在接受跨国风险时面临的两个主要问题：一是在某些风险因素可能发生的地区，国外保险公司遭受歧视性待遇或者根本就不允许其经营保险业务；二是保险公司缺乏保险事故发生地、所在市场的有关信息，或保险公司与保险事故发生地之间的距离过于遥远，从而导致经营保险业务极为困难。通过联营协议这种做法可以有效地满足某些保险公司国际保户的需求。②合资企业。合资企业的最大益处就在于可以方便地创办一家新公司，或者是重组一家已有的公司。合资企业可以从许多渠道获取资金或其他资产进行规模庞大的投

资。这对于合资企业内的各个单个公司来说是办不到的或者是不经济的。

（2）以企业兼并方式一体化。目前，我国保险业还不具备大规模、完全意义上的并购所需的内外部条件，因此不能盲目进行，而应抓好各项基础性准备工作，积极稳妥地推进我国保险业的战略性并购。首先，应在中国保监会的指导协调下，由保险行业协会具体组织，选择保险业较发达的上海、北京、广州等地进行充分的调查研究和论证。同时，制定科学合理的中长期保险并购规划，鼓励保险公司在非产权与资本层面的业务合作以及不同地域间的合作，加快我国保险业的市场化进程；支持中国人保、中国人寿、中国再保险和中华控股四家国有商业保险公司向全能化、国际化方面发展；鼓励股份制保险机构和区域性保险机构通过增资扩股获取与预期经营能力相匹配的资本规模，尽快组建具有国际影响力的跨国金融保险集团，全面参与国际保险业的并购。其次，保险公司在具体实施保险并购时，应实施阶段性重点推进策略，具体可分为三个阶段：第一阶段为以横向并购为主阶段。横向并购应立足于商业保险公司的内部整合，即按照效率原则，撤并或重组商业保险公司的分支机构以降低成本，实现集约化经营。在此基础上，鼓励国有商业保险公司与股份制保险公司以及股份制保险公司之间进行并购，从而壮大规模，实现规模经济和优势互补。第二阶段为以混合并购为主阶段。待条件成熟，在适当的时候通过保险公司兼并收购银行和证券公司甚至工商企业，组建若干家可以经营全面金融业务、实力雄厚的金融保险集团，使其在国际保险市场上具有较强的适应性、兼容性、竞争性，为实现跨国并购奠定基础。第三阶段为以跨国并购为主阶段。通过横向并购和混合并购，我国保险公司实力将大为增强，在完全具备了在国际保险市场上展开竞争的能力以后，就可以通过兼并收购外国保险公司、外国银行及外国证券公司进入到国际保险市场，在国际保险舞台上争得自己应有的位置。

六、创新战略：围绕保险产品、服务、品牌等形成差异化

企业竞争理论认为，企业竞争力的强弱最终不是取决于企业资产规模的大小，而是取决于其创新能力的强弱。保险创新能力最终会反映到其业务水平上，创新速度越快，业务水平就越高，被模仿的可能性也就越小，竞争力就越强。保险业应该围绕保险特色服务、产品创新、研究资讯等领域实施差异化战略，开发差异性大的产品和服务，在树立品牌、创新产品和服务以及发展销售网络等方面制胜。

（1）重视服务创新。服务质量是保险行业生存和发展的一个重要因素。入世后，世界许多大型保险公司逐步将国外成熟的服务理念和技术手段引入中国保险市场，可以说保险市场竞争是一个比服务、比优质高效的竞争，这使中国保险

业提高服务质量和服务手段的压力加大。我国保险公司要应对激烈的竞争，占据主动地位，必须全面树立以服务为中心的经营理念。①创新服务方式。要针对新时期保险市场的变化及人们现代生活方式和意识的改变，不断制定出新颖别致又容易被人们广泛接受和促进保险业发展的预制优质服务措施和内容。②创新服务内容。要不断完善现有的服务措施和内容，对长期以来运用并受到广大保户认可的服务方法和措施，要结合新时期遇到的新情况和新问题进行重新完善和充实。做好"承保、理赔、送赔款"三上门服务和保险意识、保险条款、保险形象等方面的宣传工作。只有融合各方面工作于一体，才能使保险公司的整体形象渗透到每个保户心中。③优化承保方式。要根据企业的不同情况，采取更加灵活的措施，推出单位保单、一揽子保单、统括保单、开口保单、预约保单等多种形式，以适应不同需要，为企事业及人民群众提供更为方便的服务。规范应收保费方式，以分期缴费方式体现对重要客户的优惠，在管理方面应严格约定缴费期限和责任划分，以减少因操作不严密而带来的业务纠纷和风险增加。④改进理赔技术。理赔技术改进的关键是提高查勘、定损和核赔工作的科学技术含量，减少人为因素。要把不断提高定损的科学性、赔付的合理性和补偿的时效性作为改进的目标和工作的标准。通过实行集中定损、核赔师制度、分权限管理等方法，强化理赔师的技术含量和岗位责任；通过高层次培训、大项目参与等方式培养锻炼并形成一支高素质、能力强、技术精的理赔人才队伍；积极发挥社会专家和专业公司的技术优势，帮助和带动提高理赔质量和理赔技术；加强对公司内部赔案各个环节的监督管理，压缩周转时间，提高工作效率和结案速度。

（2）重视产品创新。我国中资保险公司产品同构现象严重，险种的相似率达90%以上，存在业务单一、创新不足、经营粗放等问题，在低水平上搞重复建设，经营缺少特色和品牌，难以形成自身的竞争优势，从而造成资源的极大浪费。从业务品种看，传统型业务比重大，创新型业务、高附加值业务和延伸型业务比较少，迫切需要高度重视产品创新。

保险产品的系列结构、规格品种，特别是产品更新换代的频度，对保险公司的竞争力都有重要影响。保险产品差异化程度越高，制定价格的主动权就越大，保险企业能够透过扩大产品差异，保持并增加市场占有率。差异化还可以加强客户的忠诚度，提高市场潜在进入者的进入壁垒，凝聚和吸引专业技术人才，提高公司经营管理品质，有利地面对替代品的竞争，在激烈的竞争中获得主动。事实上，很少有某种单一的保险产品能够长期占领国内和国际市场。即使有很强的国际竞争力的保险产品，如果不成系列、不更新换代，其国际竞争力最终也难以维持。因此，扩大产品差异是企业提高垄断实力，降低竞争压力的有效手段。

现代保险产品不仅要具有减少损失、死亡给付、疾病护理等功能，而且还应派生出很强的信息传递、储蓄、投资等功能。因此，产品创新一方面是基于保险经济补偿或给付的基本职能，适应企业和个人对风险转嫁的需求，对传统险种条款进行创新改造并开发出新的险种条款，强化保险的基本职能，扩大保险业务基础，真正发挥保险的经济“稳定器”的作用，促进国民经济稳定发展；另一方面是基于保险的融资功能，继续开发集融资保险、证券、银行业务于一体的新产品，适应金融业合业经营的大趋势。

（3）实施品牌战略。品牌是企业的无形资产，是展示公司形象的重要核心，良好的品牌是企业竞争力的重要标志。以名牌的经济实力为后盾分割世界资源，开拓全球市场，推进经济发展是21世纪全球经济发展的潮流。民族保险公司应牢固确立品牌意识，树立品牌战略，创立品牌优势，按现代企业标准搞好运营：一是要加强宣传，树立品牌形象，建立以品牌为核心的营销模式；二是将品牌战略纳入公司的长期发展战略中，在公司的发展中融入品牌因素；三是要彻底克服官商作风，“内强素质，外树形象”，展示国有保险公司一流的服务、一流的管理、一流的形象、一流的信誉；四是要根据国际和国内先进保险公司的标准和企业形象（CI）策划的要求，制定出高标准的经营理念；五是要依法依规经营，依法监督保险市场的经营行为，为稳健经营创造宽松环境，维护保险人和被保险人的正当合法权益。

第三节　入世后提高我国保险业竞争力的对策

随着入世后五年过渡期的结束，中国保险业将全面对外开放，迎接外国保险公司的冲击。面对前所未有的竞争格局和复杂的国际环境，如何正确把握形势，做好与世界保险业的接轨，加快改革创新，提高竞争力，全面应对入世挑战，成为中国保险业亟待解决的重要课题。

一、完善保险法律和监管制度

我国保险市场发展历史很短，发展速度很快，垄断程度较高，竞争处于低层次。虽然有了基本的法律制度，但相关的配套制度还很不健全，有些法规缺乏操作性和长期预测性。因此，当前我国保险业如何把外来压力变为发展动力，抓住机遇，深化改革，迎接挑战，并根据WTO的有关规则制定相应的防范和竞争策略，做到量力而行，循序渐进，是我们当前亟待研究和讨论的问题。

（1）完善保险法律和法规制度。需要修改不适应形势的法律法规，形成与国际接轨的完善的保险法律法规体系。完善保险法律法规主要做到两点：①修改不适应形势的法律法规。根据WTO协议，借鉴国际经验，清理与WTO基本原则和对外承诺不相符的法规和规章，对一些法规条文进行修改和补充，特别是对那些限制保险企业经营或不利于保险业发展的规定应尽快修改与废除，为保险企业经营创造良好的制度环境。具体而言，主要修改以下几点：第一，应逐步与国际保险立法惯例相适应，将意外伤害保险和疾病保险（常称第三领域）列入寿险公司和财产保险公司均可经营的业务范围。第二，在保险条款和费率方面，应试行差别条款和费率制度。第三，有步骤地取消法定分保，以分保的税率优惠促进保险公司分保。第四，完善对保险投资的监管。其基本思路是，适当放松投资方式、严格控制投资比例，应在目前保险投资的基础上，允许保险公司直接买卖股票、投资不动产、贷款，并规定相应的投资比例，以增强保险公司的偿付能力。第五，对事关国民身体安全的特定职业应实施强制职业责任保险，以保护无辜的受害者的合法权益。②建立以《中华人民共和国保险法》为核心的配套的法律和法规。努力建设以《中华人民共和国保险法》为核心，与《中华人民共和国保险法实施细则》和各种保险法规相配套的保险法律法规体系，从而形成两个层次的保险法律、法规：一是保险法律，包括《中华人民共和国保险法》、《中华人民共和国海商法》、《强制汽车责任保险法》等具体法律；二是保险法规，包括《中华人民共和国保险法实施细则》、《保险公司管理规定》等各种具体法规。

（2）完善监管制度。监管是保险业规范运作的前提，只有建立、健全政府监管、内部控制、行业自律和公众监督有机结合的保险业风险防范体系，切实维护被保险人的合法权益、维护公平竞争的保险市场秩序、维护保险体系的安全与稳定，才能促进保险业的健康快速发展。①加强监管基础设施建设。一是完善监管机构的内部管理制度和监管工作程序，提高监管工作的透明度，培养和造就一支品质好、素质高、业务精、作风硬的保险监管队伍；二是改善监管手段，提高工作效率。适应保险业信息化发展趋势，加快非现场监管基础建设，加大硬件设备和软件开发力度，尽早将监管工作由手工操作转变到充分利用计算机等现代化信息手段上来，切实提高监管效率。②建立完备的监管法律体系。对现行法律中与保险业改革发展不相适应的一些规定进行认真研究，及时修改；制定一批规范保险经营行为的行政法规和监管规章；制定一些规范监管机构及其监管人员行为的规章制度。尽快建立一个适合我国保险业经营与监管需要的、比较完备的保险监管法律规章体系，使我国的保险经营和监管活动完全纳入有法可依、有法必依、违法必究、执法必严的法制化轨道。③建立风险预警系统。一是在完善以偿付能力为核心的保险风险监管体系的基础上，借鉴国际经验和先进做法，建立一套适合我国国情的保险风险评价和预警系统。二是利用现代化的非现场监管手段和保险风险评价和预警系统，对中资、外资、国有和股份制保险公司实行统一和持续的偿付能力风险监管。根据监测和分析结果，及时发出预警信号，采取纠正措施。三是在非现场监管基础上，建立对保险机构的监管分类评级制度，对违法违规问题突出、内部管理松弛、风险状况严重的保险机构，要给予密切关注，加大现场监管频率和查处力度。四是针对产险和寿险、中资、外资、国有和股份制以及不同规模保险机构的特点，研究适合我国国情的保险风险处置办法。建立切实可行的兼并、收购、破产等市场退出机制。对彻底丧失偿付能力，严重损害被保险人利益、危及整个保险体系安全和社会稳定的，要采取果断措施使其平稳退出市场，减少社会震动。④加强内部控制与市场约束。一是充分发挥保险机构内审部门和精算师的作用，从制度上保证内审和精算工作的独立性和超越性。二是发挥保险行业协会在制定行业竞争规则、规范经营行为、开展法规和业务培训、加强职业道德教育、促进会员之间及同业与监管机构和其他有关部门的交流、沟通和协作等方面的作用。行业协会必须真正办成由专家和内行组成，代表行业共同利益，表达行业共同呼声，以维护公平竞争的市场秩序和良好的外部环境。三是建立、健全保险机构审慎会计制度、外部审计制度和信息披露制度。保险机构必须聘请符合资质要求的专业会计、审计机构对其报送监管机构和对公众披露的报表资料的公允性进行独立审计。建立信息披露制度，逐步提高保险产品和保险机构经营状况的透明度，为社会公众选择保险产品和保险公司提供真实可靠的参考信息，保障保险消费者的知情权和选择权。⑤发挥行业协会的自律作用。保险行业协会的自律是保险监管的重要补充。发挥行业协会的自律作用对于规范市场有积极意义。通过行业协会，可以加强产业内企业间的合作，互相取长补短，发挥各自的竞争优势。应进一步发挥行业协会的作用：一是扩大职能。除强化信息披露、从业培训以及国际交流与合作等职能外，特别是要赋予行业协会制定条款费率的职能，使保险监管部门从这一繁杂的事务性工作中摆脱出来，以把工作重心真正放在偿付能力监管和市场规范上。二是加强组织建设。充实力量，配备必要的专业人员，并实行职业化，人员来源从社会公开招聘，而不是从各家公司选派。三是推进信息化。建立行业协会信息网，定期公布业内信息，提高行业协会运作的透明度和效率。

二、拓宽保险资金运用渠道

中国保险公司资金运用范围狭窄，其投资渠道受到严格限制。政府对中资和外资采取内外有别的政策，主要是考虑到中资保险公司的投资管理能力有限，避免保险经营风险。但是随着保险企业商业化步伐加快，市场开放程度加大，如此严格的投资限制显然使保险公司失去了利润空间，造成巨大的利差损失，使其面临偿付能力严重不足的危机。西方保险业发达的一个重要原因是投资，外资保险公司可以直接投资股票、房地产和发放贷款，投资能为保险公司增加收益，从而降低保险费率，吸引更多的人购买保险。拓宽保险投资渠道必将是中国保险体制改革的一个重要方面。

（1）拓宽保险资金的运用渠道和范围。近年来，国内保险投资渠道逐步拓宽，目前保险资金可以通过购买证券投资基金间接进入证券市场，极大地刺激了保险资金的投资热情。为了更好地发展保险资本市场，应根据国内保险市场的特点，以银行基本利率为支点，积极进入资本与货币市场。拓宽保险资金的运用渠道应与时俱进，与国内外经济社会环境和我国保险业发展相适应。从近期来看，应加大出台一些无障碍措施：①扩大公司债券的投资比例和范围，从目前的中央级债券扩大到所有被批准上市的公司债券，同时国家考虑发行更多主要面向保险业的15～30年期的国债和金融债券。②提高保险公司基金投资比例，加大基金产品的创新力度，改进基金的发行方式，稳定和发展基金市场。③允许保险公司以持有的基金市值参与新股配售，以战略投资者身份参与国有股减持，以占有总资产15%以内的保险资金进入股票二级市场，培育和发展蓝筹基金和指数化基金。④加快资产证券化创新步伐，允许保险公司以占总资产20%以内的保险资金进入商业银行业务。从中期来看，可以逐步放开保险公司，通过设立产业投资基金的方式参与不动产投资，如环保项目、基本设施建设等方面的投资。同时，加快推出国债期货等金融衍生产品，增加保险资金避险手段。从长期来看，可以考虑逐步放开保险公司的境外投资渠道，实现保险资金投资的国际化，如购买外国政府的长期债券，中国政府和中资企业在境外发行债券等。

另外，在保险投资方式的选择方面，要与时俱进，根据不同阶段的需要，选择不同的保险投资方式。应允许中资保险企业进行有区域选择的不动产投资、无限度的政府债券投资、有一定限度的金融债券投资和限制较严的股票与公司债券投资。借鉴国际通行做法，采取差异化的保险投资政策，提高保险投资管理的水平，从而增强保险业的竞争力。一方面，根据保险公司的偿付能力大小，决定保险公司的投资规模及结构；另一方面，应该允许内控完善、管理规范的保险公司成立专门的保险投资管理公司，聘请专业的投资管理人才对保险资金进行专业化投资。

（2）建立多样的保险资金运用模式。考虑到国内保险资本市场和保险公司的特点，可以采取多种资金运作模式，促进保险资金运用的多样化。①设立保险资产管理公司。作为大型寿险公司，可以成立自己的保险资产管理公司，拓展业务领域，增强公司的金融实力，打造具有规模效应的金融集团。同时，也可考虑收购和控股有较好发展前景的投资机构（如证券公司、基金管理公司、信托投资公司、资产管理公司等），直接利用现有的专业人才和投资渠道，以取得更快、更好的投资效果。②委托专业投资机构。由于专业投资机构在投资经验、投资渠道和专业人才等诸多方面具有优势，委托其进行投资运作，保险公司可以减少投资成本，提高投资收益，使得专业化的资本管理运作成为公司新的利润增长点。

③内设投资部门。为了对保险资金进行直接管理和运作，保险公司也可采用内设投资机构的模式。要进一步优化投资部门的运作机制，起点要高，按照国际保险资金运用的惯例和成功经验，不断创新，勇于进取，为公司的发展奠定基础。目前我国保险业发展不平衡，各种保险公司规模和实力相差巨大，所以各个保险公司要根据各自实际情况来选择保险资金的运作模式，可以只选择三种方式中的一种，也可以将三种模式组合起来综合应用。

三、改善保险公司经营机制

一个国家保险业的发展情况体现在各保险公司的竞争力上，而竞争力的强弱是由很多方面因素决定的。要增强保险公司自身的竞争力，就应努力在加强内控和管理、注重经营创新及提高公司形象和声誉等方面下工夫，才能与国外发达国家的保险业抗衡。

（1）加强公司内控和管理。随着保险市场的进一步开放，保险经营主体日益增多，市场竞争日趋激烈。因此，加强对保险公司的内控和管理，提高竞争力，显得尤为重要。针对我国的情况，具体有以下措施：一是费率的市场化使各保险公司有了利用费率进行市场竞争的权利，中资保险公司要通过强化自我约束机制，提高风险意识，加强各行业、各类别保险风险损失数据的收集，借鉴国外的经验和技术，建立科学的费率厘定模型防范定价风险，并保持费率的相对稳定，避免费率频繁、剧烈变动。二是防范退保风险，建立一整套可操作的标准核保流程和制度。三是要从建立严格的内控制度入手，实行法人经营管理责任制，制定衔接配套的规章和操作规程，完善科学合理的授权分责制度和内部核查制度。四是建立现代企业的预算制度，改事后报账为事前预算，严格按照预算审批所有开支，对企业的财务活动进行事前、事中和事后监督，增加透明度和公开性，防止预算外支出和改变预算的现象发生，把经营风险和管理成本降至最低。

（2）注重经营创新。创新是保险业应对入世的必然选择，要缩短与国际水平的差距，实现与国际标准接轨，中国保险业唯一的出路是不断创新，学人所长，补己之短。针对我国保险业发展现状，当前经营创新应主要包括三个方面：①管理创新。知识经济时代的商业保险管理，必然要求硬、软管理相结合并逐步向软管理转变。硬管理是指侧重于机构、组织、计划、控制等的日常技术性、金融业务性管理；软管理是指通过培育公司员工的整体价值观，通过公司文化建设激发员工荣誉感、地位感、责任感，以达到员工自我管理、掌握控制、自我激励，从而实现人和效应、团队精神，追求整体优势。我国保险业要做到软管理，推行新的科学管理方法，让管理出效率、出效益，应考虑从以下三个方面对管理创新：一是确立以效益为中心的经营方针。彻底摒弃计划体制下盲目求大求快的陈旧观念，建立以效益为中心的单项目标考核机制，即把利润作为主要考核指标，把保费增幅当作参考指标，积极增大资本金规模，努力降低成本，做到人均保费、人均利润不断提高，人均费用逐步降低，取得最佳经济效益。二是规范经营管理体制。实现行政管理与业务管理分离，核保核赔与展业分离，建立严谨、科学的内部管控体系。三是建立科学、配套的核算体系。在核算手段上，应加强保险精算工作，以精算结论指导产品设计和开发，同时加强风险评估基础工作，为保险精算提供准确依据。②组织形式创新。长期以来，我国保险公司组织形式单一僵化，随着我国保险市场全面开放，这种弊端越来越明显。多元化的保险公司所有制结构，可以优化配置保险资源，这将是我国保险公司未来选择的重要组织形式。根据因地制宜原则，我国保险公司组织形式的多元化应采取以下具体措施：一是尽快修改《中华人民共和国保险法》的相关规定，从法律上对我国保险公司组织形式的多元化给予肯定，这是采取任何措施的前提条件。二是大力推进保险股份公司的组织形式，具体来说就是对现有保险公司进行股份制改造，对新成立的保险公司优先选择股份制的组织形式。我国现有的保险股份有限公司从严格意义上讲，大多数只是一种有限责任公司，即法人持股，而股份有限公司最突出的特点是社会募集资本，股票上市交易。因此，对现有的保险公司进行股份制改造应集中在股票上市交易，对新成立的保险公司优先选择股份制形式，并应体现在优先选择那些社会募集资本的公司。三是积极推进国有保险公司组织形式改革。国有独资保险公司应加快改革步伐，改革成国有企业法人持股、国有资本控股的股份有限公司。这样既不改变其国家所有的性质，又形成了国有资产的多元化，从而有利于保险公司组织形式的多元化。四是适度发展相互保险的公司形式。相互保险组织的相互性主要体现为被保险人对保险公司的管理，从而体现了被保险人与保险人利益的统一，因而在很大程度上防止了道德风险和保险欺诈，这是被保险人乐于接受的企业组织形式。③营销方式创新。入世后，我国保险市场竞争空前激烈，中外保险业之间的价格战、质量战、品牌战、服务战此起彼伏。在这种环境下，中国保险业必须充分认识到营销的重要性，更进一步认识到营销创新的必要性和紧迫性，建立一种最能代表投保人利益的营销新模式，努力探索应用新技术营销的途径：一是通过电信网络推销保单。电话营销是紧随直接邮寄推销保单的一种跟踪服务，由保险公司专门的电话营销员完成。二是借助银行推销保单。在银行保险的合作中，银行是主办人，保险公司只利用银行的客户源推销保险，并注明承保人。

（3）提高公司形象和声誉。保险公司的形象和声誉是建立在过去的偿付能力、盈利能力和优质服务等的基础上的，没有这些指标，保险公司的形象和声誉就会失去物质依托。如果我们将这些指标看做是保险公司生命之树的根基的话，那么必要的广告和宣传则是大树的枝叶。因此，保险公司在注重产品质量和服务质量的同时，应注重自身形象的宣传，采取多种媒体形式，增进公众对保险业和保险公司的了解和认识，以扩大自身的知名度。

四、提高从业人员素质

外资保险公司客观上有着雄厚的资金实力、先进的管理经验以及较高的技术服务水平，所以其诱人的发展和海外培训机会、高薪以及先进的管理体制对保险业内人士有相当的吸引力。入世后，中资保险公司中部分专业人才流入外资保险公司将是不可避免的，中资保险公司的技术力量相应会受到削弱。专业人才的缺乏直接影响到我国保险行业的发展，因此应多渠道地加快对各类保险专业人才的培养，促进我国保险业的发展。

（1）加强教育和培训，提高保险专业人才的整体素质。应配合教育制度改革，加强高校的保险师资力量并加快对各类保险人才的培养，使高校在培养保险专业人才方面能与国际接轨，即加强学校教育与保险公司实践相结合的教育；加强人力资源的培训和继续教育，开展各种形式的员工素质教育和技能培训，抓紧各类人员特别是业务人员、经营管理人员和领导干部的知识结构更新，提高员工综合素质。

（2）建立激励约束机制，充分调动员工的工作积极性。在公司内部要建立能力优先机制，鼓励自学成才，员工薪酬与绩效挂钩，防止分配僵化和一成不变，采用有效的期股期权制度把公司的经营业绩和员工的切身利益联系起来。各级管理人员可实行公开竞聘，择优聘用，不称职的必须及时从岗位上调整下来。同时，还要建立有效的约束机制，公司要与员工订立用工合同，明确双方的权利和义务，使用工制度规范化和法制化。此外，还要加强监管，对失职、渎职行为要按规定予以追究。

（3）完善业绩考核办法，保证人尽其才。对各级领导干部要建立以领导任期目标为核心的经营管理责任制，重点考核经营管理任期目标、管理绩效、队伍建设等主要方面的任务完成情况；对各职能部门要建立以经营管理目标为核心的经营管理责任制，重点考核经营管理目标、创新能力、客户服务、业务成长等内容；对一般员工要建立以岗位目标为核心的岗位责任制，重点考核岗位目标、岗位职能、个人职业道德等情况。要严格考核工作和考核纪律，把考核结果作为晋级、续聘、分配、奖惩的主要依据。

（4）学习国外先进的人才培养经验。欢迎国际知名保险公司来华举办专题研讨会和讲习班，活跃思维，开阔视野，加强国外高层次保险人才的引进。选择参股或合资的形式引进外国保险公司，双方在共同投资、共同经营、共担风险、共享受益的过程中互惠互利，从而有效地学习外国管理经验和引进保险品种及技术。

（5）加强诚信教育，保证保险业的良好信誉。诚信是保险市场的生命，强化从业人员的职业道德教育，牢固树立视个人信誉为生命的职业道德理念，不欺诈，不失信。将诚信作为保险业务活动最重要的原则，应该在广大保险专业人员中，特别是营销人员中经常开展诚信教育，建立优秀合格的保险专业人才队伍；建立从业人员历史档案，坚决清除有不良记录的人员，保证保险职业队伍的纯洁，全方位赢得投保人的信赖。

五、完善中介市场

我国保险中介起步较晚，无论在技术、人才、经验还是内部管理、规模等方面，与国外保险中介都存在很大差距。因此，对保险中介人体系的建立和规范，应该借鉴国外先进经验，并结合我国实际情况，研究并探索出我国保险中介市场的发展方案。我国中介市场的发展可以在以下五方面作努力：

（1）分工明确，走专业化经营之路。长期以来，财险业务营销体制一直靠保险公司直销来实现，营销体制缺乏活力和动力，业务员的积极性也难以完全调动，因而不可避免地造成保险业人均盈利能力下降、业务成本增加的局面。同时，由于一些寿险营销代理人员业务素质较差，代理人脱落率不断增加，也造成寿险公司人力培训及管理成本一直居高不下。只有通过保险公司与专业保险中介在业务合作过程中的合理分工，保险公司才能把主要精力用在产品开发、风险管理、客户服务以及资金运用等方面，而将产品销售、理赔等业务领域交给保险中介来完成。这样不仅能有效减少保险公司的销售成本和管理成本，也有利于进一步拓宽保险公司的销售渠道，促进保险专业机构的良性发展。另外，专业中介机构也可以通过与保险公司的合作，对现有销售人员进行有效整合，以共同成立专属销售公司的形式，寻求共同发展。

（2）创新经营模式。产品和经营模式的创新对专业中介的发展非常重要。目前，保险公司开发的新产品中能真正满足市场需求的还相当不足，究其原因，主要是产品设计者对保险市场需求的了解不足。而这一点需要通过与保险专业中介的合作来弥补，变卖方市场为买方市场。如专业中介公司可利用其在某领域资源的优势或对潜在客户需求的分析，将信息传递给保险公司，及时快速与保险公司合作，共同设计开发有市场需求的保险产品，并利用中介公司产、寿险产品可捆绑销售和销售网络的优势，将能满足社会多样化的产品推向市场，培育新的业务增长点，使专业中介与保险公司的合作达到互动和双赢。

（3）造就一支专业化中介队伍。未来中国保险业发展的方向是市场化、规范化、职业化和国际化，这也是保险中介的发展目标。保险中介在经营观念上要牢固树立市场观念，用自己诚信的职业道德、专业的服务水准、高效的服务质量和创新的服务精神，赢得市场的信誉，在竞争中求生存、求发展；在管理上，要树立科学的发展观，并根据保险中介的行业特点制定相关的内部管理制度，本着与保险公司建立长期、稳定的合作伙伴关系的原则，用现代化管理手段搞好自身业务管理和营销管理。

（4）学习国际先进经验，提高核心竞争力。随着外资保险中介的加入，我国保险中介正好有机会学习其先进的管理理念和管理经验，并结合自身的业务实际，探索出一套适合自身长远发展的管理手段和方法，在激烈的市场竞争中逐步提高自身的核心竞争力。

（5）规范市场，促进中介市场良性发展。入世是我国大力发展保险中介的好时机，保险监管部门应为专业中介的发展提供良好的政策支持，同时，对影响中介机构发展的一些非保险监管部门制定的法律法规，监管部门应加强与相关法律法规制定部门的协调工作，使专业中介机构在财政政策与税收政策上有更优惠的政策，以利于中介机构的长期可持续发展。

六、推进混业经营

随着我国加入WTO，跟上国际金融业发展主流，逐步实行混业经营，给我们自己的金融机构一个和外资一样的竞争平台，无疑是一种必然的选择。混业经营是指商业银行与其他金融企业以科学的组织方式在货币和资本市场进行多业务、多品种、多方式的交叉经营和服务的总称。实施混合经营的具体措施包括：

（1）实施综合经营。在保险与银行、证券等市场完全分立的格局下，保险业和资本市场各自形成的工具、功能都非常单一。这样一种完全分立的格局会使风险在资本市场和商业银行各自的体系中凝固下来，不能流动。因此，综合经营模式可以使保险公司与银行、证券等机构的业务以及保险公司之间的业务发生重合。第一，负债项业务方面。应允许产险、寿险以及再保险业务兼营。第二，资产项业务方面。允许保险业办理贷款，包括银行保证的贷款、以不动产为抵押的贷款、以有价证券为抵押的贷款、以人寿保险单为抵押的贷款等。第三，资产管理方面。通过资本市场平台，推进保险公司资产的证券化。推进资产证券化最重要的目的就是通过赋予保险公司信贷资产以流动性，从而达到转移风险的目的，通过风险的流动和转移，改善保险公司资产的质量。另外，保险公司还可直接从事证券业务，包括证券募集、发行、承销与代客买卖，以及房地产方面的投资业务。

（2）建立控股集团。保险控股公司是一种经营性控股公司，是以保险为主导行业的控股公司，母公司以股权形式持有其他银行或公司的具有决定性表决权的股份，并对控股公司实行控制权，主要有子公司的财务控制权、经营决策权、下属公司的人事任免权等。但无论是母公司还是子公司，都是有其他公司参股的相对独立的法人单位，实行独立自主的经营管理。面对入世后的竞争压力，单一资本、单一业务范围的中国保险业只有靠金融创新和改革才能直面挑战，而保险控股公司不失为一种现实的形式。保险控股公司内各子公司可以做到业务互补，资本扩展余地大，资金调度空间大，专门人才集聚，成本更节约。并且，公司还可以从整体利益出发，由某子公司在某阶段以高成本开展竞争，产生许多综合优势。

（3）发展银行保险。多年来，银行和保险公司屡有合作，但这种合作还是原始的和低级的，远未发展到银行保险这个阶段。从现阶段我国经济情况看，我国的人口数量、年龄特征及家庭类型等都已具备启动银行保险的规模。尤其是城镇人口的增加和收入的增长，为银行保险的开展奠定了坚实的基础。大力开展银行保险业务，允许和鼓励保险公司与银行合作，可以充分运用银行的经营网络和客户基础，以及方便的结算渠道，减少保险公司成本支出，提高经营效率。发展银行保险的关键在于开发出适合银行销售的保险产品。

七、促进保险区域协调发展

我国区域保险的巨大差异性决定了区域保险进行协调发展的必要性和紧迫性。区域保险差异的形成是保险发展过程中内外部环境和条件综合作用的结果，并且保险的对外开放在某种程度上加剧了区域保险的非均衡性，但区域保险的协调发展是一个复杂的系统工程，应综合考虑各种影响因素，并采取相应措施，促进区域保险的协调发展。

（1）实行区域间有差别的保险开放政策。首先，推动东部保险开放的纵深发展。要以全面开放为契机，在与外资保险更加广泛的市场竞争中，强化东部保险在技术、产品、人才和管理方面的优势，创优质品牌；同时，加强与外资保险公司的合作，发挥外资保险公司在我国相对薄弱领域的优势，共同开发新的市场领域，如责任保险、出口信用保险、健康医疗保险和投资型保险。其次，加快中、西部保险对外开放速度。应将保险对外开放作为发展中、西部保险的契机和重要手段，以开放促改革，以改革促发展。鉴于中、西部地区保险发展基础、发展环境和发展水平的现状，应制定相应的中、西部保险开放政策，采取与东部地区不同的开放和引进策略，一是国家应给予适当的优惠政策以吸引外资保险公司到中、西部地区开展业务，如降低进入门槛和优惠税率等；二是鼓励外资公司在经营传统的财产和人身保险业务的同时，重点经营农业保险和健康保险等既有发展优势又极具发展潜力的业务；三是借鉴东部保险开放的经验，中、西部中资保险公司应注重学习外资公司先进的经营技术、经营理念和管理经验，注重提升自身的经营水平和竞争能力。

（2）充分利用东部现有优势，营造保险增长极，培育保险增长点。首先，要充分利用东部地区优良的经济条件、先进的社会观念和管理体制、运作机制和现有的保险优势，促进东部保险更快更好地发展，始终保持其在全国区域保险发展中的绝对优势地位。其次，要着力将东部中心城市和先进地区营造成中国区域保险的“增长极”，在增长极中培育更多的保险增长点，带动东部地区保险增长极的更快发展。目前，上海、北京、广州、深圳等保险相对发达的城市已成为东部地区保险发展的增长极。通过营造更多的增长极，形成由中心城市和先进地区组成的辐射网络；通过扩大增长极的扩散效应和其对地区内的辐射功能，推动东部地区保险的快速发展。

（3）充分发挥东部保险的带动和辐射作用，推动中、西部保险发展。东部地区通过“摊饼式”辐射，将先进的保险技术、经营理念和市场经验等传送给周边落后地区，带动其保险的发展；通过“跳跃式”辐射，如效仿政府倡导的先进地区和落后地区之间的对口扶贫做法，指定沿海地区保险公司对口支援西部保险发展，直接对西部地区的保险发展给予技术和人才等方面的支持，以推动西部保险发展。在东部地区的带动发展过程中，将中、西部一些发展较快的城市和地区营造成保险增长极，通过内外部增长极的共同作用，进一步加快中、西部保险发展。

（4）制定中、西部保险发展的扶持政策。中、西部地区保险发展的“先天不足”和可能出现的“后劲不足”，意味着市场机制的失灵，需要由国家的相关扶持政策来弥补。国家可以通过税收减免、银行信贷、工资补贴、增加资金运用灵活性等政策，一方面通过促进经济发展改善保险发展的外部环境；另一方面扶持原有保险公司的业务发展，提高其盈利水平，吸引外部资本的投入和外资保险公司的进入，吸引高素质人才的流入，从而增强保险的自我发展能力。

（5）全国性保险公司实施区域差异化保险产品策略。以中国人保、中国人寿、中国平安和中国太平洋为代表的几大全国性保险公司对中国保险业的整体发展起着举足轻重的作用，同样，其在中国区域保险发展中的作用也不容忽视，因为即使是全国性保险机构也是在具有非常大差异的区域市场中从事经营活动，保险业的发展必然首先表现为区域保险发展。然而，现行的全国性保险公司产品在条款和费率上没有体现出地区差异，如占各公司保费收入相当大比例的机动车辆保险，虽然各公司的条款不同，但公司内各地区的条款基本一样，而各地区影响机动车辆保险的各种因素有很大差别，这使费率市场化的效果大打折扣，也影响了地区保险发展。因此，全国性保险公司应充分重视各地区细分市场的风险差异、保险需求差异等，设计出既有公司特色也有地区特色、真正符合各细分市场需要的保险产品。在实行产品差异化策略的基础上，再逐步实现服务、人才、技术和经营机制的差异化，促进区域保险的进一步发展。

参 考 文 献

蔡从燕．汪家麐．2004. 世贸组织金融服务审慎监管措施的识别标准．国际商务，(5)：78～80
财政部财政科学研究所课题组．2005. 保险业政策支持体系研究．经济研究参考，(67)：2～22
陈秉正．2002. 国际保险业发展的十大趋势．金融信息参考，(2)：28，29
陈亮．2002. 美国保险业政策．中国保险，(11)：62～63
陈已昕．1997. 国际服务贸易法．上海：复旦大学出版社：48
陈志武．2007. 儒家“孝道”文化的终结与中国金融业的兴起．华人世界，(2)：106～109
崔晓华．2005. 我国保险业竞争力问题探讨——基于我国保险市场的 SCP 框架分析．首都经济贸易大学硕士学位论文：32～40
董辅礽．1996. 关于经济增长方式的转变的几个问题．经济导刊，(1)：5～8
段求平．2007. 中外保险公司组织结构设计初探．国际金融研究，(7)：66～71
范钛，陈小凡，姚洪心．2003. 我国产险业核心竞争力的定位、评估与培育．西南民族学院学报（哲学社会科学版），24（4)：29～35
封进．2000. 中国保险业竞争力分析及展望．扬州大学学报（人文社会科学版），(4)：49～53
傅晓霞．2002-01-03. 客户经理制中国保险业竞争力的助推器．上海金融报，(第 4 版)
龚奇峰，彭炜．2001. 工业竞争力评价方法及其应用．中国软科学，(9)：111，112
国家信息中心中国经济信息网．2004. CEI 中国行业发展报告（2003）——保险业．北京：中国经济出版社：120
关浣非．2000. 保险市场的加速培育与中国保险业的有效率增长．改革，(3)：107～110
韩龙．2003. 世贸组织与金融服务贸易．北京：人民法院出版社：211～214
胡颖，李文溥．2006. 产业竞争优势变迁与产业结构演变趋势．东南学术，(1)：16～22
黄胜强．2000. 国际服务贸易多边规则利弊分析．北京：中国社会科学出版社：87，88，176，177
黄佐研，吴凤平．2003. 中国保险业发展现状及保费规模预测．预测，(2)：19～21
胡玉凌．2005. 应正确理解与运用 WTO 金融审慎措施．财经科学，(5)：165～169
蒋泽军．2004. 模糊数学教程．北京：国防工业出版社：5，6
江生忠．2005. 中国保险业发展报告．北京：中国财政经济出版社：73
金碚．1997. 中国工业国际竞争力——理论、方法和实证研究．北京：经济管理出版社：24～26，158
雷醒．2008. 中小型保险企业组织结构的现状与发展趋势．现代商业，(21)：73
粟芳．2004. 收入对保险需求的影响机制研究．江西财经大学学报，34（4)：13～15
李朝鲜，梁燕．2001. 对中国保险市场的影响因素分析．北京工商大学学报，16（5)：45～48

李创 . 2006. 产业国际竞争力理论模型研究 . 当代经济管理，(2)：26 ~ 32
李国安 . 2002. 全球金融服务自由化与法律监管法律问题研究 . 法商研究，(4)：66 ~ 75
李静 . 2005. 保险业可持续发展研究 . 保险研究，(9)：48，49
李晓林，唐慧蓉 . 2004. 加快保险信息化发展，提升我国保险行业竞争力 . 中央财经大学学报，198 (2)：27 ~ 29
李树直 . 2005-02-07. 我国非公有制经济发生历史性变化 . 中国改革报，(第 5 版)
李希强 . 2005. WTO 的未来（二）——应对新千年的体制性挑战 . WTO 经济导刊，(7)：25 ~ 30
梁平，殷李松，董建国等 . 2004. 我国保险监管制度的现状 . 经济论坛，(2)：92 ~ 114
刘笋 . 2001. WTO 法律规则体系对国际投资法的影响，北京：中国法律出版社：264
罗琦萍 . 2005-12-22. 四大阵营博弈 127 小时 WTO 香港宣言艰难出世 . 21 世纪经济报道，(第 6 版)
栾存存 . 2004. 我国保险业增长分析 . 经济研究，(1)：25 ~ 32
吕宙 . 2003. 论中国保险业国际竞争力 . 金融研究，(4)：125 ~ 127
牟傲雪 . 2004. 中外保险资金运用法律规范的比较研究 . 大连海事大学硕士学位论文：30
裴长洪 . 1998. 利用外资与产业竞争力 . 北京：社会科学文献出版社：122 ~ 166
裴光 . 2002. 中国保险业竞争力研究 . 北京：中国金融出版社
秦蓉蓉 . 2005. 我国保险公估业发展问题之我见 . 上海保险，(1)：51 ~ 53
盛斌 . 2005. 以发展的视角评估“多哈回合”工作计划的新进展 . 世界经济，(3)：41 ~ 45
世界贸易组织秘书处 . 2002. 电子商务与 WTO 的作用贸易、金融和金融危机金融服务自由化和《服务贸易总协定》. 对外贸易经济合作部世界贸易组织司译 . 北京：法律出版社：302
石静遐 . 1997. 中国发展国际服务贸易的法律问题——结合 GATS 的若干分析，中国法学，(5)：67 ~ 78
石新武 . 2004. 开放条件下保险业竞争力 . 北京：中国财政经济出版社：178 ~ 234
孙建华，姜树念 . 2004. 实施人才强司战略打造保险业核心竞争力 . 上海保险，(7)：5 ~ 8
盛世豪 . 2004. “浙江现象”产业集群与区域经济发展 . 北京：清华大学出版社：30 ~ 35
孙祁祥，孙金勇 . 1997. 保险需求因素分析——兼论中国保险业增长潜在需求因素 . 改革，(5)：95 ~ 99
孙祁祥，贲奔 . 1997. 中国保险产业发展的供需规模分析 . 经济研究，(3)：55 ~ 61
陶凯元 . 2000. 国际服务贸易法律的多边化与中国对外服务贸易法制 . 北京：法律出版社：131 ~ 139
王靖，张金锁 . 2001. 综合评价中确定权重向量的几种方法比较 . 河北工业大学学报，(2)：52 ~ 57
王祺，陈梅，张立华 . 2003. 对影响我国保险产业发展宏观因素的实证分析 . 江西财经大学学报，25 (1)：37 ~ 40
卫新江 . 2005. 银行保险：基于国际经验的考察 . 国际金融研究，(4)：37 ~ 44
吴崇伯 . 2004. 东南亚国家保险业改革及其对我国的借鉴 . 南洋问题研究，118 (2)：27 ~ 32
肖文 . 2005. 中国保险业的创新与监管——从开放经济比较视角的研究 . 北京：中国社会科学出版社：36

肖文，谢文武.2000. 经济增长和政策因素对保险业发展的影响及其内在传导机制分析. 浙江社会科学，(3)：22～25
谢家平，施宇箭.2004. 中国保险业核心竞争力的系统优化. 保险研究，(2)：22～25
许荣，毛宏灵.2006. 国际比较视野中的中国保险资金运用. 金融与经济，(4)：13～17
杨公朴.2005. 产业经济学. 上海：复旦大学出版社：32，33
张超.2002. 提升产业竞争力的理论与对策探讨. 宏观经济研究，(5)：51～54
张成科.1998. 基于熵的水质模糊评价模型及应用. 系统工程理论与实践，18 (6)：80～85
张芳洁.2004. 影响我国保险业发展的经济因素的实证分析. 数量经济技术经济研究，(3)：25～31
张洪.2002. 我国保险业国际竞争力分析. 经济纵横，(4)：37～40
张金昌.2001. 国际竞争力评价的理论和方法研究. 中国社会科学院研究生院博士学位论文：102～106
张若思.2000. WTO 金融服务贸易法律制度. 法学研究，(12)：93～106
赵利胜.2004. 金融开放条件下我国保险安全问题研究. 吉林大学博士学位论文：60
赵维田.2002. 协调共同与特殊利益——WTO 对发展中国家的差别与优惠待遇. 国际贸易，(11)：8～11
朱春奎，朱立奎.2003. 产业竞争力的形成机制与发展阶段. 科学进步与对策，(4)：174，175
朱小娟.2004. 产业竞争力研究理论方法和应用. 首都经济贸易大学博士学位论文：115～125
中华人民共和国国家统计局.1981～2008. 中国统计年鉴. 北京：中国统计出版社
中国金融学会.1997～2008. 中国金融年鉴. 北京：中国金融年鉴编辑部
中国保险年鉴编委会.1998～2008. 中国保险年鉴. 北京：中国保险年鉴编辑部
Carson J M, Hoyt R E. 1992. An econometric analysis of the demand for life insurance policy loans. The Journal of Risk and Insurance, 59 (2): 239～251
Chidambaran N K, Pugel T A, Saunders A. 1997. An investigation of the performance of the US property-liability insurance industry. The Journal of Risk and Insurance, 64 (2): 371～382
Cho Dong-Sung. 1994. A dynamic approach to international competitiveness: the case of Korea. Journal of Far Eastern Business, (1): 17～36
Claessens S, Demirgüc-Kunt A, Huizinga H. 2001. How does foreign entry affect the domestic banking market? Journal of Banking and Finance, (5): 3, 4
Cummins J D, Mahul O. 2004. The demand for insurance with an upper limit on coverage. Journal of Risk and Insurance, 71 (2): 253～264
Cummins J D, Tennyson S, Weiss M A. 1998. Consolidation and efficiency in the US life insurance industry. The Working Paper Series (98-08-B). The Wharton Financial Institutions Center of Uiversity of Pennsylvania
Dobson W. 2007. Finances services and international trade agreements: the development dimension. *In*: A handbook of international trade in services. Oxford Scholarship Online Monographs: 289～338
Dobson W, Jacquet P. 1998. Financial services liberalization in the WTO. Washington: Peterson Institute for International Economics: 89～94

Ennsfellner K C, Lewis D, Anderson R I. 2004. Production efficiency in the Austrian insurance industry: a bayesian examination. Journal of Risk and Insurance, 71 (1): 135 ~ 159

Hardwick P, Dou W. 1998. The competitiveness of EU insurance industries. The Service Industries Journal, 18 (1): 39 ~ 52

Hussels S, Ward D, Zurbruegg R. 2005. Stimulating the demand for insurance. Risk Management and Insurance Review, 8 (2): 257 ~ 278

IMD (International Institute for Management Development) . 2002. The World Competitiveness Yearbook. Lausanne: IMD (http://www.imd.ch/wcy/)

Levin L. 1995. Demand for health insurance and precautionary motives for savings among the elderly. Journal of Public Economics, 57 (3): 337 ~ 367

Lila J T, Dale B T. 1990. The demand for life insurance in Mexico and the United States: a comparative study. The Journal of Risk and Insurance, 57 (2): 321 ~ 328

Matteo L D, Emery J C H. 2002. Wealth and the demand for life insurance: evidence from Ontario, 1892. Explorations in Economic History, 39 (4): 446 ~ 469

Mattoo A. 1997. National treatment in the GATS: corner stone or pandora's box? Journal of World Trade, (31): 114 ~ 117

Mattoo A. 2000. Developing countries in the new round of GATS negotiations: towards a proactive role. World Economy, 23 (4): 471 ~ 489

Moon H, Chang A M, Verbeke A. 1998. A generalized double diamond approach to the global competitiveness of Korea and Singapore. International Business Review, (7): 135 ~ 150

Porter M E. 1990. The competitive advantage of nations. New York: Free Press

Rugman A M. 1991. Diamond in the rough. Business Quarterly, 55 (3): 61 ~ 64

Shiller R J. 2005. Behavioral economics and institutional innovation. Southern Economic Journal, 72 (2): 269 ~ 283

Stichele M V. 2004. Critical issues in the financial sector. SOMO Financial Sector Report. Amsterdam: 10 ~ 34

Tabataa K, Ohkusa Y. 2000. Correction note on "the demand for health with uncertainty and insurance" . Journal of Health Economics, 19 (5): 811 ~ 820

Wahlley John. 1990. Non-discriminatory discrimination: special and differential treatment under the GATT for developing countries. Economic Journal, 100 (403): 1318 ~ 1328

WEF (World Economic Forum) . 1996. The Global Competitiveness Report 1996. Hampshire: Palgrave MacMillan

Zietz E N. 2003. An examination of the demand for life insurance. Risk Management and Insurance Review, 6 (2): 159 ~ 191

“21 世纪科技与社会发展丛书”

第一辑书目

《国家创新能力测度方法及其应用》
《社会知识活动系统中的技术中介》
《软件产业发展模式研究》
《软件服务外包与软件企业成长》
《追赶战略下后发国家制造业的技术能力提升》
《城市科技体制机制创新》
《休闲经济学》
《科技国际化的理论与战略》
《创新型企业及其成长》
《劳动力市场性别歧视与社会性别排斥》
《开放式自主创新系统理论及其应用》

“21 世纪科技与社会发展丛书”
第二辑书目

《证券公司内部控制论》
《入世后中国保险业竞争力评价与对策》
《服务外包系统管理》
《高学历科技人力资源流动研究》
《国防科技资源利用与西部城镇化建设》
《高技术风险投资理论与政策研究》
《中国金融自由化进程中的安全预警研究》
《中国西部区域发展路径——层级增长极网络化发展模式》
《中国西部生态环境安全风险防范法律制度研究》
《科技税收优惠政策与利用》